Rechenschwäche/Dyskalkulie

Symptome - Früherkennung - Förderung

Materialien und Texte zur Aus- und Weiterbildung

Die Autoren:

Hans Brühl

ZENTRUM FÜR DYSKALKULIETHERAPIE BONN
BERATUNG - DIAGNOSTIK - LERNTHERAPIE

Dr. Michael Wehrmann

IML Institut für Mathematisches Lernen Braunschweig
Beratungs- und Forschungseinrichtung zur Diagnose, Therapie und Prävention der Rechenschwäche

Wolfgang Hoffmann

MATHEMATISCH LERNTHERAPEUTISCHES ZENTRUM
DORTMUND/BOCHUM
Therapie der Rechenschwäche/Dyskalkulie

Christian Bussebaum

Mathematisch Lerntherapeutisches Institut Düsseldorf

Martina Schneider

Lerntherapeutisches Zentrum Rechenschwäche/Dyskalkulie Köln LZR
Diagnose
Beratung
Therapie

Hans-Joachim Lukow

Osnabrücker Zentrum für mathematisches Lernen
(Rechenschwäche/Dyskalkulie)
Förderdiagnose
Beratung
Lerntherapie

Herausgeber:

Arbeitskreis des
Zentrums für angewandte Lernforschung
(gemeinnützige GmbH)

www.arbeitskreis-lernforschung.de

1. Auflage

Osnabrück, Juni 2003

ISBN 3-00-011276-6

gedruckt auf Recycling-Papier

Danken möchten wir allen Eltern, Lehrern und Kindern für ihre Berichte, Erzählungen und Kommentare, ohne die dieses Buch nicht in dieser Form zustande hätte kommen können!

Ein besonderer Dank geht an

Michael Gaidoschik

Herausgeber des Österreichischen Rechenschwäche Magazins

Verein für Lern- und Dyskalkulietherapie in Wien

und Autor des Buches

Rechenschwäche-Dyskalkulie
Eine unterrichtspraktische Einführung für LehrerInnen und Eltern

Ein herzliches Dankeschön an die Therapeuten(Innen)

Gerd Bringmann
Katja Rochmann
und

Eva Widuch

sowie an die vielen anderen Mitarbeiter und Therapeuten, die wir hier nicht alle erwähnen können, für die Korrekturarbeiten, Verbesserungsvorschläge und vieles mehr.

Wir hoffen, dass sich die viele Arbeit gelohnt hat!

Inhaltsverzeichnis

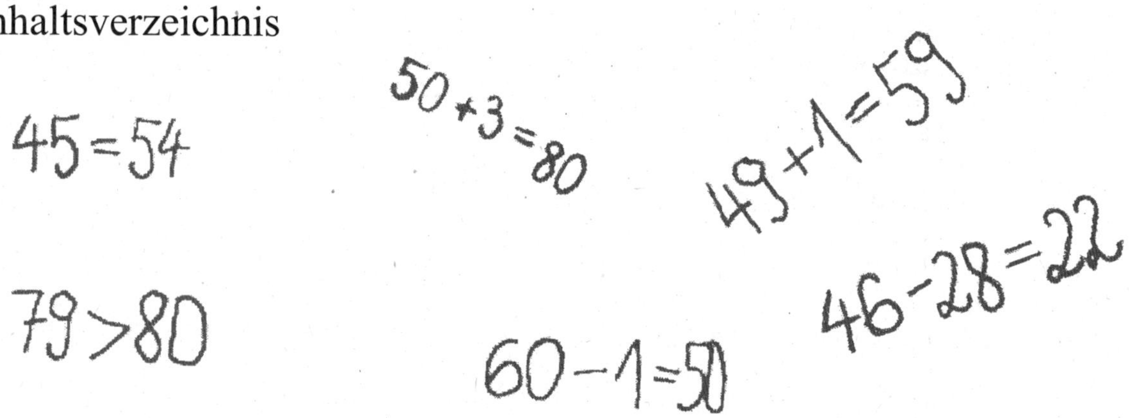

Punkt A ist doppelt so weit entfernt von Punkt C wie Punkt B von A. Wenn die Enfernung von Punkt B zu Punkt C 12 cm beträgt, wie weit ist Punkt A dann von C entfernt?
ZOMBIES BRAUCHEN KEINE TEXTAUFGABEN ZU LÖSEN.

ALLES! MEINETWEGEN AUCH PLUS MIT LÜCKE VORNE! HAUPTSACHE KEINE MINUS- ODER GETEILTAUFGABE!!!
SO, KOMM' JETZT MAL AN DIE TAFEL!

1 An Stelle eines Vorworts ...

1. Juli 2002

Guten Tag Herr Lukow!

Mit Interesse las ich in unserer Tageszeitung einen Bericht über Ihren Vortrag zum Thema „Rechenschwäche“.

Eine überwunden geglaubte Melancholie stieg in mir auf. War ich vor über dreißig Jahren selbst eine Schülerin, der die Mathematik ein Dornenweg durch die Schulzeit war! Schon in den ersten Klassen fehlte mir ein Mengenverständnis. Konnte nicht gut lesen und hatte Mühe mich auf die Hausaufgaben zu konzentrieren. Horrorvoll wurden später die Schulstunden mit Textaufgaben und Geometrie. Ich verstand wirklich nicht, um was es bei diesen Aufgaben ging. Ich hatte keinen Zugang zum Rechnen und war immer die letzte stehende Schülerin beim Wettrechnen, das bei den anderen Kindern feurigen Eifer auslöste. Ich habe mich geschämt und spitzte meine Ohren in der Hoffnung, das Ergebnis aus den vorlauten Zwischenrufen, das, teils verboten, flüsternd geschah, für mich nutzen zu können. Hatte ich Glück, war die Stunde gerettet, bzw. ich. Hatte ich Pech, so blieb ich stehen und ertrug die Folter sich wiederholender Rechenaufgaben! Das auswendig gelernte Einmaleins gelang mir nur der Reihe nach aufzusagen. Quergefragt verlor ich die Übersicht und wußte nichts vor Aufregung. Meine Familie nannte meine Rechenschwäche „Faseln“. Meine Lehrer bezeichneten mich als ein „überintelligentes“ Kind, das zu verträumt sei.

Zum Glück gab es auch andere Fächer wie Deutsch, Religion, Englisch und die Literatur, bei denen ich eine überaus gute Schülerin wurde. Und es gab Ferien und Bauchschmerzen!

Ich litt unter einer regelrechten Schulangst, die letztendlich durch nahezu alle Fächer ihre Haken auswarf. Vor Klassenarbeiten fieberte ich, erbrach, bekam Bauchschmerzen, einen steifen Nacken. Ja, ich blieb oft zuhause! Mein Selbstvertrauen war schwach, gleich null! Zunehmend fühlte ich mich als Aussenseiterin und war intelligent genug, um zu verstehen, dass mich keiner verstand! Hinzu fügte sich das beängstigende Gefühl, nicht „ganz richtig“ zu sein! Das kaschierte ich dann wiederum mit einem anstrengenden und konstruierten Selbstbewußtsein. Ich schwindelte, trickste, erfand Ausreden, simulierte - um bloß glaubhaft zu erscheinen. Welche Not! Welche Überforderung! Als Pendant zur Schwäche entwickelte sich eine ausgeprägte Wahrnehmungsfähigkeit, eine blühende Fantasie mit grossen Illusionen und ein „ritterliches“ Eintreten für alles was schwach war. Gott sei Dank verhalf mir ein lebensfördernder Potential, mein Leben zu meistern. Heute schmunzel ich über manche Erinnerung. Doch Scham und Trauer stecken tief!!! Vielleicht - wenn ich jünger wäre, hätte sich der Weg zu Ihnen noch lohnen können. Mit 47 Jahren habe ich mich arrangiert mit dem Leben und den Folgen der Rechenschwäche, die auch heute noch existiert!

Umso mehr freue ich mich zu wissen, dass sich heute rechenschwacher Kinder engagiert und wohlwollend angenommen wird! Hoffentlich finden alle Eltern mit dem kostbarsten Gut, welches ihre Kinder sind, verstehende, wissende und fördernde Erzieher, Lehrer und Therapeuten; und über diese den Weg in ein würdevolles, befreites Leben! Ihnen und Ihren Mitarbeitern im „Osnabrücker Zentrum für mathematisches Lernen“ wünsche ich von Herzen einen guten Erfolg für Ihr Wirken.

Mit rechenschwachen, jedoch sehr freundlichen Grüssen

S. [illegible]

... und noch ein Wort vorher!

Gutem Tag, ich habe mit Aufmerksamkeit Ihren Bericht gelesen. Als Kind wurde ich in eine Sonder=schule gesteckt u. habe heute noch Seelische Probleme. Ich gehörte dort überhaupt nicht hin. Man meinte weil ich die 1. Klasse nicht schaffte wäre ich dumm. Mittlerweile habe ich im Schreiben nicht mehr so große Probleme, aber dafür noch im Rechnen. Ich kann heute noch nicht das 1+1 oder wenn ich Einkaufen war, was ich an Geld zurück bekam. Meine Eltern lachten nur, wenn ich heulend in die Schule bin. Mittlerweile bin ich 28 J. alt u. habe zwei Mädchen die große (4 J.) hat auch schon Probleme sich zu konzen=trieren, spricht schlecht usw.
Gibt es auch f. Erwachsene solch eine Hilfe?
Ich getraue mich keinen Beruf, wo ich an eine Kasse od. m. Geld zu tun habe. Bin Hauswirtschafterin geworden. Im Moment im Mutterschutz, aber wenn meine Kinder in die Schule kommen sehe ich schwarz, ich kann nicht helfen. Ich schäme mich auch sehr, wenn ich bei Freunden etwas ⇒

Bezahlen muß und es klappt nicht. Ich schminke Kindergesichter u. muß Geld rausgeben, das ist Horror für mich.
Wir wohnen im Landkreis Weilburg-Limburg Ffm ist aber auch nicht so weit. Bitte schicken Sie mir Informationen!

Vielen Dank

2 Einleitung

2.1 Der Arbeitskreis stellt sich vor

Die Zentren/Institute sind voneinander unabhängige interdisziplinär arbeitende Facheinrichtungen zur Diagnostik, Behandlung und Erforschung der Rechenschwäche. In den Zentren werden derzeit ca. 800 rechenschwache Kinder, Jugendliche und Erwachsene betreut.

Alle Facheinrichtungen, die dem Arbeitskreis des Zentrums für angewandte Lernforschung angehören, arbeiten auch mit den örtlichen Jugendämtern zusammen. Damit besteht für Eltern die Möglichkeit, eine Kostenübernahme für eine Lerntherapie zu beantragen (Einzelheiten erfragen Sie bitte ggf. „vor Ort“).

Unsere Aufgabenfelder

- Diagnostik, Beratung und Lerntherapie bei Rechenschwäche
- Öffentlichkeitsarbeit: Zusammenarbeit mit Elterninitiativen, Elternverbänden und Medien
- Wissenstransfer: Lehrerfortbildung, Zusammenarbeit mit den Regionalen Lehrerfortbildungen der entsprechenden Landesregierungen, Ausbildung von Multiplikatoren, Gastvorlesungen an Universitäten, Zusammenarbeit mit Schulen, auch Berufsschulen und Kliniken

Forschung

- Präventionsforschung: Pilotprojekte in Zusammenarbeit mit Grundschulen und Kindergärten zur Rechenschwäche und Berufsausbildung
- Erwachsenendyskalkulie
- Entwicklung und Evaluation von förderdiagnostischen Verfahren
- angewandte Lernforschung: Entwicklung EDV-gestützter Übungsformen

Das Qualifikationsprofil unserer Mitarbeiter

Die Teambesetzung in allen Zentren/Instituten ist interdisziplinär, wobei bei allen Mitarbeitern umfassende Kenntnisse für die Behandlung der Rechenschwäche präsent sind. Diese Ausbildung umfasst mindestens 450 Std., die sich in 150 Theoriestunden und 300 Praxisstunden gliedern. Geleistet wird diese Ausbildung sowohl intern als auch im Rahmen des Arbeitskreises. Die Ausbildung ist zertifiziert durch die Evangelische Fachhochschule Bochum und die Rheinisch Westfälische TÜV-Akademie.

Fortbildungsangebote

Alle am Arbeitskreis beteiligten Zentren/Institute bieten Fortbildungsveranstaltungen zum Thema Rechenschwäche an. Die thematischen Schwerpunkte dieser Vorträge liegen in der (Förder-) Diagnostik, den psychischen Begleiterscheinungen der betroffenen Kinder und Jugendlichen und in der Lerntherapie, die das Verständnis des bisher Unverstandenen schaffen soll. Speziell für Lehrer wird eine grundlegende Einführung zum Thema Rechenschwäche/Dyskalkulie entweder im Rahmen von pädagogischen

Konferenzen, schulintern oder in Kooperation mit anderen Schulen durchgeführt. Hierbei arbeiten wir mit Schulämtern, der Bezirksregierung bzw. den Regierungspräsidenten, Kliniken und Beratungsstellen zusammen. Es besteht auch die Möglichkeit, dass sich Schulen und andere interessierte Einrichtungen direkt an ein Zentrum/Institut in ihrer Nähe wenden.

Die angebotenen Fortbildungsveranstaltungen liegen in einem Zeitrahmen von 2 Stunden bis zu ganztägigen Fortbildungen mit unterschiedlicher Zielsetzung:

- Es werden grundlegende Vorträge zum Thema Rechenschwäche angeboten, die das Ziel verfolgen, das Problembewusstsein in diesem Bereich zu schärfen.
- Weiterführende Vorträge verfolgen die Zielsetzung, Möglichkeiten **der Prävention und Früherkennung praxisnah** zu vermitteln. Darüber hinaus wird das Problembewusstsein speziell von Lehrern geschärft, indem u.a. unzutreffende didaktische Überlegungen aus aktuellen Schulbüchern konstruktiven Einführungen gegenüber gestellt werden.

Während bei Einführungsveranstaltungen die Teilnehmerzahl im Prinzip „unbegrenzt“ ist, sollte die Teilnehmerzahl bei aufbauenden Seminaren zwischen 15 und 30 Personen liegen.

Genauere Informationen über Inhalt und Ablauf erfragen Sie bitte bei einer Facheinrichtung in Ihrer Nähe oder nutzen Sie die Ankündigungen im Internet.

2.2 Zum Gebrauch dieses Buches

Vorweg sei auf zwei Dinge hingewiesen:

1. Die vorliegende Schrift ist und will auch kein nur theoretisches Werk sein. Die Intention war vielmehr, ein auf die Praxis bezogenes Buch zu schreiben, das allen, die mit rechenschwachen Kindern und Jugendlichen arbeiten, Hilfestellungen an die Hand gibt.

2. Dieses Buch kann keinesfalls an die Stelle einer fundierten Ausbildung zum integrativen Lern- und Dyskalkulietherapeuten treten. Dies allein schon deshalb, weil kein noch so gutes Buch die vielen Stunden an Supervision, Hospitationen und praktischer Arbeit mit rechenschwachen Kindern im Sinne einer lerntherapeutischen Intervention ersetzen kann.

Die Buch-Idee, eine Lehrer-Idee

Die Idee für dieses Buch ist im Prinzip auf das Drängen von Lehrkräften in den Schulen entstanden. Auf den vielen hundert Fortbildungsveranstaltungen, die die Einrichtungen des Arbeitskreises an Schulen durchgeführt haben, gab und gibt es immer wieder Stellungnahmen wie diese:

- „Das ist alles zu viel auf einmal!“
- „Für mich ist das Neuland. Bis vor der Veranstaltung habe ich nicht einmal gewusst, dass es so was überhaupt gibt!“
- „In meiner Ausbildung habe ich von Dyskalkulie noch nie etwas gehört!“

- „Können Sie nicht mal ein Buch schreiben, in dem man alles noch mal in Ruhe nachlesen kann?“
- „Schreiben Sie doch mal ein Buch, das uns Lehrern weiterhilft!“

Um allen diesen Ansprüchen (und natürlich auch unseren eigenen) an ein praxisbezogenes Buch, aus dem man nicht nur lernen kann, sondern das auch Hilfestellungen bietet, gerecht zu werden, bedurfte es vieler Hände Arbeit. Erst die Bildung des Arbeitskreises des Zentrums für angewandte Lernforschung hat das Projekt überhaupt ermöglicht. Bis zur Fertigstellung sind nun zwei Jahre ins Land gegangen.

Was kann, was will das Buch leisten?

Für Lehrkräfte und andere Personen, die mit rechenschwachen Kindern zu tun haben und die bereits an einer unserer Fortbildungsveranstaltungen teilgenommen haben, ist das Buch als Ergänzung und Vertiefung des Themas gedacht. Zudem bietet es viel Neues (auch wir lernen nie aus). Es handelt sich also keineswegs „nur“ um eine Zusammenfassung unserer Fortbildungen.

Für alle anderen Personen soll das Buch eine Einführung in die Thematik geben. Es ist Grundlage, Ergänzung und Arbeitsmaterial für die Fort- und Weiterbildungsveranstaltungen des Arbeitskreises an Schulen, für schulpsychologische Dienste, Praxen, Kliniken und Beratungsstellen.

Ziele

Das Buch berichtet nahezu ausschließlich aus der Praxis und ist für die Praxis geschrieben worden. Wir haben in vielen Fällen die betroffenen Eltern, Lehrer und manchmal auch die Kinder selbst zu Wort kommen lassen. Kein wissenschaftliches Modell kann leisten, was man aus diesen praktischen Erfahrungen lernen kann.

1. Aufklärung

„Rechenschwäche? Das gibt’s doch gar nicht!“ ist leider auch heute noch von mancher Seite zu hören - und nicht nur von Eltern oder Lehrkräften, sondern auch von einigen Schulämtern. Selbst von einigen Didaktik-Professoren, die es von ihren Kollegen an den Hochschulen eigentlich besser wissen müssten, wird diese Ansicht vertreten.

Aufklärung tut also weiterhin Not! Wer rechenschwachen Kindern hilfreich zur Seite stehen will, der muss die Nöte sowohl dieser Kinder als auch die ihrer Eltern erkennen und verstehen lernen. Dazu dienen die Kapitel 3 „Rechenschwäche/Dyskalkulie - Was ist das?“, Kapitel 5 „Probleme im mathematischen Bereich“ und Kapitel 6 „Probleme im Verhalten“.

2. Prävention

Immer wieder werden uns Kinder vorgestellt, die bereits die dritte oder vierte Klasse besuchen, ein nicht geringer und leider ansteigender Prozentsatz kommt auch aus höheren Klassen. Zu einem Zeitpunkt also, an dem sich anfänglich separierbare Probleme bereits zu einer massiven Rechenschwäche mit all ihren negativen Begleitsymptomen entwickelt haben.

Früherkennung ist deshalb das A & O jeder Hilfestellung. Aber! Woran erkennt man eigentlich eine Rechenschwäche? Hier sollen die Kapitel 5.2 „Problemlage Früherkennung“, Kapitel 4 „Symptome einer Rechenschwäche“ und Kapitel 10 „Förderdiagnostik“ aufklären und praktische Hilfestellungen geben.

3. Förderung

Natürlich kann eine schulische Förderung nicht das leisten, was eine gezielt auf die individuellen psychischen und sachlogischen Notwendigkeiten des Kindes abgestimmte Lerntherapie zu leisten im Stande ist, das ist auch nicht die Aufgabe der Schule.

Manch ein Kind hätte seinen Leidensweg - und es ist einer - nicht beschritten, wenn in den ersten Monaten des Anfangsunterrichts eine gezielte Förderung eingesetzt hätte. Wir sind der festen Überzeugung - und Rückmeldungen von Schulen bestätigen dies - dass dann einigen Kindern der Weg zu uns „erspart" geblieben wäre. Vor allem im Anfangsunterricht liegt die Chance der Schulen und damit auch die der rechenschwachen Kinder.

Fördern, aber wie? Dies erfordert meist auch Elternarbeit und Elternmitarbeit; die bisher angewandte Didaktik muss durchleuchtet werden; die Funktion und der Einsatz von Anschauungsmaterial muss bei rechenschwachen Kindern erneut auf den Prüfstand (vgl. Kapitel 12); und schließlich helfen vielleicht auch die Rechenplättchen des Arbeitskreises beim Üben ein Stück weiter (vgl. Kapitel 13).

Ein unverzichtbarer Aspekt bei der Förderung rechenschwacher Kinder ist eine ausgefeilte Fehleranalyse. „Aus Fehlern lernen" geht nur, wenn man sie kennt und erkennt. Dies gilt für den Lehrer wie für das Kind (vgl. Kapitel 7).

Irrwege und Irrtümer ...

... gibt es gerade auf dem Gebiet der Rechenschwäche/Dyskalkulie in Hülle und Fülle - bei Eltern, bei Lehrern und auch bei Beratungsstellen und Schulpsychologen. So wird sich häufig auf standardisierte Verfahren verlassen, die im Falle einer Rechenschwäche einen durchaus zweifelhaften Wert haben (vgl. Kapitel 8 „Diagnostische Verfahren an Beispielen - kritisch beleuchtet"). Die Aussagekraft von Benotungen, Zeugnissen und Beurteilungen wird häufig viel zu hoch eingeschätzt. Manch rechenschwaches Kind entgleitet der Lehrkraft unbemerkt, nur weil seine Note (noch) keinen Anlass zur Besorgnis gibt. Im umgekehrten Falle wird viel zu schnell zur Sonderschule gegriffen. Das unbedingte Setzen auf Anschauungsmaterial verwirrt rechenschwache Kinder meist mehr, als dass es ihnen hilft. Es kann die falschen Vorstellungen des Kindes sogar unterstützen (vgl. Kapitel 12).

Der falsche Streit

Seit PISA heißt es in der Bildungspolitik von allen Seiten: „Es ist fünf vor zwölf!" Und irgendwie wird man den Verdacht nicht los, dass bei einigen Leuten die Uhr stehen geblieben ist - und dies seit Jahren! „Fünf vor zwölf" war es auch schon während unserer Gymnasialzeit, und die ist ein Weilchen her.

Und es ist heute wie früher: Immer wenn Probleme auftauchen (gleich welcher Natur), steht eine Frage sofort auf dem Tapet: Wer ist schuld? Helfen wird sie keinem - ganz im Gegenteil. Im Falle von rechenschwachen Kindern sorgt sie meist für Verdruss und Ärger bei Eltern und Lehrern. Jeder macht den anderen für das eingetretene Dilemma verantwortlich. Reichen die Probleme rechenschwacher Kinder für sich genommen eigentlich nicht aus?

Wer „unseren" Kindern Hilfestellungen geben will, hat in diesem Streit nichts, aber auch gar nichts zu suchen. Weil Streitigkeiten zwischen Schule und Elternhaus immer wieder vorkommen, unsere Therapeuten/-innen nicht selten dazwischentreten müssen und schlussendlich das Kind zwischen den Fronten zerrieben wird, tut auch hier Aufklärung Not (vgl. Kapitel 11.2 „Auf der Suche nach dem Schuldigen"). Der weithin beliebteste Schuldige ist der/die Grundschullehrer/in. Ihnen ist das Kapitel 11.3 „Beruf(ung) Lehrer - der neue ‚Super'-Therapeut?" wohlwollend gewidmet.

Fazit

Wenn dieses Buch im Bereich der Früherkennung und Prävention einigen Kindern einen leid- und tränenvollen Weg erspart,

- wenn Lehrer Grenzen und Möglichkeiten schulischer Förderung frühzeitig erkennen,
- wenn an Stelle von Streit und Ärger Verständnis und Zusammenarbeit erwächst,
- wenn Schule und Therapieeinrichtung sinnvoll Hand in Hand zusammenarbeiten können,

dann hat es viel erreicht. Und diesmal tatsächlich im Interesse der rechenschwachen Kinder!

In diesem Sinne wünschen wir viel Spaß beim Lesen und Lernen.

Die Autoren im Juni 2003

3 Rechenschwäche/Dyskalkulie - Was ist das?

3.1 Fördergrundsatz I

Es gibt verschiedene, sich teilweise widersprechende Definitionen einer Rechenschwäche. Je nach wissenschaftlicher Disziplin und Erkenntnisinteresse mögen sie alle eine Berechtigung haben. Für den praktischen Umgang mit rechenschwachen Kindern sind unserer Erfahrung nach alle Versuche, eine Dyskalkulie/Rechenschwäche in wenigen Zeilen zu definieren, ungeeignet. Es handelt sich bei einer Rechenschwäche in aller Regel weder um ein ausschließlich mathematisches noch um ein isoliertes psychisches Problem.

Förderansätze müssen alle Aspekte einer Rechenschwäche berücksichtigen! Viel wichtiger als Definitionsdebatten und Richtlinien - sowohl für die Hilfe bei rechenschwachen Kindern/Jugendlichen als auch um das Phänomen zu fassen - ist das Begreifen der praktischen Verlaufsform in all ihren Facetten und Nuancierungen sowie der Folgewirkungen. Dazu bietet dieses Kapitel eine Einführung.

3.2 Fallbeispiel - eine Mutter berichtet

Der folgende Fall ist sicherlich ein sehr drastisches Beispiel. Trotz allem schildert er einen Verlauf, der in mehr oder minder starker Ausprägung oder in Form von Einzelaspekten bei rechenschwachen Kindern immer wieder zu beobachten ist.

Kinder/Jugendliche mit der Diagnose Dyskalkulie können nicht nur „nicht rechnen". Auch das Phänomen allein mit „besonderen Schwierigkeiten beim Erlernen des Rechnens" zu charakterisieren, greift in nahezu allen Fällen zu kurz.

Nach oft jahrelangem Versagen stellt sich bei Lehrern und Eltern Rat- und Hoffnungslosigkeit ein. Der psychische Leidensdruck nimmt - die Rechenschwäche begleitend - stetig zu; Ängste stellen sich ein, bei den Eltern wie bei den Kindern. Infolgedessen kann es bereits im Anfangsunterricht zu teils starken emotionalen Störungen kommen, wie der folgende Fall zeigt:

> Die Einschulungsuntersuchung ergab keinerlei Auffälligkeiten, somit wurde Angelina im Alter von 6 1/4 Jahren eingeschult

Und dies, obwohl es Mittel und Wege gibt, eine Rechenschwäche bereits frühzeitig zu erkennen.

Schon innerhalb der ersten 10 Schulwochen, fiel mir auf, dass Angelina krampfhaft versuchte, dem Mathematikunterricht zu folgen.
Zuhause und auch in der Schule rechnete sie über Hautkontakt, d.h. sie tippte sich auf die Nase, um abzuzählen.
Sie vermochte keinerlei Mengen zu erfassen, erwarb kein Zahlenverständnis.
Sie konnte z.B. Würfelbildern keine Zahl zuordnen.
Auch Formen, wie Dreiecke, Vierecke, waren ihr fremd.
Ich suchte mehrfach Angelinas Lehrerin auf, rief sie sogar Zuhause an, wenn die Situation bei den Hausaufgaben mal wieder eskalierte.

Mit solch elementaren Schwierigkeiten konfrontiert, sind Lehrkräfte häufig überfordert. Die Schule versucht, so gut es geht zu reagieren:

Man riet mir lediglich abzuwarten.
Obgleich Angelinas Mitschüler bereits ohne Hilfsmittel rechneten, erlaubte man meinem Kind, die Rechenplättchen noch länger zu behalten.
Auf die Hausaufgaben sollte ich verzichten, wenn der Druck auf's Kind zu groß sei.

In fast allen Fällen stellt sich bei rechenschwachen Kindern keine Besserung ein. Im Gegenteil! Zu den anwachsenden Problemen in der Mathematik gesellen sich Verhaltensauffälligkeiten, die in Angelinas Fall ausgesprochen massiv ausfielen, wie die Mutter sich erinnert:

Angie's Schulangst war so groß, dass sie mir weglief, wenn ich sie zur Schule bringen wollte.
Sie erbrach, wenn sie ein „Mathebuch" sah.

Bei den Hausaufgaben saß sie weinend und schreiend unter dem Küchentisch.
Bei einem Emotionsausbruch zerschlug Angie einen Stuhl und danach mit der übriggebliebenen Stuhllehne den Schrank im Wohnzimmer.

Auf dem Schulhof prügelte Angie sich mit ihren Schulkameraden, sodass sie 2 Krankenhausaufenthalte wegen Gehirnerschütterung hinter sich brachte.
Um auf sich aufmerksam zu machen, lehnte sie Zuhause das Essen ab und ernährte sich ersatzweise mit Zuckerrübenschnitzeln und Hunde- bzw. Katzenfutter vom Nahegelegenen Bauernhof.
Diese Verhaltensauffälligkeiten haben kurz nach der Einschulung begonnen. Mein vorher so freies und fröhliches Kind hatte das Lachen Seit verlernt.

Selbst wenn rechenschwache Kinder nicht immer so auffällig reagieren (auch Schüchternheit oder soziale Zurückgezogenheit sind häufige Begleiterscheinungen einer Rechenschwäche), schwanken die Reaktionen der Eltern meist zwischen Hoffnungs- und Fassungslosigkeit. In dieser Lage benötigen Eltern Hilfe und fachliche Beratung und dies auch von schulischer Seite.

Anfangs reagierte ich zunächst fassungslos, aber mir kam rasch die Einsicht, dass dieses Verhalten einen triftigen Grund haben mußte. Ich bemühte mich in alle Richtungen.
Kaum Jemand zeigte in dieser Situation noch Verständnis für uns.

Ein Gefühl allerdings habe ich versucht meinem Kind zu vermitteln:
„Ich werde dir helfen und dabei nicht Loslassen.
Ich liebe Dich, so wie du bist und trage die Sorgen mit dir!
Da Angie mir vertraut, hatte sie den Mut, ihre Emotionen vor mir zu zeigen und sie auszuleben. Sie hat viel und oft in meinem Arm geweint und geschluchzt.

Ich vermute Angie's Lehrerin hielt mich für hysterisch, als ich plante das Kind physisch, wie psychisch durchcheecken zu lassen.

Ein nahezu idealtypischer Leidensweg rechenschwacher Kinder nimmt seinen Verlauf. Es ist oft die verzweifelte Suche nach einem Ansprechpartner, der Hilfe in Aussicht stellt. Nach jedem Strohhalm wird gegriffen. Auf eine Untersuchung folgt die nächste:

Ich ging mit meiner Tochter zu einem Kinderpsychologen, der Angelina eine Hochbegabung ?! attestierte.
Damit gab ich mich nicht zufrieden und wechselte den Arzt.
Dieser sorgte dafür, dass meine Tochter bereits Wochen vor Schuljahresende, die Schule nicht mehr besuchen musste (und auch nicht konnte)
Durch das vorgezogene Ende des 1. Schuljahres hatten wir die Möglichkeit sofort zu verreisen, damit mein Kind erst mal wieder durchatmen konnte.

Es wurde ein EEG geschrieben, was ohne Krankheitsbild war, allerdings nicht altersentsprechend, also abweichend von der Norm.

Ich ließ Angelina ergotherapeutisch und motopädisch fördern.
Zur gleichen Zeit etwa begann Angie mit Reitunterricht, mit der Hoffnung ihr bereits so winziges 'Selbstbewußtsein zu erhalten.

Die Ergotherapie und das Reiten hatten einen guten Einfluß auf Angie's Körpergefühl.

> Ich suchte eine Erziehungsberatungsstelle auf, dort wurde Angie's Intelligenz getestet. Der Test ergab eine „Normintelligenz", wies allerdings deutliche Schwächen in allen Bereichen auf, die für das mathematische Verständnis nötig sind.
>
> Die Erziehungsberatungsstelle gibt uns noch heute Halt und verfügt, ich bin sehr dankbar dafür, über hervorragendes Personal. Die Kinderpsychologin gab auch mir Unterstützung, machte mir Mut und vermittelte später ~~immer~~ bestens zwischen Schule - Elternhaus - und Jugendamt.
>
> Wir haben einen sehr netten Kinderpsychologen, der uns unter die Arme griff. Außerdem hatte ich eine kompetente Anlaufstelle bei der Erziehungsberatungsstelle.
> Ich habe versucht „Druck" von Angie fernzuhalten und gab ihr jede Möglichkeit zum freien Spiel.
> Diese Maßnahmen, festigten uns psychisch ein bißchen, gaben uns Mut und Hoffnung.
>
> Ich halte noch heute all' die eingeleiteten Maßnahmen für nötig....

Auch wenn einige dieser Maßnahmen durchaus Erfolge zeitigten: Ein Kind von einem Test zum anderen zu schicken, hinterlässt im Allgemeinen im kindlichen Gemüt seine Spuren:

> ...Trotzdem fühlte sich Angie davon total überfordert, äußerte dieses auch mit den Worten „Ich bin eben behindert, ich bin dumm, ich habe keine Lust mehr auf Test's!"

Nach vielem Hin und Her und intensiven, lang andauernden Bemühungen erfuhr die Mutter eher zufällig von einer Selbsthilfegruppe für teilleistungsgestörte Kinder. Dort wurde sie das erste Mal mit dem Begriff „Dyskalkulie“ konfrontiert:

> Ich schloß mich einer Selbsthilfegruppe für teilleistungsgestörte Kinder an.
>
> Dort gab man mir den Rat, Angie in Do. testen zu lassen!

Ein (letzter) Test folgte. Bei Angelina wurde eine Rechenschwäche schweren Ausprägungsgrades in Verbindung mit einer massiven psychoreaktiven Symptomatik diagnostiziert.

> Mir war klar, Angie mußte abgefangen werden, zumal ich mir sehr bewußt darüber bin, dass ein schulischer Werdegang ohne Mathematikunterricht nicht möglich ist.
>
> Wie sollte das Leben von meiner Tochter aussehen, ohne die Fähigkeit, die simpelsten Aufgaben zu lösen?
>
> Ich setzte all' meine Erwartungen in die Therapie bei der MLZ und hoffte auch, dass Lernerfolge Angie's psychischen Zustand verbessern könnten.

Wie es Angelina heute geht, finden Sie im Anhang (siehe Kapitel 14.8).

3.3 Rechenschwäche/Dyskalkulie im Spiegelbild der Wissenschaft

Es ist nicht die Aufgabe des folgenden Kapitels, verschiedene Theorien zu Ausprägung und Verursachung von Rechenschwäche/Dyskalkulie/Rechenstörungen/Arithmastenie in vollem Umfang aufzuzeigen und zu kommentieren. Vielmehr sollen knapp verschiedene Ansätze und deren Schwierigkeiten angesprochen werden, um aufzuzeigen, warum die Tendenz sehr sinnvoll ist, von endgültigen Definitionen und einer fortgesetzten Suche nach Verursachungsbedingungen zugunsten förderdiagnostischer Ansätze abzulassen. Denjenigen LeserInnen, die sich darüber hinaus mit wissenschaftlichen Ansätzen zum Thema beschäftigen wollen, sei zur Einführung vor allem das Kapitel 2 aus Michael Wehrmanns Veröffentlichung „Qualitative Diagnostik von Rechenschwierigkeiten im Grundlagenbereich Arithmetik" (Wehrmann 2003) empfohlen.

Zwischen Schwierigkeiten im Mathematiklernen, die nahezu jeder Schüler irgendwann hat, die jedoch durch schulische Maßnahmen, Förderunterricht oder auch Nachhilfe bewältigt werden können, und einer Lernstörung, die der Einzelfallarbeit oder therapeutischen Intervention bedarf, muss unterschieden werden.

„*Dyskalkuliedefinitionen haben die Aufgabe, aus der Gesamtheit der förderbedingten Schüler diejenigen herauszuheben, für welche pädagogisch-therapeutische und eventuell psychotherapeutische Maßnahmen indiziert sind, welche einen Förderunterricht übersteigen*“ (Grissemann 1984, S. 159). Gleichzeitig ist wichtig, dass „*Dyskalkulie nicht als Krankheit verstanden werden darf*“ (ebenda, S. 162).

Es gibt mehrere wissenschaftliche Disziplinen, die sich mit dem Phänomen einer Rechenschwäche beschäftigen. Geforscht wird vor allem in den Bereichen Neuropsychologie (Teilleistungsstörungen), Psychologie, Pädagogik und Sonderpädagogik sowie der Mathematikdidaktik.

Je nach Ansatz der einzelnen Disziplinen existieren unterschiedliche Theorien und Definitionen zum Thema sowie zu den möglichen Ursachen. Verursachungsbedingungen der Rechenschwäche/ Dyskalkulie werden ähnlich wie die der Legasthenie kontrovers diskutiert. So geht z. B. die Neuropsychologie in der Regel von einem Teilleistungsstörungsmodell aus. Noch vor kurzem war auch in anderen Disziplinen das Modell der „minimalen cerebralen Dysfunktion“ (MCD) das vorherrschende Erklärungsmuster, und es wurde von Störungen vielfältig miteinander verknüpfter Basisfunktionen gesprochen.

Von der Annahme einer MCD als Ursache für Teilleistungsstörungen ist man inzwischen weitgehend abgerückt. So wendet z. B. Lorenz gegen das Modell der MCD als Verursachungsfaktor von Lernstörungen ein:

„*Die Diagnose einer MCD wirft neben ihrer biologischen, klassifikatorisch-symptomatologischen und therapeutischen Problematik auch prognostische Probleme auf, als daß der Begriff der cerebralen Dysfunktion die jeweilige Störung als überdauernd und (relativ) therapieresistent erscheinen läßt.*“
(Lorenz 1984, S. 75)

Mit dem Abrücken von der MCD als Ursache wurde ein allgemeinerer Gedanke ins Zentrum des psychologischen und pädagogischen Interesses gerückt: Es handele sich bei Rechenschwäche um eine Teilleistungsstörung, um eine

„*minderentwickelte Fähigkeit aus den Bereichen der Wahrnehmung, der Speicherung und der Integration von Informationen*“ (ebenda).

Ähnlich wie bei MCD-Diagnosen ist sowohl die Therapierelevanz als auch der Erklärungswert für den Einzelfall häufig gering, so dass ein Umgang mit dem Begriff der Teilleistungsstörung problematisch ist und schlimmstenfalls dazu führen kann, dass an der Lernstörung „vorbei therapiert” wird. Von Aster kritisiert aus neuropsychologischer Sicht:

„*Ob bestimmte neuropsychologisch umschreibbare Beeinträchtigungen eines Kindes durch Übungsbehandlungen so gemildert werden können, dass sie die neuropsychologischen Funktionen grundsätzlich verbessern, d. h. auch ihren Gebrauch in neuen und komplexen Kontexten, muss in vielen Fällen bezweifelt werden*“ (von Aster 1996, S. 42).

Das Erklärungsmodell Teilleistungsschwäche wird auch von anderer Seite kritisch beleuchtet:

„Der Begriff Teilleistungsstörung kann zweierlei bedeuten:

Eine Schulleistungsstörung, also eine Störung in einem schulischen Teilgebiet. In diesem Sinn ist Rechenschwäche eine Schwäche in einem schulischen Stoffgebiet, dem Rechnen, und nichts anderes!

Eine Hirnleistungsstörung, also eine neuropsychologische Störung oder auch Teilfunktionsstörung. Nach Graichen (1979) handelt es sich dabei um Leistungsschwächen für einzelne Faktoren oder Glieder innerhalb eines größeren funktionellen Systems, das zur Bewältigung einer bestimmten Anpassungsaufgabe erforderlich ist.

Breitenbach, der für sich beansprucht, Unterricht auf neuropsychologischer Basis zu begründen und ein Unterrichtskonzept speziell für die bayerischen Diagnose- und Förderklassen mit entwickelte, dämpft selber die Erwartungen an die Neuropsychologie. "Lernen und Lernstörungen aus neuropsychologischer Perspektive betrachtet macht deutlich, dass in der sonderpädagogischen Arbeit mit teilleistungs- oder integrationsgestörten Kindern kein Bedarf besteht an ständig neuen, mehr oder weniger theoretisch begründeten Förderansätzen, die in ihrer Schlichtheit kaum der Komplexität menschlicher Lern- und Entwicklungsprozesse Rechnung tragen können. Es ist ebenfalls nicht möglich und nötig, ein neuropsychologisches Förderkonzept zu entwickeln. Mit Hilfe der Neuropsychologie lassen sich bisher lediglich Prinzipien für den förderlichen Umgang mit diesen Kindern beschreiben, wie Individualisierung, handelndes Lernen, Eigenaktivität beim Lernen usw. Dies sind jedoch keine sensationellen Neuentdeckungen der Neuropsychologie, sondern altbekannte pädagogische Weisheiten." (Breitenbach, 1996, S. 418, zit. n. Gerster 2002a)

Auf Überlegungen, Rechenschwäche als Teilleistungsschwäche oder Störung basaler Funktionen zu erklären und entsprechend zu definieren, basieren auch Theorien, die von sich behaupten, einem ganzheitlichen Ansatz verpflichtet zu sein: Oft werden visuelle oder akustische Wahrnehmungsprobleme, Probleme beim räumlichen Vorstellungsvermögen, Schwierigkeiten bei Raum-Lage-Beziehungen oder Motorik-Probleme als verursachende Faktoren genannt. Diese Theorien entbehren allerdings häufig wissenschaftlich abgesicherter Erkenntnisse - unsere praktische Erfahrung bei der Arbeit mit rechenschwachen Kindern bestätigt diese Ansätze ebenfalls nicht!

Gerster schreibt zu dem Ergebnis einer Studie von Breitenbach über eine empirische Vergleichsuntersuchung in Diagnose- und Förderklassen:

„Die Entwicklungsfortschritte in den Bereichen „Kognitive Entwicklung, Wahrnehmung, Motorik, Arbeitsverhalten" wirkten sich nach dieser wissenschaftlichen Begleituntersuchung nicht positiv auf die Schulleistungen aus.

...

Recht verbreitet ist die Hoffnung, Phänomene der Rechenschwäche mittels so genannter basaler Funktionen (die Verarbeitung von Wahrnehmungen und die Motorik betreffend) verstehen und durch entsprechende Übungsbehandlungen vom Grunde her beheben zu können.

...

Unbestreitbar ist das Gehirn die Voraussetzung auch der höheren kognitiven Funktionen, die, wie andere Funktionen auch, eine Integration von Teilfunktionen verlangen

...

Aber das (wissenschaftlich gestützte) Modell des Mathematiklernens auf neuropsychologischer Ebene existiert (noch) nicht. Das hat Gründe. Es ist weitgehend unklar, wie und in welchem Umfang die höheren kognitiven Funktionen auf den basalen errichtet sind. Wahrscheinlich gibt es dafür verschiedene Möglichkeiten. Das ergibt sich schon daraus, dass Kinder mit verschiedenen Behinderungen dennoch rechnen lernen können: Es gibt motorisch unbeholfene Kinder, die gut im Rechnen sind und Mathematiker die Schwierigkeiten haben, spontan rechts und links zu unterscheiden.

...

Um möglichen Missverständnissen vorzubeugen: Wir sprechen uns nicht gegen basale Trainings aus. Wenn bei Kindern feinmotorische Probleme oder visuelle Wahrnehmungsprobleme auftreten, die in irgendeinem lebensbedeutsamen Zusammenhang störend wirken, dann soll man dem Kind entsprechende Übungen anbieten. Aber man soll nicht behaupten, durch solche basalen Trainings würde eine etwa vorhandene Rechenschwäche behoben oder das schulische Lernen allgemein verbessert." (Gerster 2002b)

In unserer therapeutischen Praxis finden sich diese Ausführungen Gersters täglich bestätigt.

Aus praxisorientierter Sicht sind bezüglich präventiver Arbeit und Früherkennung von Rechenschwäche die Beiträge von Piaget und Kutzer sehr relevant. Beide legen großen Wert auf die Entwicklung pränumerischer Fertigkeiten in der Vorschulzeit, denn viele rechenschwache Kinder haben Probleme mit Mengenbegrifflichkeiten und insbesondere mit der Entwicklung eines korrekten Zahlbegriffs. Das bedeutet aber nicht, dass nun untersucht werden sollte, wann und durch wen die Kinder begonnen haben, falsche Vorstellungen im pränumerischen Bereich zu entwickeln, sondern es ist wichtig, die Defizite zu ermitteln und Förderkonzepte zu deren Aufarbeitung zu entwickeln. In diesem Sinne stellt auch die aktuelle wissenschaftliche Entwicklung hinsichtlich der Diagnostik förderdiagnostische Untersuchungen in den Vordergrund und bietet damit Arbeitshilfen bei der Förderung von rechenschwachen Kindern. Denn zu betonen ist:

„*Mathematik lernen bedeutet aktive Arbeit des Kindes und zwar Arbeit mit mathematischen Gegenständen und mathematisches Nachdenken über sie. Keine andere Übung kann diese Arbeit ersetzen. Schlicht gesagt. Rechnen lernt man durch Rechnen.*" (ebenda)

Wichtig ist aber auch, dass die psychischen und sozialen Problemlagen rechenschwacher Kinder nicht unberücksichtigt bleiben.

Beim Studium der Literatur zum Thema Rechenschwäche begegnet man immer wieder der „Diskrepanz-Debatte", also der Debatte um die Relevanz des Unterschieds zwischen den Rechenfertigkeiten der Kinder und ihren übrigen Leistungen. So definiert z. B. Ellrott Rechenschwäche analog zur Legasthenie:

„*Dyskalkulie ist die Bezeichnung für Schwächen beim Erlernen von Zahlen (Quantitäten in Zahlen fassen) und Rechnen (operieren mit Zahlen), die weder auf eine allgemeine Beeinträchtigung der geistigen Entwicklung, noch auf unzulänglichen Unterricht zurückgeführt werden können.*" (Ellrott 1998, S.3 - 4)

Diese Definition einer Rechenschwäche (Dyskalkulie) deckt sich weitgehend mit der Beschreibung, wie sie die Weltgesundheitsorganisation (WHO) in der ICD 10 (Internationale Klassifikation psychischer Störungen) unter dem Punkt F 81.2 beschrieben hat:

„*Diese Störung beinhaltet eine umschriebene Beeinträchtigung von Rechenfertigkeiten, die nicht alleine durch eine allgemeine Intelligenzminderung oder eine eindeutig unangemessene Beschulung erklärbar ist.*"

Beide Definitionen gehen von einer zumindest durchschnittlichen Intelligenz des Kindes aus. Diese Sichtweise wird unseres Erachtens vollkommen zu Recht sowohl von Seiten der Schule als auch aus der therapeutischen Praxis heraus kritisiert. Die Gründe dafür sind vor allem die folgenden:

1. Zur Messung der allgemeinen geistigen Fähigkeiten des Kindes werden in aller Regel Intelligenztests angewandt. Es ist aber zu bedenken, dass diese Tests häufig nicht unwesentlich streuen. Zudem spielt die Tagesform des Kindes eine große Rolle. Auch ist zu bedenken, dass rechenschwache Kinder aufgrund zum Teil jahrelanger Versagenserlebnisse in Prüfungs- und Testsituationen mit starken Ängsten reagieren. Dies kann ein Testergebnis deutlich verzerren.

Problematisch bei vielen häufig angewandten IQ-Tests ist zudem, dass eine wesentliche Unterabteilung wiederum Rechnen, Zahlen, Zahlengefühl und routinierten Umgang mit Quantitäten und Zahlenfolgen (siehe z. B. Zahlenfolgentest des CFT 20) verlangt. Das können rechenschwache Kinder ja bekanntlicherweise nicht leisten, es wird aber jetzt zum Ausweis von Intelligenz.

„Häufig gehen in die IQ-Messung auch Rechenleistungen ein. Dadurch wird der IQ des rechenschwachen Kindes verringert, so dass es evtl. aus der Definition herausfällt.

...

Die dafür erforderliche Diagnostik soll zugleich brauchbare Hinweise für Fördermaßnahmen liefern. Die vorliegenden standardisierten Verfahren (Intelligenztests wie der HAWIK oder der K-ABC) eignen sich dafür nicht.“ (Gerster 2002c)

2. Auch was den Begriff der „Intelligenz" selbst betrifft, herrscht immer noch Unklarheit darüber, wie er überhaupt zu definieren ist. Die Messung eines IQs mit entsprechenden Testverfahren wird heute kritischer betrachtet; insbesondere der IQ-Test als diagnostisches Instrument zur Feststellung der Förderwürdig- bzw. -bedürftigkeit von Kindern und Jugendlichen wird inzwischen - zum Teil von den Autoren der entsprechenden Verfahren selbst - stark in Zweifel gezogen:

„Es wird nicht mehr angezweifelt, dass der Intelligenztest bestenfalls einen intellektuellen Status registriert, dass solche Daten mit Fehlern behaftet sind, nur mit einer gewissen Wahrscheinlichkeit Gegebenheiten entsprechen, die man letztlich nicht einmal definieren kann (Intelligenz), über die Beeinträchtigungen bedingenden Faktoren nichts ausgesagt wird. Ein Intelligenzquotient ergibt ferner kaum Informationen über die zukünftige Lernfähigkeit eines Menschen.“ (Bundschuh 1996, Kap. 7)

„Diese prinzipielle Mehrdeutigkeit des Wechsler-IQs läßt es nicht angeraten erscheinen, den IQ zur Grundlage von therapeutischen oder pädagogischen Empfehlungen und Maßnahmen zu machen.

...

Zusätzlich muß berücksichtigt werden, dass ein niedriges Testergebnis keinesfalls bedeutet, dass der Proband unintelligent ist, ein gutes Testergebnis jedoch nicht von unintelligenten Personen erzielt werden kann. Aufgrund eines Testergebnisses im HAWIK-R oder irgendeines anderen Intelligenztests kann nie die Feststellung abgesichert werden, daß ein Kind sonderschulbedürftig ist.“ (Titze/Tewes 1994, S. 76)

3. Insbesondere von sonderpädagogischer Seite wird häufig darauf verwiesen, dass es bei allgemein lernschwachen Kindern einen signifikanten Unterschied zwischen den mathematischen und den sonstigen Leistungen des Kindes gibt. Da diese Kinder in aller Regel durch das „Intelligenz-Raster" fallen oder bereits gefallen sind, kann nach den beiden oben ausgeführten Definitionen keine Rechenschwäche diag

nostiziert werden, obwohl die Kinder eindeutig rechenschwach sind! Als Folge werden therapeutische Maßnahmen bei diesen Kindern völlig zu Unrecht für wenig hilfreich erachtet und nur selten unterstützt. Unsere Erfahrungen fallen deutlich anders aus. Eine solche Ausgrenzung kann nicht der richtige Weg sein.

Die Vorurteile über rechenschwache Kinder müssen endlich aufgegeben werden!

„***Vorurteil: Rechenschwäche ist Dummheit (mangelnde Intelligenz)***

Stimmt nicht. Es gibt rechenschwache Kinder mit durchschnittlicher und mit überdurchschnittlicher Intelligenz.

Vorurteil: Rechenschwäche ist eine allgemeine Lernschwäche

Gleichsetzen kann man das sicher nicht. Vielleicht ist Rechenschwäche nur die Folge einer Belehrungsschwäche (Wittmann, 1995). Nach Klauer (1966) und Kanter (1977) gibt es keinen globalen Mangel an Lernfähigkeit im Sinne einer allgemeinen Lernbehinderung sondern immer nur aufgabenspezifische Schwierigkeiten (zitiert nach Begemann, 2000).

Vorurteil: Rechenschwäche tritt isoliert auf

Diese Aussage ergibt sich aus gängigen Definitionen der Rechenschwäche (siehe ICD 10 der WHO). Sie tritt häufig zusammen mit anderen Lernschwierigkeiten auf. Zu bedenken ist auch, dass infolge der schlechten Lernerfahrungen im Mathematikunterricht das Kind an sich zu zweifeln beginnt, und die schlechte Selbsteinschätzung sich auf andere Fächer übertragen kann. Ebenso besteht die Gefahr des Halloeffektes (der Lehrer schätzt das Kind auch in anderen Fächern schlechter ein).

...

Vorurteil: Rechenschwäche ist dauerhaft unveränderlich

Diese Einschätzung ergibt sich aus der Interpretation von Rechenschwäche als Persönlichkeitsmerkmal, als Eigenschaft des Kindes. Sie vernachlässigt familiäre und schulische Einflüsse und kann als (faule) Ausrede missbraucht werden. Auch schwache Kinder können unter günstigen Bedingungen zumindest die elementaren Rechenfertigkeiten erlernen." (Gerster 2002d)

4. „*Der Vergleich mit den Leistungen in anderen Fächern ist unzureichend. Eine Dyskalkulie hat ihre eigenen Gesetzmäßigkeiten. Zudem zeitigt jahrelanger Misserfolg in einem solch zentralen Fach fächerübergreifende Auswirkungen. Die Pädagogik spricht vom 'Teufelskreis Lernstörung': Die Kinder beginnen, sich an ihrem (über die Jahre anhaltenden) Misserfolg zu orientieren. Dieser greift auf die anderen Fächer über, Schulunlust, Schulangst sind nicht selten die Konsequenzen. Die üblichen Mittel und Möglichkeiten von Schule und Unterricht versagen nun notwendig.*" (Homepage des Mathematischen Instituts zur Behandlung der Rechenschwäche/Arithmasthenie in München; www.rechenschwaeche.de)

Lorenz/Raddatz gehen davon aus,

„*daß mindestens 15% eines Schülerjahrganges Minderleistungen im Rechnen aufweisen, die durch den erteilten Unterricht nicht aufgefangen werden können*" (Lorenz/Radatz 1993, S. 4).

Das bedeutet, dass 15% der Schülerinnen und Schüler rechenschwach sind. Lorenz führt an anderer Stelle aus:

„Dabei handelt es sich auf keinen Fall um Schülerinnen und Schüler, denen man eine Dyskalkulie bescheinigen könnte“ (Lorenz 1991),

die also keine Dyskalkulie haben aber rechenschwach sind.

Dieser Widerspruch löst sich wiederum in der Schwierigkeit der Definitionsfrage auf, was nun eine Rechenschwäche bzw. Dyskalkulie sei, verweist aber darauf, dass zugunsten der Betroffenen unbedingt davon abgesehen werden sollte, Kategorisierungsfragen zu stellen.

Glücklicherweise verfiel man in puncto Dyskalkulie nicht auf die Fehler der früheren Legasthenie-diskussion und verlor Zeit mit umfangreichen, teils ergebnislosen Theoriedebatten und Fragen zur Terminologie. Zum Wohle der betroffenen Kinder hat man im deutschsprachigen Raum

„das Definitionsproblem zurückgestellt und hat der mathematikdidaktischen Frage nach a) den Ursachen der Rechenschwäche und b) den Möglichkeiten ihrer Erkennung und Behebung Platz gemacht. Das heißt, es werden alle Schüler einbezogen, die einer Förderung jenseits des Standardunterrichts bedürfen.“ (Lorenz 1991)

Dies verweist auf unsere Überlegungen am Anfang dieses Kapitels:

Was ist nun Rechenschwäche? Es gibt bis heute keine allgemein gültige Definition. Um auch Schülerinnen jenseits des Standards mit einzubeziehen, sollte nicht eine arithmetische Minderleistung bei mindestens durchschnittlicher Intelligenz, sondern eine relative Minderleistung auf jeder Intelligenzstufe angenommen werden.

„Wer nicht rechnen kann, ist rechenschwach.“ (www.learn-line.nrw.de)

Also: Ein Kind ist rechenschwach, wenn es schwach im Rechnen ist?!?

Fazit

Die mit dem Phänomen einer Rechenschwäche/Dyskalkulie beschäftigten wissenschaftlichen Disziplinen konnten bisher keine eindeutige oder gar einheitliche Antwort auf die Frage geben: „Was ist eigentlich eine Rechenschwäche?“ Auch die Ursachenforschung steckt noch in den Kinderschuhen. Was neuropsychologische Erklärungsversuche angeht, so sind diese teilweise recht widersprüchlich und in der Regel ausgesprochen vage formuliert. Vom praktischen Standpunkt aus entdeckt man zudem durchgehend den Mangel, keine praktischen Förderkonzepte ableiten zu können.

Nimmt man sich der Frage der Tauglichkeit zur Entwicklung von Präventions- und Förderkonzepten weiter an, so findet man hilfreiche Beschreibungen zum Phänomen einer Rechenschwäche, zu deren Diagnose sowie zu Fördermaßnahmen am ehesten in sonderpädagogischen sowie mathematikdidaktischen Ansätzen (siehe auch Literaturempfehlungen). Auch wenn wir nicht alle Positionen teilen, so sind aus unserer Sicht diesbezüglich die Studien von Gerster, Kutzer und Lorenz hervorzuheben.

Ihnen allen liegt ein zentrales Verständnis zur Förderung rechenschwacher Kinder zugrunde:

Eine Rechenschwäche mit der Thematik hoher oder niedriger IQ zu koppeln, ist ein großer Fehler. Nicht nur, weil der Begriff „Intelligenz“ schon in sich recht umstritten ist, sondern insbesondere auch deshalb, weil lernschwache Kinder so von Fördermaßnahmen ausgeschlossen werden, die sie aber genauso benötigen, wie lernstarke rechenschwache Kinder! Ein häufig recht zweifelhaft festgestellter niedriger IQ (siehe hierzu auch Kapitel 8.3, „Der Zahlenfolgentest des CFT 20“), der ggf. zu einer sonderpädagogischen Förderung führt, sollte keinen Ausschluss von anderweitigen Fördermaßnahmen zur Folge haben.

Die Frage einer „vernünftigen“ Definition kann also getrost noch weiter in den Hintergrund treten, denn eines steht für uns fest: Wirklich helfen wird sie keinem rechenschwachen Kind - gleichgültig, wie sie ausfallen mag.

Um rechenschwachen Kindern sinnvoll helfen zu können, ist es notwendig, sich mit ihrer Sichtweise der Mathematik zu befassen, ihre Strategien zu verstehen, sie sicher zu analysieren und die Kinder wirklich dort abzuholen, wo sie stehen. Kein anderes Training, keine andere Übung, insbesondere solche, die auf basale Funktionen wie Wahrnehmung, Orientierung, Motorik etc. zielen, kann die Beschäftigung mit den mathematischen Denkweisen rechenschwacher Kinder und den psychischen Folgeerscheinungen auch nur ansatzweise ersetzen!

In diesem Sinne geht es nun darum, praktische Einblicke in die Probleme von Betroffenen und Hilfestellungen für die Arbeit mit rechenschwachen Kindern zu bieten. Welche Fehler man nicht machen und worauf man sich dabei einstellen sollte, wird in den weiteren Kapiteln beleuchtet werden.

4 Symptome einer Rechenschwäche

4.1 Fördergrundsatz II

Für die Förderung rechenschwacher Kinder ist es von großer Bedeutung, Symptome und die auf die Mathematik bezogenen Ursachen strikt voneinander zu trennen. Viel zu häufig müssen wir feststellen, dass mit bestem Wissen und Gewissen lediglich an der Oberfläche des Problems (in aller Regel am aktuellen Schulstoff) laboriert wird - das hilft keinem! Falschen oder richtigen Ergebnissen, schlechten oder guten Noten kommt bestenfalls der Stellenwert eines Indizes zu. Rechenschwache Kinder können im Verlauf ihrer Schulkarriere alle Noten produzieren - von einem Sehr gut bis zu einem Ungenügend. Gelegentlich fallen sie sogar während ihrer Grundschulzeit notenmäßig gar nicht auf.

Das Wissen um die Symptomatik einer Rechenschwäche ist daher ein zentraler Eckpfeiler für das Erkennen einer möglichen Rechenschwäche - dies gilt im Sinne der Prävention besonders für den Anfangsunterricht. Eine qualitative förderdiagnostische Untersuchung ersetzt dies aber nicht; vielmehr gibt es einen Hinweis darauf, ob eine solche Diagnostik anzuraten ist.

Vor jeglichen einzuleitenden Maßnahmen (sei es nun eine schulische Förderung oder eine lerntherapeutische Intervention) steht das Erkennen einer möglichen Rechenschwäche!

4.2 Zur Symptomatik einer Rechenschwäche

Die Frage ist nur: Wie ist eine Rechenschwäche zu erkennen? Nahezu jedes Kind zählt im Verlauf seiner Entwicklung an den Fingern ab. Viele Kinder klagen, wenn es um die Lösung von Subtraktionen und Divisionen geht. Auch Aufgabenstellungen mit Zehner- oder Hunderterüberschreitungen stehen in der Beliebtheitsskala nicht gerade an erster Stelle. Und einmal ehrlich: Die Anzahl an Leuten, die bei Textaufgaben in freudiges Entzücken geraten, tendiert eher gegen Null, und dies nicht erst dann, wenn in der Oberstufe Extremwert-Aufgaben auf dem Stundenplan stehen.

Auf unseren Fortbildungsveranstaltungen werden wir deshalb immer wieder mit den gleichen Fragen konfrontiert: „Wie kann ich das sehen?" - „Wie erkennt man das?" - „Worauf muss ich achten?" So viel sei vorweggenommen: Richtige oder falsche Lösungen, gute oder schlechte Noten sagen in aller Regel gar nichts aus! Sicherlich ist es so, dass permanent schlechte Noten oder falsche Ergebnisse darauf hindeuten, dass da „etwas nicht stimmt". Und dies sorgt dann für Handlungsbedarf, der in aller Regel auch zu Fördermaßnahmen führt. Es gibt jedoch nicht wenige rechenschwache Kinder, deren Leistungen starken Schwankungen unterliegen - mal klappt es, mal ist alles „wie weggeblasen". Insbesondere in der ersten Klasse können rechenschwache Kinder richtige Ergebnisse produzieren, ohne dass sie auch nur den Hauch einer Ahnung vom mathematischen Hintergrund haben. Richtige Lösungen zu erhalten, während der Grundschulzeit auf einem stabilen Befriedigend bis Ausreichend zu stehen, ist eine Frage von Strategie und Taktik und nicht zuletzt das Ergebnis endloser Pauktiraden mit rechenschwachen Kindern.

„Doris (Name geändert) hat soeben das Klassenziel in Klasse 5 des Gymnasiums vor allem wegen der sehr schwachen Mathematikleistungen nicht erreicht, obwohl sie laut Grundschulempfehlung für das Gymnasium geeignet ist und in Mathematik stets die Note 3 hatte.

Beim Beratungsgespräch zeigte sich schnell: Sie wusste nur wenige Einsundeins- oder Einmaleinsaufgaben auswendig, alles wurde (unauffällig) per Fingerrechnen erledigt. Beim schriftlichen Subtrahieren und Multiplizieren machte sie außer den zahlreichen Einsundeins- und Einmaleinsfehlern gravierende Verfahrensfehler. Beim schriftlichen Dividieren klappte gar nichts. Sie begann das Divisionsverfahren bei den Einerziffern, hatte aber auch Probleme mit 4 : 2, 8 : 4 usw.

...

Insgesamt machte sie einen intelligenten Eindruck. Auf das Fingerrechnen angesprochen (sie wollte es verbergen), sagte sie, in ihrer Grundschulklasse hätten alle Kinder mit den Fingern gerechnet."(1)

Es wird deutlich: Doris hat fundamentale Schwierigkeiten beim Rechnen und trotz allem ein Befriedigend erreicht. Da dies kein Einzelfall ist, kann vor Empfehlungen wie der folgenden nur gewarnt werden:

„Die Benotung kann für höchstens insgesamt ein Schuljahr ausgesetzt werden, wenn die Konferenz feststellt, dass die bereits eingeleiteten Fördermaßnahmen erste Erfolge zeigen und damit zu rechnen ist, dass das Kind in einem überschaubaren Zeitraum (max. ein Schuljahr) in Mathematik den Anschluss an das Niveau seiner Klasse (mindestens ausreichende Leistungen) erreichen wird."(2)

Hierbei ist interessant, dass eine ausreichende Bewertung von Mathematikleistungen mit dem inhaltlichen Anschluss an den aktuellen Stoff der Klasse gleichgesetzt wird, so dass auch hier der zentrale Fehler begangen wird, die Note nicht nur als Symptom zu überschätzen, sondern sie zudem als ein einschlägiges Kriterium für Fördermaßnahmen und die Beendigung derselben in Anschlag zu bringen. Deshalb können wir von dieser Empfehlung nur abraten.

Schematische Rechenverfahren kann man nahezu jedem Kind beibringen; deshalb bürgen richtige Ergebnisse für gar nichts - und diese werden ja schließlich benotet, nicht das Verständnis der Sache. Man erinnere sich nur einmal an seine eigene Schulzeit!

Während unserer langjährigen Arbeit mit rechenschwachen Kindern ist eines deutlich aufgefallen: Eine Rechenschwäche (ob sie nun isoliert auftritt oder nicht) hat **immer wieder die gleiche Symptomatik** - unabhängig von den jeweiligen Grundvoraussetzungen des einzelnen Kindes (hoher oder niedriger IQ, mit visuellen Wahrnehmungsproblemen oder ohne, mit Problemen bei Raum-Lage-Beziehungen oder ohne, etc.). (3)

Die Symptomatik einer Rechenschwäche ist systematisierbar und dies deutet darauf hin, dass grundlegende Fehlvorstellungen des Kindes (z. B. bei der Entwicklung des Zahlbegriffs) zu Kompensationsstrategien führen, die rechenschwache Kinder alle in ähnlicher Weise entwickeln (z. B. das zählende Rechnen). Dies führt dazu, dass an bestimmten neuralgischen Punkten der Mathematik immer wieder die gleichen Probleme auftauchen. An der Oberfläche einer Rechenschwäche ergibt sich damit eine für rechenschwache Kinder typische Symptomlage. Deshalb fallen Symptome und Ursachen auseinander! Die Symptomatik ist geboren aus den zugrunde liegenden falschen Vorstellungen des Kindes und den sich

(1) Gerster 1996, S. 137
(2) Thesen und Empfehlungen für die KMK von Schipper 2001, S. 7
(3) Vgl. hierzu: Gerster/Schultz 2000

hieraus entwickelnden Kompensationsstrategien. Alle Versuche, am aktuellen Schulstoff bei rechenschwachen Kindern nachzuhelfen, erweisen sich aus diesem Grunde als meist hoffnungsloses Unterfangen.

„Übe nur fleißig weiter!“ führt in vielen Fällen ganz im Gegenteil dazu, dass sich die Kompensationsstrategien des Kindes weiter einschleifen und sich damit zunehmend hartnäckiger allen Förderversuchen widersetzen.

„Wenn sich ein Kind zum ‚Zähler' entwickelt hat, sind Hilfsmaßnahmen ab Ende des zweiten Schuljahrs" (gemeint sind hier schulische Maßnahmen, d. A.) *„sehr aufwendig und oft wenig erfolgreich.“*(1)

Ein weiterer sehr wichtiger Aspekt ist die mögliche Verwechslung einer Analyse der Symptomatik mit einer qualitativen förderdiagnostischen Untersuchung, die in vielen Fällen sehr aufwendig ist und viel Erfahrung und Fingerspitzengefühl verlangt. „Das Kind hat Fieber“, ist genauso wenig eine Diagnose wie „Es kann keine Minus-Aufgaben rechnen“. (Damit wollen wir **nicht** sagen, dass es sich bei einer Rechenschwäche/Dyskalkulie um eine Krankheit handelt!)

Die Symptomatik liefert zunächst einmal Hinweise für das **mögliche** Vorliegen einer Rechenschwäche. Das frühzeitige Erkennen der Symptome macht eine rechtzeitige Diagnose erst möglich und damit auch die Planung einer Förderung, bevor das Kind restlos in den Brunnen gefallen ist. „Je früher desto besser!“ gilt gerade bei rechenschwachen Kindern. Ein rechenschwaches Kind frühzeitig identifizieren zu können, ist ein großer Schritt in die richtige Richtung.

Zum Symptomfragebogen

Der nun folgende Symptomfragebogen wurde auf Bitten der Schulen vom Arbeitskreis entwickelt. Wie er zu verwenden und zu interpretieren ist, ist ausführlich dargestellt. Mit dem Fragebogen sind drei Ziele verknüpft:

1. Er soll dem Anwender zeigen, ob es sich überhaupt um eine Rechenschwäche handeln könnte.

2. Je nach Interpretation der Ergebnisse (also der absoluten Zahl zutreffender Symptome sowie der jeweiligen Häufigkeit des Auftretens) sollen Entscheidungshilfen gegeben werden, ob eine qualitative Förderdiagnostik anzuraten (ggf. dringend erforderlich) ist, oder ob eine schulische Untersuchung und eine daraus resultierende Förderung zunächst ausreichend erscheinen.

3. Es kommt nicht selten vor, dass sich Schule und Elternhaus uneinig in der Bewertung (damit sind keine Noten gemeint) der kindlichen Fertigkeiten sind. In einigen Fällen kann dies zu Streitigkeiten führen, die gelegentlich nur noch die Frage nach dem Schuldigen klären wollen, so dass von einer gedeihlichen Zusammenarbeit zum Wohle des Kindes nicht mehr die Rede sein kann (hierzu später mehr).

Um eine Diskussion über die mathematischen Fertigkeiten des Kindes sachlich zu gestalten bzw. sie wieder - falls nötig - zu versachlichen, kann der Fragebogen unabhängig voneinander von der Lehrkraft und vom übenden Elternteil ausgefüllt werden. Oftmals stellt sich das Bild des Kindes in der Schule

(1) Lorenz/Radatz 1993, S. 117

ganz anders dar als im Elternhaus. Vielleicht sind der Lehrkraft die alltäglichen Probleme des Kindes mit der Mathematik gar nicht bekannt, weil sie es nur im Klassenverband kennt. Manch rechenschwachem Kind gelingt es in der Schule recht erfolgreich, seine Schwierigkeiten zu überdecken, weil es Angst vor der Blamage hat oder die Lehrkraft nicht enttäuschen möchte, während die Mutter häufig früher bemerkt, dass mit dem Kind „etwas nicht stimmt". Auch der umgekehrte Fall ist möglich: die Überschätzung der Fertigkeiten des Kindes aus Sorge um seine weitere schulische wie berufliche Karriere kommt bei Eltern häufig vor - gerade in der heutigen Zeit!

In einem ruhigen Gespräch sollten die Ergebnisse der beiden Fragebögen erörtert werden. Wo sind Differenzen? Was sieht man anders? Auf was sollte verstärkt das Augenmerk gerichtet werden? Woher kommen die unterschiedlichen Einschätzungen? etc.

Kinder mit Problemen machen immer „mehr Arbeit", wenn man sie sinnvoll und erfolgversprechend fördern will (das wissen Eltern wie Lehrer). Zauberkuren, wie man sie häufig in Tageszeitungen annonciert findet („Ihr Kind hat wieder Spaß beim Lernen!" - „Ruckzuck ist die Mathe-Fünf vom Tisch!" etc.) sollte man mit großer Skepsis begegnen. Auch Förderzeiträume bei rechenschwachen Kindern von einem Schuljahr gehören in fast allen Fällen in das Reich der Phantasie verbannt!

4.3 Der Symptomfragebogen

Arbeitskreis des

Zentrums für angewandte Lernforschung

(gemeinnützige GmbH)

Rechenschwäche/Dyskalkulie

Symptomfragebogen

bei Verdacht auf eine

Rechenschwäche/Dyskalkulie

für

Lehrer, Beratungsstellen, Sonderpädagogen, Kliniken, Ärzte, Psychologen

(Grund-, Sonder- und weiterführende Schulen bis Klasse 5)

Um mit dem Symptomfragebogen sicher umgehen zu können, raten wir (falls dies nicht bereits der Fall ist oder war) zu einer Fortbildung, die alle im Titel erwähnten Einrichtungen durchführen.

Vorweg sei deutlich darauf hingewiesen: **Dieser Fragebogen ist weder ein Diagnostikum, noch ersetzt er eine förderdiagnostische Untersuchung! Er ist ebenfalls nicht dazu geeignet, eine generelle Lernschwäche anzunehmen oder auszuschließen!**

Die nachfolgend aufgeführten Symptome stellen eine Auswahl dar, die wir aufgrund unserer langjährigen Erfahrung häufig bei rechenschwachen Kindern beobachten konnten. Sie treten bei Kindern der ersten fünf Jahrgangsstufen aller Schulformen (auch bei „Sonder"schülern) auf, können sich aber auch während der gesamten weiteren Schullaufbahn hartnäckig halten. Es sind auch Symptome enthalten, die sich nach dem ersten oder zweiten Schuljahr nicht mehr beobachten lassen, da das Kind zwischenzeitlich andere Kompensationsstrategien entwickelt hat. Ist dies der Fall, so zählen auch diese Symptome als Auffälligkeiten. (Wir verweisen hier nochmals auf unsere Fortbildungsveranstaltungen.)

Um den Verdacht auf eine Rechenschwäche zu erhärten, reicht es nicht aus, dass nur wenige Symptome zutreffen. Es müssen aber auch nicht alle in Erscheinung getreten sein. Zur Beurteilung spielt es auch eine Rolle, in welcher Häufigkeit das Symptom auftritt. Auch wenn Sie viele Symptome angekreuzt haben, muss dies nicht bedeuten, dass das Kind eine Rechenschwäche hat. Es besteht dann lediglich eine hohe Wahrscheinlichkeit für das Vorliegen einer Rechenschwäche, gleichgültig ob in Kombination mit anderen Lernschwierigkeiten des Kindes oder auch als isoliert auftretende Teilleistungsschwäche. Endgültige Klarheit schafft hier nur eine ausführliche qualitative förderdiagnostische Untersuchung.

Falls Sie aufgrund des Ergebnisses als betroffene Eltern eine Diagnose durchführen lassen wollen, bringen Sie bitte diesen Bogen zu dem entsprechenden Termin mit. Lehrer, Ärzte, Psychologen oder Pädagogen sollten den Bogen bei einer evtl. Diagnostik mit Zustimmung der Eltern (Sorgeberechtigten) ebenfalls an den/die Diagnostiker(in) weiterleiten.

Angaben zum Kind

Name

Vorname(n)

geboren am

Schule

Klasse

Wiederholung/Zurücksetzung der Klasse

ja nein

Besuch des Förderunterrichts

Stelle/Schule, die den Fragebogen ausfüllt

mal

durchgeführt zum

Wer hat den Fragebogen ausgefüllt?

Datum

Code-, Patientennummer

Weitere Angaben und Vermerke (Voruntersuchungen/Tests/Ergebnisse)

Anweisung

Der Fragebogen ist in 3 Teilbereiche gegliedert:

Teil I Mathematischer Bereich (24 Items)
Teil II Auffälligkeiten im Lernverhalten (9 Items)
Teil III Auffälligkeiten im alltäglichen Bereich (7 Items)

Im Teil I sowie im Teil III steht jeweils links vom Symptom, ab welcher Klasse und welchem Halbjahr das Symptom auftreten kann (im Teil II generell ab Schulbeginn). Diese Angabe ist nicht fest verbindlich, da es wegen unterschiedlicher Schulformen und verwendeten Didaktiken durchaus sein kann, dass der entsprechende Lerninhalt bereits vorher oder erst später durchgenommen wurde. Achten Sie deshalb beim Ausfüllen darauf, ob das Kind den entsprechenden Stoff bereits im Unterricht durchgenommen hat! Trifft diesbezüglich ein Item nicht zu, streichen Sie es deutlich durch!

Beispiel: ab der 1. Klasse, im 2. Halbjahr

Symptom Nr. 10 durchgestrichen, da noch nicht im Unterricht behandelt

ab 1.2	X	Das Kind lehnt analytische Aufgaben ab (z. B. 8 + ? = 14 oder ? - 6 = 3). ☐ fast immer ☐ oft ☐ gelegentlich ☐ gar nicht ☐ nicht bekannt

Bitte lesen Sie sich das Symptom genau durch. Prüfen Sie nach, ob der entsprechende Schulstoff bereits durchgenommen wurde und kreuzen Sie dann die Häufigkeit des Auftretens an. Falls Sie dazu keine Angaben machen können, kreuzen Sie bitte "nicht bekannt" an.

Beispiel: Symptom trifft zu, da Schulstoff der ersten (4 + 3 = ?) bzw.=/ zweiten Klasse (90 - 30 = ?)

ab 1.1/ 2.2	09.	Das Kind verrechnet sich bei seinen Ergebnissen um einen Einer/Zehner/Hunderter (z. B. 4 + 3 = 6 oder 90 - 30 = 70) ☐ fast immer ☒ oft ☐ gelegentlich ☐ gar nicht ☐ nicht bekannt

Das Symptom trifft "oft" zu.

Teil I - Mathematischer Bereich (1)

ab 1.1	01.	Das Kind rechnet Aufgaben zählend. ☐ fast immer ☐ oft ☐ gelegentlich ☐ gar nicht ☐ nicht bekannt
ab 1.1	02.	Das Kind zählt an den Fingern oder mit Hilfe von anderem Material ab. ☐ fast immer ☐ oft ☐ gelegentlich ☐ gar nicht ☐ nicht bekannt
ab 1.1	03.	Das Kind kann nur mit Anschauungsmaterial rechnen. ☐ fast immer ☐ oft ☐ gelegentlich ☐ gar nicht ☐ nicht bekannt
ab 1.1	04.	Das Kind lehnt Subtraktionen (Minus-Aufgaben) ab. ☐ fast immer ☐ oft ☐ gelegentlich ☐ gar nicht ☐ nicht bekannt
ab 1.1	05.	Das Kind rechnet nach einem Schema. Verändert sich die Aufgabenstellung, weiß es nicht mehr, was es tun soll. ☐ fast immer ☐ oft ☐ gelegentlich ☐ gar nicht ☐ nicht bekannt

Teil I - Mathematischer Bereich (2)

ab 1.1	06.	Das Kind erkennt ganz offensichtlich falsche Lösungen nicht. ☐ fast immer ☐ oft ☐ gelegentlich ☐ gar nicht ☐ nicht bekannt
ab 1.1	07.	Das Kind verwechselt Vorgänger und Nachfolger einer Zahl. ☐ fast immer ☐ oft ☐ gelegentlich ☐ gar nicht ☐ nicht bekannt
ab 1.1	08.	Das Kind verwechselt die Rechenarten. ☐ fast immer ☐ oft ☐ gelegentlich ☐ gar nicht ☐ nicht bekannt
ab 1.1/2.2	09.	Das Kind verrechnet sich bei seinen Ergebnissen um einen Einer/Zehner/Hunderter (z. B. 4 + 3 = 6 oder 90 - 30 = 70). ☐ fast immer ☐ oft ☐ gelegentlich ☐ gar nicht ☐ nicht bekannt
ab 1.2	10.	Das Kind lehnt analytische Aufgaben ab (z. B. 8 + ? = 14 oder ? - 6 = 3). ☐ fast immer ☐ oft ☐ gelegentlich ☐ gar nicht ☐ nicht bekannt
ab 1.2	11.	Das Kind hat keine Strategien zur Ergebnisüberprüfung (kann keine Probe rechnen). ☐ fast immer ☐ oft ☐ gelegentlich ☐ gar nicht ☐ nicht bekannt
ab 1.1/2.1	12.	Dem Kind gelingen sogenannte dekadische Transferleistungen nicht (4 + 5 / 14 + 5 oder 14 + 15 / 40 + 50 etc.). Es rechnet solche Aufgaben immer wieder erneut aus. ☐ fast immer ☐ oft ☐ gelegentlich ☐ gar nicht ☐ nicht bekannt
ab 2.1	13.	Das Kind produziert Zahlendreher (z. B. 76 statt 67). ☐ fast immer ☐ oft ☐ gelegentlich ☐ gar nicht ☐ nicht bekannt
ab 2.1	14.	Das Kind erkennt keine Rechenerleichterungen (z. B. dass man bei der Aufgabe 21 - 19 besser auffüllt, statt subtrahiert). Es erkennt die Nähe der Zahlen nicht. ☐ fast immer ☐ oft ☐ gelegentlich ☐ gar nicht ☐ nicht bekannt
ab 2.1/3.1	15.	Das Kind hat große Probleme, wenn Zehner- (2. Klasse) bzw. Hunderterübergänge (3. Klasse) verlangt sind. ☐ fast immer ☐ oft ☐ gelegentlich ☐ gar nicht ☐ nicht bekannt
ab 2.1/3.1	16.	Das Kind kann Einer/Zehner (2. Klasse) /Hunderter (3. Klasse) nicht benennen, verwechselt sie. ☐ fast immer ☐ oft ☐ gelegentlich ☐ gar nicht ☐ nicht bekannt
ab 2/3/4	17.	Das Kind hat große Probleme, wenn es eine Zahl spontan von einem vollen Zehner (Klasse 2), vollen Hunderter (Klasse 3) bzw. vollen Tausender (Klasse 4) abziehen soll. ☐ fast immer ☐ oft ☐ gelegentlich ☐ gar nicht ☐ nicht bekannt
ab 2.2	18.	Das Kind zählt die 1x1-Reihen immer wieder von vorne hoch. ☐ fast immer ☐ oft ☐ gelegentlich ☐ gar nicht ☐ nicht bekannt
ab 2.2	19.	Das Kind vergisst nach kurzer Zeit die 1x1-Reihen wieder. ☐ fast immer ☐ oft ☐ gelegentlich ☐ gar nicht ☐ nicht bekannt
ab 2.2	20.	Das Kind lehnt Geteilt-Aufgaben ab. ☐ fast immer ☐ oft ☐ gelegentlich ☐ gar nicht ☐ nicht bekannt
ab 2.2	21.	Das Kind hat große Probleme bei Text-/Sachaufgaben. ☐ fast immer ☐ oft ☐ gelegentlich ☐ gar nicht ☐ nicht bekannt

Teil I - Mathematischer Bereich (3)

ab 2.2/3.1	22.	Das Kind hat keine Abschätzstrategien (Überschlagsrechnen). ☐ fast immer ☐ oft ☐ gelegentlich ☐ gar nicht ☐ nicht bekannt
ab 3.1	23.	Das Kind rechnet auch einfachste Aufgaben am liebsten schriftlich untereinander oder stellt sich die Zahlen im Kopf untereinander vor. ☐ fast immer ☐ oft ☐ gelegentlich ☐ gar nicht ☐ nicht bekannt
ab 4.1	24.	Das Kind hat Probleme beim Zahlendiktat größerer Zahlen (insbesondere dann, wenn die Ziffer 0 häufig vorkommt - z. B. bei 10.050 etc.). ☐ fast immer ☐ oft ☐ gelegentlich ☐ gar nicht ☐ nicht bekannt

Teil II - Auffälligkeiten im Lernverhalten

ab 1.1	01.	Das Kind vergisst Sachen, die es tags zuvor noch konnte. ☐ fast immer ☐ oft ☐ gelegentlich ☐ gar nicht ☐ nicht bekannt
ab 1.1	02.	Das Kind wirkt unkonzentriert. ☐ fast immer ☐ oft ☐ gelegentlich ☐ gar nicht ☐ nicht bekannt
ab 1.1	03.	Das Kind macht seine Hausaufgaben nur im Beisein eines Erwachsenen. ☐ fast immer ☐ oft ☐ gelegentlich ☐ gar nicht ☐ nicht bekannt
ab 1.1	04.	Das Kind benötigt ungewöhnlich lange Rechenzeiten (auch bei "einfachen" Aufgaben). ☐ fast immer ☐ oft ☐ gelegentlich ☐ gar nicht ☐ nicht bekannt
ab 1.1	05.	Das Kind weiß nicht, was es in der letzten Mathestunde gemacht hat. ☐ fast immer ☐ oft ☐ gelegentlich ☐ gar nicht ☐ nicht bekannt
ab 1.1	06.	Beim Üben zu Hause gibt es Streit (oder auch Tränen). ☐ fast immer ☐ oft ☐ gelegentlich ☐ gar nicht ☐ nicht bekannt
ab 1.1	07.	Das Kind blockt ab, wenn es um Mathematik geht. ☐ fast immer ☐ oft ☐ gelegentlich ☐ gar nicht ☐ nicht bekannt
ab 1.1	08.	Das Erledigen der Hausaufgaben nimmt ungewöhnlich viel Zeit in Anspruch. ☐ fast immer ☐ oft ☐ gelegentlich ☐ gar nicht ☐ nicht bekannt
ab 1.1	09.	Das Kind sucht verzweifelt nach einem Schema. Wechselt der Aufgabentyp, weiß es nicht mehr, was es machen soll. ☐ fast immer ☐ oft ☐ gelegentlich ☐ gar nicht ☐ nicht bekannt

Teil III - Auffälligkeiten im alltäglichen Bereich (1)

ab 1.1	01.	Das Kind klagt über Bauch- oder Kopfschmerzen oder über Übelkeit. ☐ fast immer ☐ oft ☐ gelegentlich ☐ gar nicht ☐ nicht bekannt

Teil III - Auffälligkeiten im alltäglichen Bereich (2)

ab 2.1	02.	Das Kind will nicht mehr zur Schule gehen. ☐ fast immer ☐ oft ☐ gelegentlich ☐ gar nicht ☐ nicht bekannt
ab 2.1	03.	Das Kind hat Angst vor Mathematikarbeiten (ist sehr nervös). ☐ fast immer ☐ oft ☐ gelegentlich ☐ gar nicht ☐ nicht bekannt
ab 2.2	04.	Das Kind hat Probleme beim Rechnen mit Geld. ☐ fast immer ☐ oft ☐ gelegentlich ☐ gar nicht ☐ nicht bekannt
ab 2/3	05.	Das Kind hat Schwierigkeiten beim Rechnen und im Umgang mit Größen (cm, m, kg, g usw.). ☐ fast immer ☐ oft ☐ gelegentlich ☐ gar nicht ☐ nicht bekannt
ab 3.1	06.	Das Kind kann keine Zeitspannen abschätzen. ☐ fast immer ☐ oft ☐ gelegentlich ☐ gar nicht ☐ nicht bekannt
ab 3.1	07.	Das Kind kann die Uhr nicht lesen (Zeiger-Uhr!). ☐ fast immer ☐ oft ☐ gelegentlich ☐ gar nicht ☐ nicht bekannt

Interpretation/Empfehlungen

Bitte denken Sie daran! Auch wenn Sie möglicherweise viele Symptome wiedergefunden haben, muss dies nicht zwangsläufig bedeuten, dass das Kind unter einer Rechenschwäche/Dyskalkulie leidet!

Zur Interpretation

Bei den folgenden Empfehlungen **zählen die Symptome**, die aufgrund des noch nicht behandelten Schulstoffs (durchgestrichen) nicht zutreffen, sowie die Symptome, bei denen Sie “nicht bekannt” angekreuzt haben, nicht mit! Die angegebenen Prozentzahlen beziehen sich auf die Symptome, bei denen “fast immer”, “oft” oder “gelegentlich” angekreuzt wurde. **Je nach Häufigkeit des Auftretens verstärkt sich der Verdacht auf eine Rechenschwäche**.

Empfehlungen

Wenn **nur wenige Symptome zutreffen** (ca. 10 bis 35%), sollten die Eltern ein klärendes Gespräch mit der Lehrkraft des Kindes führen. Anhand des Bogens können dann die Probleme und Schwierigkeiten des Kindes in einer sachlichen Diskussion besprochen werden. Das Kind sollte unbedingt den Förderunterricht besuchen und dort gezielt individuelle Unterstützung erhalten. Die Eltern des Kindes sollten sich kundig machen, was sie beim häuslichen Üben vielleicht falsch oder besser machen können. Stellen sich nach einem angemessenen Zeitrahmen (drei bis vier Monate) keine Besserungen ein (nicht notenmäßig, sondern auf das Verständnis bezogene) oder verschärft sich sogar die Problemlage, raten wir zu einer Untersuchung bei entsprechenden Facheinrichtungen.

Falls **eine Vielzahl von Symptomen zutrifft** (ab ca. 40%), gilt für die schulische Förderung und Beratung der Eltern alles oben Gesagte. Zudem raten wir in diesem Fall zu einer förderdiagnostischen Untersuchung des Kindes, die klären muss, ob es sich tatsächlich um eine Rechenschwäche handelt und wie dieser ggf. begegnet werden kann. Bei der nach der Diagnostik stattfindenden Beratung der Eltern sollte auch die Lehrkraft des Kindes teilnehmen, um ein abgestimmtes Förderkonzept entwickeln zu können. Verstärktes Üben sollte in diesen Fällen unbedingt eingestellt werden, da sich dies unseren Erfahrungen gemäß meist negativ auf die Gesamtsituation niederschlägt.

Informationen über Diagnostik und Therapie erhalten Sie an einer unserer Einrichtungen (siehe letzte Seite).

5 Probleme im mathematischen Bereich

5.1 Fördergrundsatz III

Oft fallen rechenschwache Kinder der Lehrkraft viel zu spät auf. Die Kinder besuchen bereits die zweite oder gar dritte Klasse, bevor an förderdiagnostische Maßnahmen oder eine lerntherapeutische Intervention gedacht wird. Auch die schulischen Fördermaßnahmen setzen in aller Regel zu spät ein.

Es kann nicht oft genug betont werden, wie wichtig eine Früherkennung im Bereich Rechenschwäche/Dyskalkulie ist. Die Schule sollte in der Lage sein, möglichst früh rechenschwache Kinder identifizieren zu können.

Mit dem Fortschreiten des Schulstoffs geht die Schere zwischen dem individuellen Kenntnisstand eines rechenschwachen Kindes und dem abverlangten aktuellen Schulstoff immer weiter auseinander. Nahezu alle rechenschwachen Kinder gehören zu den so genannten „Zählkindern"; außer verfeinerten Zählprozeduren und einigen Schemata (beispielsweise die schriftlichen Algorithmen) lernen sie nichts mehr dazu.

In nicht wenigen Fällen wird auf Zeit gesetzt („Das kommt noch!", „Der Knoten wird schon platzen!" etc.). So können sich zu Beginn der Schulzeit vielleicht nur vereinzelt vorhandene Probleme zu einer ausgewachsenen Rechenschwäche mit all ihren negativen psychischen Begleitsymptomen manifestieren. Zudem sind sich Eltern und Schule nicht einig über die Beurteilung der Lage. Dies führt zu Spannungen, die den Kindern nicht verborgen bleiben und die sich zusätzlich negativ auf das Lern- und Gesamtverhalten des Kindes auswirken.

An Beispielen aus Elternberichten sowie Zeugnissen rechenschwacher Kinder wird zunächst auf die Problemlage der Früherkennung eingegangen. Um die mathematischen Schwierigkeiten der Kinder zu verstehen, werden Kompensationsstrategien rechenschwacher Kinder erläutert.

5.2 Problemlage Früherkennung

Rechenschwäche aus dem Blickwinkel von Schule und Elternhaus

Vorweg sei vor einer Interpretation ausdrücklich gewarnt:

1. Es geht hier nicht um Schuldzuweisungen. Die Frage nach dem Schuldigen hilft keinem (und dem Kind schon gar nicht). Lehrkräfte wissen häufig nicht, wie sie eine Rechenschwäche frühzeitig erkennen können. Während ihrer universitären Ausbildung wird das Thema bestenfalls angeschnitten.

2. Sicherlich kommt es immer wieder vor, dass ein Kind eine Sache nicht auf Anhieb versteht. Wer lernt, der macht auch Fehler - hier ist Akzeptanz von allen Beteiligten verlangt: von Eltern, von Lehrkräften und ebenso vom Kind selbst. Auch lassen sich kleinere Schwierigkeiten mit ein wenig mehr Übung aus der Welt räumen. In solchen Fällen ist Abwarten sicherlich der richtige Weg.

Bei rechenschwachen Kindern verhält sich dies anders: Die Probleme liegen häufig bereits im pränumerischen Bereich, betreffen also Fertigkeiten, die in der Vorschulzeit des Kindes entwickelt werden sollten. Abwarten und Üben ist hier der falsche Weg. Es kommt auf die Qualität der Schwierigkeiten eines Kindes mit der Mathematik an, um zu entscheiden, ob sofortige Fördermaßnahmen eingeleitet werden müssen.

Ein nicht zu unterschätzender Aspekt bei der Früherkennung rechenschwacher Kinder ist die Beurteilung von Rechenfertigkeiten auf der Grundlage von richtigen und falschen Ergebnissen (sowohl von Eltern- als auch von Lehrerseite). Insbesondere teilleistungsschwache Kinder sind häufig in der Lage, ihre fundamentalen Probleme mit allerlei Kompensationsstrategien zu verbergen. Nicht das richtige Ergebnis sollte daher der Ausweis für ein Verständnis der Sache sein, sondern die Rechenstrategie des Kindes. In jedem Fall ist „Abwarten" der falsche Rat, wenn Kinder auffällig viel Zeit zum Rechnen benötigen. Beim stundenlangen Erledigen von Hausaufgaben fällt es Eltern meist zuerst auf, dass „da etwas nicht stimmt".

Was Eltern bemerken …

Schon in der ersten Klasse ist mir aufgefallen, dass Carsten nur mit Anschauungsmaterial im Zehner- und Zwanzigerbereich rechnen (zählen) konnte. (1)

Eltern üben mit ihren Kindern für die Schule. Anders als die Lehrkräfte der Kinder haben sie es mit einer Eins-zu-Eins-Situation zu tun (und dies jeden Nachmittag und in einigen Fällen sogar über Stunden). Dem übenden Elternteil fällt deshalb oft früher auf, dass das Kind Probleme hat. Im zitierten Beispiel kann das Kind sich nicht vom Anschauungsmaterial lösen, was bei vielen rechenschwachen Kindern der Fall ist.

Dominik konnte einfachste Aufgaben im 1-10 Bereich nicht rechnen. Die Hausaufgaben dauerten endlos. Als Rechnungen mit Zehnerübertritt anstanden klappte gar nichts mehr. Durch üben erreichten wir nur kurzfristig Erleichterung. Heute konnte er die Aufgaben rechnen, am nächsten Tag ging wieder nichts. (2)

„Gestern hat mein Kind das noch gekonnt!", lautet häufig die Antwort von Eltern an den Elternsprechtagen, wenn sie von den Lehrkräften auf Probleme im Fach Mathematik angesprochen werden. Eltern versuchen zu Hause in mühevoller Kleinarbeit ihrem Kind ein Schema beizubringen, das es dann auswendig lernt. Dieses „Wissen" hält meist nur kurze Zeit, so dass es gelegentlich am nächsten Tag schon wieder vollständig abhanden gekommen ist. Dies sieht für Eltern dann so aus, als hätte

(1) (2) Aus einem Anamnesebogen von Eltern rechenschwacher Kinder auf die Frage: „Welche Probleme im mathematischen Bereich stellten Sie fest?"

das Kind die Sache am Tag zuvor verstanden - ein gewaltiger Irrtum, wie die Eltern meist selbst feststellen müssen. Verändert sich die Aufgabenstellung nur ein wenig, so dass das gelernte Schema nicht mehr passt, erweist sich alle Mühe, die zu Hause beim Üben aufgebracht wurde, als nutzlos verschwendete Zeit.

Es tauchen immer wieder die gleichen Probleme auf: Bereits im Basiszahlenraum bis 10 oder 20 will das Rechnen nicht im gebotenen Maß gelingen. Zehnerüberschreitungen werden zu einem großen Problem; wird der Zahlenraum erweitert, geht oft gar nichts mehr.

> Im zweiten Schuljahr hatte Julia Schwierigkeiten
> im abstrakten Rechnen ohne der Hilfe der Finger
> Kopfrechnen war unüberbrückbar.
> Zehnerübergang war für Julia nicht nachvollziehbar.
> Fleißiges Üben – (Julia war sehr einsichtig, willig
> und motiviert) ~~hatten~~ nichts gebracht, was besonders
> auffiel weil Julia sonst alles schnell begriff,
> Gedichte problemlos auswendig lernte, gerne
> Aufsätze schrieb, die besonders fantasievoll
> waren.
>
> (1)

> Je größer der Zahlenbereich wurde, desto schlechter
> wurden Angelas Leistungen. Hatte Angela
> scheinbar eine Aufgabe verstanden, konnte sie
> die nächste mit leicht geänderten Zahlen nicht
> mehr lösen. Mathe wurde zu einem „Hass-Fach".
> – Ich kann das nicht, ich will das nicht –
>
> (2)

Zudem fallen Eltern ganz alltägliche Schwierigkeiten des Kindes auf, die die Lehrkraft im Unterricht vielleicht gar nicht bemerkt (bzw. nicht bemerken kann): Probleme beim Einkaufen, weil mit Geld nicht umgegangen werden kann, Probleme beim Lesen der Uhr etc.

> Zählen beim Rechnen von + und –
> Überhaupt kein Verhältnis zum Geld
> Angst Einkaufen zu gehen
> Judith wusste nicht, welche
> Rechenart eingesetzt werden musste.
> Sie konnte überhaupt nicht im Kopf
> rechnen.
>
> (3)

(1) (2) (3) Aus einem Anamnesebogen von Eltern rechenschwacher Kinder auf die Frage: „Welche Probleme im mathematischen Bereich stellten Sie fest?"

- Rechnen (ohne Finger) im Zahlenraum bis 20 war schwierig (1. Schuljahr)
- stundenlange Hausaufgaben, insbesondere Rechnen, ungeduldige Mutter mit 1001 verschiedenen Erklärungen streitete
- „+" u. „-" u. „=" wurden verwechselt
- „17 u. 71" wurden z.B. verwechselt
- einfachste Aufgaben; z.B. „+1" oder „-1" waren unlösbar
- Textaufgaben waren ein Riesenproblem
- mit Geld konnte nicht umgegangen werden
- die Uhr war ein Rätsel

(1)

Die Reihe solcher Fälle ließe sich endlos fortsetzen. Allen hier vorgestellten Beispielen ist eines gemein: Die Kinder wurden erst ca. Mitte der 3. Klasse in einer lerntherapeutischen Einrichtung vorgestellt, obwohl die Eltern Schwierigkeiten schon seit Schulbeginn beobachten konnten.

... fällt in der Schule meist viel später auf

3 Jahre lang wurden wir von der Lehrerin vertröstet mit dem Satz „der Knoten wird schon platzen."

(2)

Unauffällig waren die Schwierigkeiten des Kindes also nicht! Aber der Gedanke, dass es sich hier vielleicht um eine Rechenschwäche handeln könnte, ist der Lehrkraft ganz offensichtlich nicht in den Sinn gekommen. Sie hat auf den Faktor Zeit gesetzt. Wie bereits angedeutet: Dies kann bei vereinzelten Problemen (das Kind hat z .B. lediglich den Einstieg in die Multiplikation nicht verstanden) die richtige Wahl sein. Werden aber grundlegende Defizite (wie im Beispiel über drei Jahre hinweg) beobachtet, ist dies mit Sicherheit der falsche Weg.

Auf die Nöte der Eltern und ihrer rechenschwachen Kinder wird häufig unangemessen reagiert; mit einer Früherkennung der Rechenschwäche hat dies nichts zu tun:

Grundschule: Leider sehr wenig. Es wurde immer nur aufs Üben verwiesen.

(3)

(1) Aus einem Anamnesebogen von Eltern rechenschwacher Kinder auf die Frage: „Welche Probleme im mathematischen Bereich stellten Sie fest?"

(2) (3) Aus einem Anamnesebogen von Eltern rechenschwacher Kinder auf die Frage: „Wie reagierte die Schule auf die Probleme Ihres Kindes?"

> Unter den Übungsblättern stand regelmäßig „bitte üben"
>
> (1)

Hier gibt es zu bedenken: Manche Fehler lassen sich tatsächlich mit ein wenig mehr Übung beheben. Grundlegende Defizite, wie sie bei einer Rechenschwäche vorliegen, sind damit nicht zu bekämpfen. Eltern rechenschwacher Kinder üben von sich aus meist ab Beginn der Schulzeit über alle Maßen mit ihren Kindern. Dabei geraten vorher intakte Beziehungen zwischen Kind und übendem Elternteil ins Wanken. Eingeübt werden jedoch nur die Fehlstrategien der Kinder selbst, wobei sich in aller Regel „Eselsbrücken" von Mama, Papa, Oma und Opa zu den im Förderunterricht behandelten Rechenstrategien hinzugesellen, so dass das Kind schließlich den Wald vor lauter Bäumen nicht mehr sieht. Der „Erfolg" solcher „Förder"-Maßnahmen liegt auf der Hand:

> stur und uneinsichtig
>
> (2)

> Kein Erfolg. Angela fühlte sich zuletzt als Versager.
>
> (3)

> Wir erzielten keinerlei Erfolg. Marcel wollte nicht üben. Es endete immer mit Weinen, Brüllen oder Schreien.
>
> (4)

> Diese Bemühungen hatten nur wenig Erfolg. Dominik verbrachte viel Zeit mit den Hausaufgaben und mußte zudem auch noch üben. Er war total frustriert und sauer, vor allem auf mich.
>
> (5)

Eine weitere Variante, eine Rechenschwäche aus Unkenntnis heraus zu bagatellisieren, findet sich in „Analysen" der folgenden Art:

> Katharina ist halt etwas langsam, das gibt sich noch
>
> (6)

(1) (6) Aus einem Anamnesebogen von Eltern rechenschwacher Kinder auf die Frage: „Wie reagierte die Schule auf die Probleme Ihres Kindes?"
(2) (3) (4) (5) Aus einem Anamnesebogen von Eltern rechenschwacher Kinder auf die Frage: „Welchen Erfolg hatten die Bemühungen? Wie reagierte das Kind darauf?"

Auch in diesem Fall wird auf den Faktor Zeit gesetzt, ohne dass eine inhaltliche Analyse der Schwierigkeiten des Kindes erfolgt. Dass rechenschwache Kinder fast immer langsamer als ihre Klassenkameraden sind, hat seinen Grund in den Rechenstrategien, die die Kinder anwenden (siehe Kapitel 7). Die Langsamkeit beim Rechnen macht sich in der Regel bei allen Rechenarten bemerkbar, insbesondere im Anfangsunterricht bei Subtraktionen und bei Rechnungen, in denen ein Zehnerübergang verlangt ist. Dies ist kein Zufall, sondern hat Systematik!

> Mit Förderunterricht + 1. Wiederholen der 1. Klasse + dem jahrelangen Rat üben, üben, üben!
>
> (1)

Die Schwierigkeiten des Kindes wurden in diesem Fall bereits in der 1. Klasse erkannt. Eine Wiederholung der Klasse kann eine durchaus sinnvolle Maßnahme sein. Dies ist aber nur dann der Fall, wenn dem Grund der Schwierigkeiten des Kindes beim Rechnen auf die Spur gekommen wird; ansonsten wird wiederum nur auf den Faktor Zeit gesetzt, der alles „wie von selbst" regeln soll. Zum angegebenen Ratschlag wurde bereits weiter oben Stellung genommen.

Rechenschwächen werden aber auch erkannt - häufig aber sehr spät:

> Sehr geehrte Damen & Herren,
>
> seit einem halben Jahr unterrichte ich eine 3. Klasse, in der sich ein Mädchen befindet, die meines Erachtens eine Rechenschwäche aufweist. Sie hat überhaupt keine Zahlenvorstellung und rechnet alles zählend. Auch in ihrer Persönlichkeitsentwicklung zeigen sich Störungen.
>
> (2)

Störungen in der Persönlichkeitsentwicklung rechenschwacher Kinder sind nichts Ungewöhnliches. Jahrelanges Versagen, stundenlanges tägliches Üben, enttäuschte Eltern und Lehrer - welches Grundschulkind hält das durch? Auch deshalb kommt der Früherkennung eine große Bedeutung zu.

Auch im nächsten Lehrerbericht: Rechenschwäche erkannt - leider zu spät!

> Im August 2000 wechselte ich zur Realschule F. Vorher arbeitete ich als Lehrer der F.-Realschule.

(1) Aus einem Anamnesebogen von Eltern rechenschwacher Kinder auf die Frage: „Wie reagierte die Schule auf die Probleme Ihres Kindes?"
(2). Lehreranfragen

In der Klasse 7 unterrichtete ich Janina S. in Mathematik. In dieser Zeit war ich auch Janinas Klassenlehrer und war besonders bemüht um Schüler/innen, die große Schwierigkeiten hatten.

Auffallend war der enorme Misserfolg, den ich bei Janina feststellte: Janina entdeckte offensichtlich keinen Sinn in mathematischen Algorithmen; verständnislos führte sie Rechenregeln durch, die sie versucht hatte, auswendig zu lernen. Ein situationsbezogen notwendige Transferleistung gelang ihr so gut wie nie.

(1)

Zeugnisse aus der 1. Klasse

Auf diesen Punkt soll nur kurz eingegangen werden: Die Bewertungen von Mathematikleistungen nach der 1. Klasse auf den Zeugnissen rechenschwacher Kinder gleichen sich oft wie ein Ei dem anderen. Sie sagen in der Regel nur wenig (manchmal auch gar nichts) über die Schwierigkeiten des Kindes aus, weil sie sich nicht mit den angewandten Rechenstrategien beschäftigen. Durchaus wohlwollend gemeint wird so über manches massive Problem beim Rechnen hinweg beurteilt, wie die folgenden drei Beispiele zeigen:

Im mathematischen Bereich kann Melina im Zahlenraum bis 20 einfache Aufgaben mit Anschauungsmaterial und Hilfsmitteln langsam addieren und subtrahieren. Dabei zeigt sie große Anstrengungsbereitschaft. Bei Zehnerüberschreitung und neuen Aufgabenstellungen fehlt ihr die nötige Sicherheit. (2)

In der Mathematik findet sich Julia inzwischen im Zahlenraum bis 20 zurecht, benötigt aber noch Anschauungsmaterial und gelegentliche Hilfe bei Zehnerübergängen. (3)

(1) Lehrerbericht
(2) (3) Aus einem Zeugnis 2. Halbjahr, 1. Klasse - Grundschule

Angelique kann bis 20 zählen. Sie kann Additions- und Subtraktionsaufgaben ohne die Zehnerüberschreitung mit wenigen Fehlern lösen. Manchmal kommt sie nur mit Hilfen zu Lösungen. Sie kann in diesem Bereich verwandte Aufgaben, die Tausch- und die Umkehraufgaben sowie die Ergänzungsaufgaben bilden. Die Rechenaufgaben, bei denen der Zehner überschritten wird, löst sie nur mit viel Hilfe. (1)

In allen drei Fällen wird davon ausgegangen, dass das Kind sich im Zahlenraum bis 20 „zurechtfindet". Der festgestellte Mangel besteht lediglich darin, dass die Kinder „noch langsam" und „noch" auf die Hilfe von Anschauungsmaterial angewiesen sind. Man hört den Satz „Das kommt noch!" förmlich heraus. Auf eine inhaltliche Analyse über die Entwicklung des Zahlbegriffs, wie das Rechnen erfolgt und ob Zahlbeziehungen erkannt wurden, wird in keinem Fall eingegangen. Die fehlende Ablösung vom Anschauungsmaterial hat aber ihren Grund in basalen Schwierigkeiten der Kinder und den sich daraus ergebenden Rechenstrategien. Dass Zeugnisse auch analytischer sein können, zeigt sich im Kapitel 5.3 „Wie es besser geht!"

Ein Fazit

Unstrittig ist: Eine Fördermaßnahme ist (sei es in Form einer lerntherapeutischen Intervention und/oder einer schulischen Maßnahme) wesentlich erfolgversprechender, wenn sie so früh wie möglich einsetzen kann. Aus diesem Grund kommt der Früherkennung einer Rechenschwäche eine große Bedeutung zu.

Wie dargestellt, werden rechenschwache Kinder in der Schulpraxis zu spät identifiziert (gelegentlich auch gar nicht oder erst in der 3. bzw. 4. Klasse). Der hier zu Tage getretene Mangel besteht nicht im Unwillen der Lehrkräfte. Wie sich gezeigt hat, entdecken Lehrer durchaus „Auffälligkeiten" beim Rechnen. Sie interpretieren sie jedoch nicht als Ausdruck von grundlegenden Defiziten des Kindes, sondern sehen hier aus Sachunkenntnis heraus meist nur ein Problem mangelnder Übung.

„Der einzelne Schüler wird nicht in seinem individuell spezifischen Wahrnehmen und Lösungsversuchen erkannt. Ihm werden Aufgaben vorgegeben und von ihm werden »richtige« Lösungsversuche verlangt bzw. mit ihm eingeübt." (2)

Und genau hier liegt das eigentliche Problem: Eine Früherkennung findet häufig deshalb nicht statt, weil zu sehr auf die Richtigkeit von Ergebnissen geachtet wird und nicht auf die angewandte Rechenstrategie, die das Kind verfolgt. Korrekte Lösungen sagen aber nicht unbedingt etwas über die Rechenfertigkeiten des Kindes aus.

„Die schulische Leistungsfeststellung erfasst in der Regel nicht das, was ein Schüler kann, welche Strategien er angewendet hat, welche grundsätzlichen oder situativen Schwierigkeiten er hatte, welche situativen Bereitschaften er mobilisierte und in welchem Maße ihm Verantwortung für sein Lernen und seine Lernziele bewusst sind und zugemutet wurden. Das, was im »lehrenden« Unterricht als Leistung gesehen und bewertet wird und auch zur Feststellung von Schulversagen führt, sind bloß Endergebnisse und deren Beurteilung." (3)

(1) Aus einem Zeugnis 2. Halbjahr, 1. Klasse - Grundschule
(2) (3) Begemann 1997, S. 20f

Auf richtige Ergebnisse kann man auch mit falschen, unökonomischen und von Unkenntnis zeugenden Rechenwegen kommen (z. B. das Rechnen nach einem Schema etc.). Dies gilt gerade für den Anfangsunterricht, wenn der Basiszahlenraum bis 10 bzw. 20 erarbeitet wird. Wie noch darzustellen sein wird, können rechenschwache Kinder zu völlig falschen, aber eben auch zu richtigen Lösungen gelangen, ohne dass das Kind die Zahlbeziehungen kennt oder ein korrektes Operationsverständnis erworben hat.

„Wenn ein Lehrer eine Klasse »lehrend« unterrichtet, kann er nicht in die Köpfe der Schüler schauen und sehen, was dort vielleicht vorgeht. Er kann auch bei gutem Willen nicht zureichend wahrnehmen, wie der einzelne Schüler vorgeht. Er sieht nicht, warum ein Schüler das oder das tut, welche Strategien er anwendet oder welche schematischen Muster er einsetzt. Das Ergebnis ist: Lehrer sehen, wenn sie hinsehen »Ergebnisse«. Und die werden mit ihren »richtigen« verglichen. Ein richtiges Ergebnis gilt als positive Leistung. Fehler werden als Versagen gewertet, als Nichtkönnen oder Nichtwollen oder als Unaufmerksamkeit interpretiert.“ (1)

Neben der sogenannten Diagnose „Nichtkönnen“, „Nichtwollen“ oder „Unaufmerksamkeit“ gesellen sich zu den von der Lehrkraft durchaus bemerkten Problemen weitere Interpretationen und Schlussfolgerungen hinzu, die einer Früherkennung im Wege stehen und damit eine Rechenschwäche in die höheren Grundschulklassen verschleppen. Mit Aussagen wie „Der Groschen wird noch fallen!“, „... rechnet noch mit Hilfe von Anschauungsmaterial!“, „... braucht bei Zehnerüberschreitungen noch Hilfe!“ oder „... ist noch etwas langsam!“ wird auf das eigentliche Problem des Kindes nicht in adäquater (sprich fehler- und strategieanalytischer) Weise eingegangen, sondern es wird lediglich auf den Faktor Zeit gesetzt. Wer bei rechenschwachen Kindern abwartet, wartet auf die unausweichliche Katastrophe, die der Schulstoff irgendwann erzwingen wird.

„Zählmethoden als einzige Lösungsstrategie über das erste Schuljahr hinaus zu tolerieren, ist unterlassene Hilfeleistung und bewirkt, dass sich Unterschiede zwischen schwachen und befähigten Schülern ständig vergrößern.“ (2)

Dies ist mit Notwendigkeit der Fall, wie die von den Kindern angewandten Rechenstrategien noch zeigen werden! Unökonomische und falsche Rechenwege rechenschwacher Kinder werden durch „fleißiges Üben“ mit der Zeit immer weiter eingeschliffen; lediglich Zählprozeduren und unverstandene Schemata werden eintrainiert, die sich zunehmend verfestigen und durch Fördermaßnahmen nur noch schwer (manchmal gar nicht mehr) aus der Welt zu räumen sind. Vom sachlogischen Inhalt aus gesehen lernt ein solches Kind nichts mehr dazu. Kein Wunder, dass sich die Unterschiede zwischen schwachen und befähigten Schülern ständig vergrößern.

Eltern rechenschwacher Kinder bemerken die Probleme ihres Kindes meist zuerst. Wie die Elternberichte gezeigt haben, sind sie zudem keine schlechten Beobachter. Aber auch wenn Klagen von Eltern in undifferenzierter Form an die Lehrkraft herangetragen werden (z. B. „Da stimmt was nicht!“ etc.), sollten Lehrkräfte bei solchen Aussagen hellhörig werden und nachfragen.

Reaktionen seitens der Schule wie das nachfolgende Zitat sind die Ausnahme - und das sollten sie auch weiterhin bleiben!

(1) Begemann 1997, S. 18
(2) Gerster 1996, S. 143

> Der Mathelehrer tat das alles als Faulheit des Kindes ab und bemühte sich auch nicht auf das Kind einzugehen. Die Schulleiterin hörte sich zwar das Problem an aber unternahm auch nichts. (1)

Es mag sein, dass es auch unter rechenschwachen Kindern „faule Kinder" gibt. Zwei Aspekte gibt es jedoch dabei zu bedenken: Erstens benötigen diese Kinder Hilfestellungen und zweitens kann es auch gerade umgekehrt sein. „Das Kind will nicht, weil es nicht kann" im Unterschied zu „Es kann nicht, weil es nicht will"!

5.3 Wie es besser geht!

Der folgende Bericht einer Lehrerin zeigt, dass eine Früherkennung durchaus möglich ist:

> Bei meiner Schülerin Katrin R. habe ich im Laufe des ersten Schuljahres eine massive Teilleistungsschwäche im mathematischen Bereich festgestellt. Auch ein zusätzlicher Förderunterricht und intensive häusliche Unterstützung konnten ihre Defizite beim Erwerb basaler Abstraktionsleistungen, der Mengenbegriffsbildung sowie der kognitiven Basisfähigkeiten im Bereich der Zahlenbegriffsbildung nicht beheben.
> Katrin kam mit sehr viel Freude in die Schule und zeigte einen altersgemäßen Entwicklungsstand. Bereits nach dem ersten

(1) Aus einem Anamnesebogen von Eltern rechenschwacher Kinder auf die Frage: „Wie reagierte die Schule auf die Probleme Ihres Kindes?"

Halbjahr zeichnete sich bei ihr jedoch eine konträre Entwicklung ab: Während sich ihre sprachlichen Fähigkeiten schuljahrentsprechend weiterentwickelt haben, konnte ich im mathematischen Bereich extreme Unsicherheiten im Mengen-Zahlbegriff feststellen. Dieser bildet aber die Grundlage aller Rechenoperationen. Ein Nichtverständnis führt zwingend zum Scheitern im Fach Mathematik.

Katrin reagierte auf ihre ständigen Misserfolge im mathematischen Bereich mit Schulangst. Sie klagte morgens über Bauchschmerzen und Übelkeit, die Hausaufgaben entwickelten sich - nach Elternaussagen - zu einem spannungsgeladenen Thema.

Um weiteren Frustrationen und einem eventuellen Schulversagen vorzubeugen habe ich den Eltern empfohlen, ihre Tochter auf Dyskalkulie testen zu lassen.

Wie sie den Unterlagen des Mathematisch-Lerntherapeutischen Institutes entnehmen können, hat sich meine Annahme, dass bei Katrin eine isolierte Rechenschwäche vorliegt, bestätigt. Aufgrund des hierarchisch-logischen Zusammenhangs des Schulfaches Mathematik halte ich einen sofortigen Therapiebeginn für zwingend notwendig.
Als Förderzentrum möchte ich Ihnen das Mathematisch-Lerntherapeutische-Institut in Düsseldorf vorschlagen, da sich dieses Institut auf die Diagnose und Therapie von Entwicklungs- und Lernstörungen im mathematischen Bereich spezialisiert hat und seit Jahren erfolgreich therapiert. Von einer Förderung in einem Studienkreis möchte ich dringend abraten, da es sich bei den Mitarbeitern dieser Institute um keine ausgebildeten Fachkräfte handelt.

(1)

(1) Bericht einer Grundschullehrerin an das Jugendamt

Auch Zeugnisse können analytischer sein, ohne gleich, wie im obigen Beispiel, längere Abhandlungen sein zu müssen:

> In der Mathematik konnte Sarah die Zahlen des erarbeiteten Zahlenraums bis 20 benennen und ordnen, das Rechnen erfolgte jedoch lediglich zählenderweise. Der Zahlbegriff war bei ihr noch nicht richtig entwickelt. Es gelang Sarah noch nicht, Zahlen aufzubauen und zu zerlegen sowie Eigenschaften von Zahlen und deren Beziehungen zu erkennen.
>
> (1)

In vielen Fällen erreicht die Differenz zwischen den individuellen Fertigkeiten eines Kindes und den Anforderungen des Schulstoffs bereits das Ausmaß von Jahren. Deshalb ist im Anfangsunterricht eine gezielte Beobachtung des Kindes vonnöten:

Schwerpunkte dieser Beobachtung sollten sein:

A <u>Mengenbegriff</u>

- Basale Abstraktionsleistungen (logische Blöcke) - Sortierleistungen
- Quantitätsvergleiche (Eins-zu-Eins-Zuordnungen)
- Unterschiedszuordnungen (mehr/weniger - mehr als/weniger als)
- Mengenkonstanzproben/Invarianz

B <u>Zahlbegriff</u>

- Zählproben (vorwärts und rückwärts)
- Nominaler Zahlaspekt
- Simultanerfassung (bis max. 4 Gegenstände - keine Würfelbildformationen!)
- Kardinaler Zahlaspekt
- Ordinaler Zahlaspekt
- Seriation (Zahlaufbau um 1)
- Quasi-Simultanerfassung von Mengen > 4 bis 10 (Fingerbilder)

Die bisherigen Ausführungen zeigen, dass eine Früherkennung in vielen Fällen u. a. daran scheitert, dass nur auf die Richtigkeit von Ergebnissen geschaut wird. Gerade im Anfangsunterricht sollte auf die Rechenstrategien der Kinder geachtet werden, da sie für die Früherkennung einer Rechenschwäche eine entscheidende Rolle spielen.

Weiter zu beobachten wären folgende Punkte:

A <u>Zahlaufbau (im Zahlenraum bis 10)</u>

- Strukturierung über die Zahl 5 (Kraft der Fünf)
- Spontanes Lösen von Kernaufgaben
- Lösungsstrategien bei analytischen Fragestellungen
- Kardinale Nutzung von Anschauungsmaterial

B <u>Operationsverständnis</u>

- Zählt das Kind lediglich ab?
- Zählt es nach dem „Counting-all-Prinzip"?

(1) Aus einem Zeugnis 2. Halbjahr, 1.Klasse - Grundschule

- Zählt es nach dem „Counting-on-Prinzip“?
- Kann das Kind zu kleineren Additionen und Subtraktionen Rechengeschichten erfinden?
- Löst sich das Kind vom Anschauungsmaterial?
- Liegt das Kind mit seinen Ergebnissen häufger um Einen daneben?
- Klagt das Kind, wenn es Subtraktionsaufgaben lösen soll?
- Kann das Kind Differenzen zwischen Zahlen berechnen (nicht zählend!)?

Auch bei richtigen Lösungen sollte sich die Lehrkraft bei jedem Kind vergewissern, welchen Lösungsweg es eingeschlagen hat. Das Kind sollte zusätzlich seine Rechenstrategien am Anschauungsmaterial kardinal kenntlich machen können. Günstig ist es, wenn das Kind seine Rechenfertigkeiten an verschiedenen Materialien erläutern kann (z. B. am Punktefeld und an den Fingerbildern).

Eine rechtzeitige Früherkennung erhöht nicht nur die schulischen Möglichkeiten einer Förderung des Kindes. Sie hilft in erheblichem Maße weiter, sollte das Kind an einer lerntherapeutischen Intervention teilnehmen. Die enge Zusammenarbeit zwischen Schule und Therapieeinrichtung ist in solchen Fällen sehr produktiv.

Die Klassenlehrerin hat im zweiten Schuljahr an einem Seminar für Dyskalkulie teilgenommen. Sie hat Tobias immer wieder geholfen und ihm erklärt, wie er zu rechnen hat. (1)

Die Lehrerin bot jede nötige Unterstützung. (2)

wir hatten volle Unterstützung, man versuchte uns zu helfen, so gut es ging (3)

Die Klassenlehrerin nahm meine Bedenken sehr ernst und bemühte sich sofort um einen Gesprächstermin. (4)

positiv gingen auf Florian und seine Dyskalkulie ein. (5)

(1) (2) (3) (4) (5) Aus einem Anamnesebogen von Eltern rechenschwacher Kinder auf die Frage: „Wie reagierte die Schule auf die Probleme Ihres Kindes?“

Sowohl in der Grundschule als auch an der Gesamtschule jeweils sehr verständnisvolle und geduldige Mathematik-Lehrerinnen

(1)

Die Schule reagierte positiv auf Francescas Problem und empfahl das mathematische Zentrum in Dortmund. Francesca bekam noch zusätzlichen Unterricht von ihrer Klassenlehrerin in Mathematik.

(2)

Glücklicherweise war eine Lehrerin in die Diskalkulieproblematik involviert. So kamen wir als Eltern in Zusammenarbeit mit Angelas Klassenlehrerin zum MLZ.

(3)

Hallo Falko,

Angelina hat mir von Dir erzählt.
„Du bist sehr nett," sagt Angelina
Sie möchte gerne ganz schnell rechnen.
Das geht bei mir noch nicht, aber Angelina kann schon gut Rechengesetze erkennen.
Kannst Du Angelina mal prüfen, was sie schon im Zahlenraum bis 10 kann.

Viele Grüße
Rolf S

(4)

Auch aus den vielen Erfahrungsberichten von Lehrkräften wird immer wieder deutlich, dass eine Kombination aus Früherkennung und der Zusammenarbeit zwischen Therapieeinrichtung, schulpsychologischen Diensten, Erziehungsberatungsstellen und Lehrkräften die effektivste Hilfestellung bietet.

Zum Ende dieses Kapitels stellen wir einen Bericht vor, der zeigt, welche Erfolge eine geglückte Kooperation aller Beteiligten ermöglichen kann.

(1) (2) (3) Aus einem Anamnesebogen von Eltern rechenschwacher Kinder auf die Frage: „Wie reagierte die Schule auf die Probleme Ihres Kindes?“
(4) Notiz von Angelinas Mathematik-Lehrer an ihren Therapeuten

Meine Erfahrungen mit dem
Lerntherapeutischen Zentrum

Im 2. Schuljahr wurde bei der Schülerin A. eine auffallende Rechenschwäche festgestellt. A. war als Kannkind frühzeitig eingeschult worden. Da ihre Leistungsschwäche sich nur auf das Fach Mathematik bezog, wandten ihre Eltern sich an das Lerntherapeutische Zentrum.
Hier wurde A. getestet und es wurde eine Dyskalkulie diagnostiziert.
A. wiederholte das 2. Schuljahr und kam in meine Klasse, weil ihre emotionale Reife noch nicht so weit entwickelt war wie bei den Klassenkameraden
Gleichzeitig begann die Therapie im Lerntherapeutischen Zentrum. Die Therapeutin setzte sich mit mir in Verbindung, erklärte mir ihr Konzept und beantwortete mir Fragen wie z.B.:
„Wie weit kann ich A. im Regelunterricht der Klasse fordern?"
„Kann ich sie mit Hausaufgaben in Mathematik belasten?"
„Ist es sinnvoll, wenn sie an Leistungstests teilnimmt."
Hier wurden klare Absprachen zwischen der Therapeutin und mir getroffen.

(1)

(1) Erfahrungsbericht einer Grundschullehrerin

A. erzählte mir begeistert von ihrer Arbeit im L. Z. und zeigte mir stolz ihre Arbeiten. Diese waren von Anfang an von Erfolg gekrönt, da A. bei ihrem persönlichen Wissensstand abgeholt wurde.
Heute ist A. im 4. Schuljahr und kann schon lange dem Mathematikunterricht aktiv folgen. Sie erkennt mathematische Zusammenhänge und führt alle mathematischen Operationen sicher durch.
Während der zweijährigen Therapie nahm die Therapeutin immer wieder Kontakt zur Schule auf, um Absprachen zu treffen und zu erfahren, wie sich die Therapie auf die schulische Arbeit auswirke.
A.'s Leistungen in Mathematik sind heute so gut wie ihre Leistungen in den übrigen Bereichen. Außerdem hat sich ihr Selbstbewusstsein deutlich verbessert.

A. Blankenstein

(1)

(1) Erfahrungsbericht einer Grundschullehrerin

5.4 Der „klassische" Zehnerübergang im Schuljahr 2002/2003

- als „altmodisch" verschrien
- immer wieder schwierig
- didaktisch nach wie vor unschlagbar!

Einleitende Bemerkungen

„1.6 Folgerungen für den Rechenunterricht

Welche Folgerungen sind aus den vorangegangenen Überlegungen zu ziehen?

1. Die Devise, man solle es den Kindern überlassen, ihre eigenen Strategien zu entwickeln und anzuwenden, erscheint äußerst fragwürdig. Rückwärtszählen mag bei der Aufgabe 8 - 2 angemessen sein, bei 15 - 9 ist dies nicht der Fall." (1)

„Wenn Kollegen der Mathematikdidaktik die Botschaft verbreiten, dass Kinder mit ihren individuellen Verfahren über den Zehner rechnen sollen, dann darf man sich nicht wundern, wenn Kinder auf Dauer ihre individuellen zählenden Verfahren verfestigen. Im Bewusstsein der Lehrerschaft und der Didaktiker muss dagegen verankert sein, dass individuelle Verfahren im Sinne des Anknüpfens an Vorkenntnisse eine Zeit lang akzeptiert werden können, dass zugleich aber diese individuellen Verfahren auch hinsichtlich ihrer Fortsetzbarkeit zu bewerten sind mit der Folge, dass Kindern fortsetzbare Rechenstrategien angeboten werden müssen." (2)

Zitiert nach dem Bericht eines Fortbildungsleiters zum Thema „zehnerüberschreitendes Rechnen"

Es ist Mittwochnachmittag, 15.30 Uhr, an einem nordrhein-westfälischen Lehrerseminar. Ca. 80 Lehramtsanwärter/-innen hören seit 1 ½ Stunden aufmerksam den Ausführungen zum Thema „Rechenschwierigkeiten bei Grundschülern" zu. Bereits zu Anfang meines Vortrags, als es um die Bildung von Mengenbegriff und Zahlbegriff ging, machte sich ein leichtes Raunen bemerkbar, als ich auf die Vorzüge der Mengenlehre-Didaktik der 70er-Jahre verwies („logische Blöcke").

Seit zehn Minuten versuche ich nun die Probleme beim zehnerüberschreitenden Rechnen zu charakterisieren und halte ein Plädoyer für das Teilschrittverfahren (28 + 7 = ?; 28 + 2 = 30 und 30 + 5 = 35) und erahne, dass sich auch bei der Seminarleiterin ein gewisses, leicht missmutiges Staunen im Gesicht widerspiegelt. Dies bemerkt ein junger Mann im Publikum und ergreift die Gelegenheit beim Schopf: „Was mir inzwischen mehrmals bei Ihrem Vortrag aufgefallen ist, dass Sie viele Beispiele aus altmodischen Didaktikkonzepten bevorzugen!"

Da mir diese Bemerkung nahezu auf jeder Fortbildung begegnet, beschließe ich diesmal, anders zu reagieren - nämlich gar nicht! Ich schweige zunächst, was alle Anwesenden anscheinend verwundert; hatten sie von mir eine Verteidigung meiner Ausführungen erwartet?

So war es! Angesichts meines beharrlichen Schweigens sieht der Referendar sich aufgefordert, nachzule-

(1) Gerster 1996, S. 143
(2) Thesen und Empfehlungen für die KMK von Schipper 2001, S. 23

bis 10 besonders einprägsam und bereits für Erstklässler leicht zu merken sind. Anders ausgedrückt: Wird an beiden Händen jeweils die gleiche Anzahl Finger präsentiert, liegt die Verdoppelung einer Teilmenge vor; werden die Finger einer Hand weggenommen, hat sich die Gesamtmenge halbiert. Dadurch gehören diese Aufgaben häufig zu den ersten Aufgabentypen, die Kinder memorieren können. Sie können diese Aufgabe auswendig, ohne dass sie das Fingerbild simultan als kardinale Mengendarstellung begreifen.

Ausgehend von diesem Wissen lässt sich eine Strategie zehnerüberschreitenden Rechnens im Zahlenraum bis 20 entwickeln. Diese versucht, möglichst viele Aufgaben in Anlehnung an die bereits bekannten Verdopplungs- und Halbierungs-Aufgaben zu lösen, indem beispielsweise die Aufgabe 6+7 als 6+6+1 dem Aufgaben-Typus „Verdoppeln plus 1“ (4) zugeordnet und die Aufgabe 6+8 wie 6+6+2 gelesen wird und damit in die Kategorie „Verdoppeln plus 2“(5) gehört. Allerdings „genügt es nicht, eine Strategie wie ‚Verdoppeln plus 1' nur auf der symbolischen Ebene einzuführen“ (6), den Kindern also den mathematischen Schluss nahe zu legen, wenn 6+6=12, dann muss auch gelten 6+7=13. Unverzichtbar ist an dieser Stelle der Einsatz von Material, beispielsweise des Zwanzigerfeldes, um den Zusammenhang zwischen den Aufgaben 6+6 und 6+7 durch das Legen von Plättchen für die Schüler konkret sichtbar und erfahrbar zu machen.

Die Einführung des Verdoppelns und Halbierens als Strategie beim zehnerüberschreitenden Rechnen im Zahlenraum bis 20 kann jedoch aus mehreren Gründen als problematisch angesehen werden. Auch bei einer noch so übersichtlichen Darstellung wie dem Zwanzigerfeld bleiben Rechenaufgaben an die Präsenz von Material gebunden, weil sie anders nicht sicher gelöst werden können. Um die Aufgaben des Verdoppelns/Halbierens als Rechenerleichterung anwenden zu können, müssen neben den Zahlzerlegungen bis 10 weitere Zahlensätze automatisiert werden. Zugespitzt formuliert gehören die verschiedenen Varianten des Verdoppelns und Halbierens zu einer Strategie, die auf dem Auswendig-Wissen von Zahlensätzen basiert, deren Anwendungsbereich auf den Zahlenraum bis 20 beschränkt ist und die auf den Zahlenraum bis 100 bei der Addition nur auswendig (7) und bei der Subtraktion nur schwer zu übertragen ist.

Es kommt bei rechenschwachen Kindern vor, dass sie Aufgaben im Zahlenraum bis 20 nur über schematisch auswendig gelernte Verdopplungsstrategien lösen können (bzw. Verdopplung mit +/- 1), bei Aufgaben, die diesen Weg nicht zulassen, dann aber keine oder falsche Lösungen produzieren (wenn sie nicht gleich an den Fingern abzählen). Zudem kommt es zu unökonomischen und extrem konzentrationsfordernden Strategien. Folgendes Beispiel aus einer Diagnostik führt dies anschaulich vor (Vorstellungsgrund: unüberwindbare Probleme im Zahlenraum bis 100):

	8 + 7 = ?
1. Schritt	7 + 1 = 8
2. Schritt	8 + 8 = 16

Eine Zweitklässlerin soll die Aufgabe 8+7=? lösen.

Im ersten Rechenschritt addiert sie zunächst eine 1 zur 7 und gelangt zur Lösung 8. Nun kann sie ihre auswendig gelernte Verdopplung 8+8 korrekt mit der Zahl 16 lösen. Von diesem Ergebnis zieht sie nun die 1 wieder ab und gelangt zur richtigen

(4) Vgl. Gerster/Schultz 2000, S. 369
(5) Ebenda, S. 370
(6) Ebenda, S. 370
(7) Für die Berechnung von 28+37 muss das Kind abwägen, welche der gelernten Verdopplungen es nutzen will. Exemplarisch drei Varianten:
a) 7+7+1 b) 8+8-1 c) 5+5+5(3+2).
Für das Lösen einer einzigen Aufgabe sind also mehrere Aufgaben zu vergleichen. Weiter müssen die Einer erst subtrahiert und anschließend der Summe der Zehner wieder hinzugefügt werden.

Lösung 15. Auf Nachfrage des Diagnostikers erklärt sie: „Ich rechne immer plus oder minus 1, aber manchmal ist das falsch!“ Im dritten Schritt hätte das Kind auch zur Lösung 17 gelangen können, weil 8+7 ja schließlich eine Plus-Aufgabe ist und deshalb zur 16 eine 1 addiert werden muss.

3. Schritt $16 - 1 = 15$

Lösung: $8 + 7 = 15$

Im späteren Beratungsgespräch mit den Eltern und der Lehrerin des Kindes beklagen sich beide Parteien über das oft sehr langsame Rechentempo des Kindes. Ebenso geben sie an, dass das Kind manchmal zu Phantasie-Ergebnissen gelange, die man sich nicht erklären könne.

Ein Blick auf zwei weitere Aufgaben, die das Kind mit Hilfe von Verdopplungsstrategien zu lösen versucht, enthüllt des Rätsels Lösung.

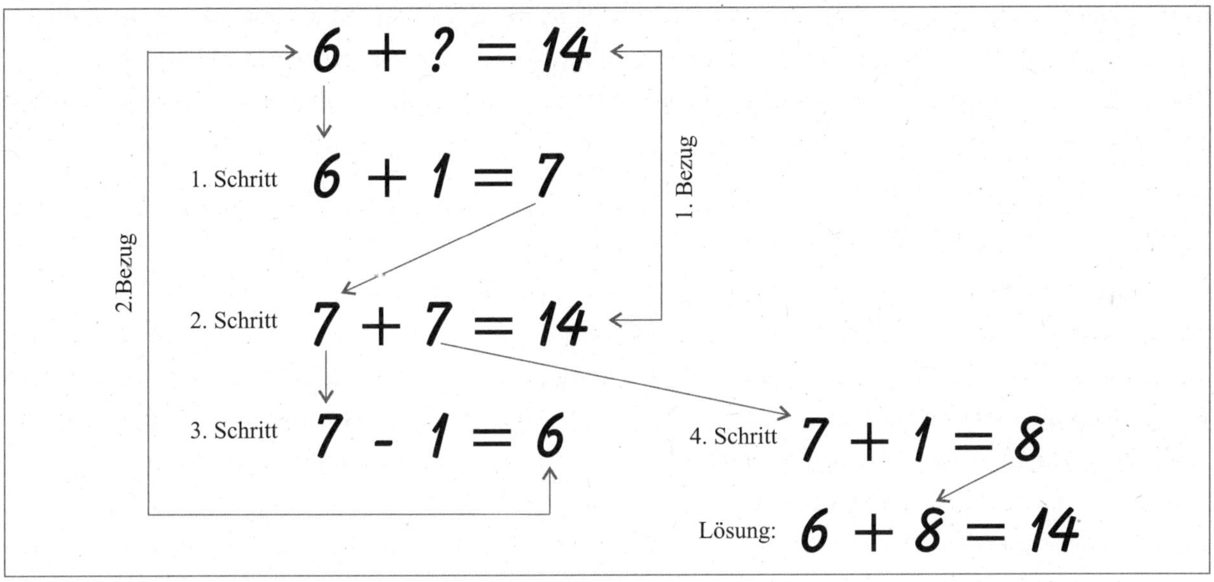

Das Kind soll die Aufgabe 6+?=14 lösen.

Es beginnt nun wie bei der Aufgabe vorher, nimmt sich die 6 und addiert 1 dazu (1. Schritt). Dies tut das Kind, weil es anschließend (2. Schritt) die auswendig gelernte Verdopplung der 7 anwenden kann. Mit dem Ergebnis 14 hat es jetzt das erste Mal den Bezug zur Aufgabenstellung gefunden. Weil die zu lösende Aufgabe aber mit dem Summanden 6 beginnt, nimmt sich das Kind den ersten Summanden der Aufgabe 7+7 vor und zieht eine 1 ab. Jetzt hat es den zweiten Bezug zur Aufgabenstellung, nämlich die Zahl 6 (3. Schritt). Da sein Ergebnis aber 14 lautet, und dies auch so bleiben soll, addiert es zum zweiten Summanden der Aufgabe 7+7 eine 1 hinzu - und das ergibt 8 und ist die Lösung der Aufgabe.

So viel zu der Beschwerde, dass das Kind beim Rechnen zu langsam ist! Und nun zu den so genannten Phantasie-Ergebnissen.

Es geschieht etwas scheinbar Erstaunliches: Das Kind bekommt die Aufgabe 9 + ? = 12.

Das Kind wirkt zunächst vollkommen ratlos und brütet fast eine Minute über der Aufgabenstellung. Schließlich gelangt es zur Lösung 11 - wie kommt das?

$9 + ? = 12$

$9 + 11 = 12$

Nach den eigenen Angaben des Kindes rechnet es alle Aufgaben immer mit dem „Plus/Minus-eins-Trick“ (und natürlich mit der Verdopplungsstrategie). Es berichtet:

„Zuerst habe ich 9+9 probiert. Das ist 18 und geht nicht bei 12. Dann habe ich 6+6 ausprobiert. Das geht aber nicht mit der 9!“ (Was dort „nicht geht“ ist die Addition bzw. Subtraktion der Zahl 1, um zu einer der in der Aufgabe vorkommenden Zahlen zu gelangen.) „Da habe ich einfach von 9 bis 10 gerechnet; das sind ja plus 1, und Mama sagt auch immer, ich soll zur 10 rechnen.“ So weit die Kenntnislage zum zehnerüberschreitenden Rechnen! „Dann habe ich gedacht, die 12 kann das nicht sein und habe die 1 wieder von der 12 abgezogen - und das sind dann 11!“

$$9 + ? = 12$$
$$9 + 1 = 10$$
$$12 - 1 = 11$$
$$9 + 11 = 12$$

Ein entscheidender Nachteil des Verdoppelns und Halbierens liegt in der Tatsache, dass Schülern beim Anwenden dieser Rechenstrategie nicht klar wird, was beim zehnerüberschreitenden Addieren und Subtrahieren im Zahlenraum bis 20 auf der Mengen-Ebene eigentlich passiert und wie die gefundenen Ergebnisse zustande kommen. Die Zahlen 10+x bleiben eine Ansammlung von Einern. Man kann auch sagen, die Strategie des Verdoppelns und Halbierens „mogelt“ sich beim zehnerüberschreitenden Rechnen im Zahlenraum bis 20 um den entscheidenden neuen Lerninhalt herum, der darin besteht, den Zehner als eine neue Einheit aus den bisher bekannten 10 Einzelnen zu entwickeln. Stattdessen wird der bisherige Zahlenbereich bis 20 erweitert. Die Zahlen bis 20 werden so als *neue Ziffern* kennen gelernt. Das Auswendiglernen von Zahlensätzen tritt in den Vordergrund.

Die 13 bleibt bei diesem Vorgehen für das Kind eine Einerzahl. Dass diese Zahl durch die zweistellige Schreibweise in die Teile 10 und 3 zerlegt wird, wird möglicherweise von leistungsstarken Schülern erkannt und kann von ihnen genutzt werden. (Der Schritt hin zu einem Zehner und drei Einern ist damit allerdings noch nicht vollzogen.) Schwächere bzw. zählende Schüler können diese Zerlegung nicht vornehmen und bleiben beim „zählenden Rechnen“.

Fünfen-Zusammenfassen

Die auf der Zusammenfassung von zwei Fünfen basierende Strategie zehnerüberschreitenden Rechnens im Zahlenraum bis 20 kann als Sonderform des Bündelungsverfahrens angesehen werden. Es wird mit Hilfe von Fünfer-Bündeln und Fünfer-Überschreitung operiert, wobei der Fünfer richtigerweise nicht als eine neue Qualität eingeführt wird, sondern die Strukturierung auf der Ebene der Bündelung verharrt. Dafür werden beide Summanden zerlegt und zwar so, dass *eine* Teilmenge stets 5 ist. Dann fasst man die beiden Fünfen zur Zehn zusammen und addiert die Restmengen dazu.

Der Vorzug der Strategie liegt in ihrer Anbindung an die Fingerbilder, die jedes Kind kennen sollte. Die Aufgabe 6+7 beispielsweise lässt sich mit diesem Verfahren eindrucksvoll von zwei Personen mit den Fingern lösen. Einer zeigt die 6 als eine Hand und einen Finger, der andere die 7 als eine Hand und zwei Finger.

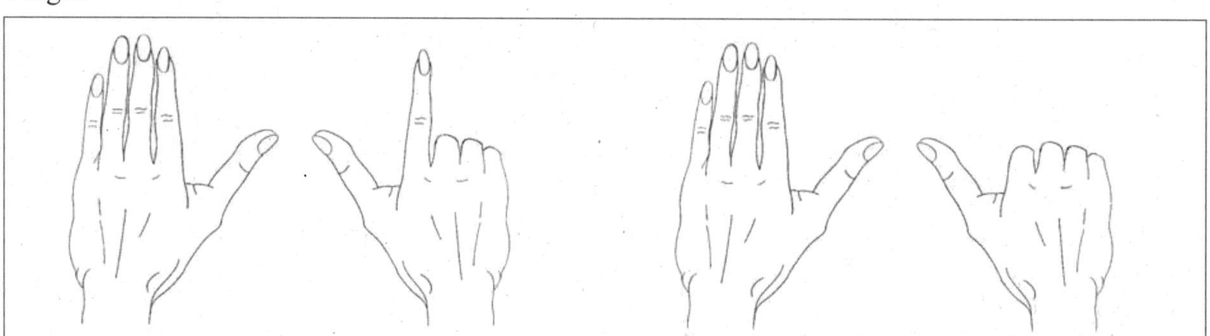

Dann werden die beiden Fünfer-Hände zur 10 zusammengefasst, die Zweier- und Einser-Hand zur drei und man erkennt das Ergebnis 13.

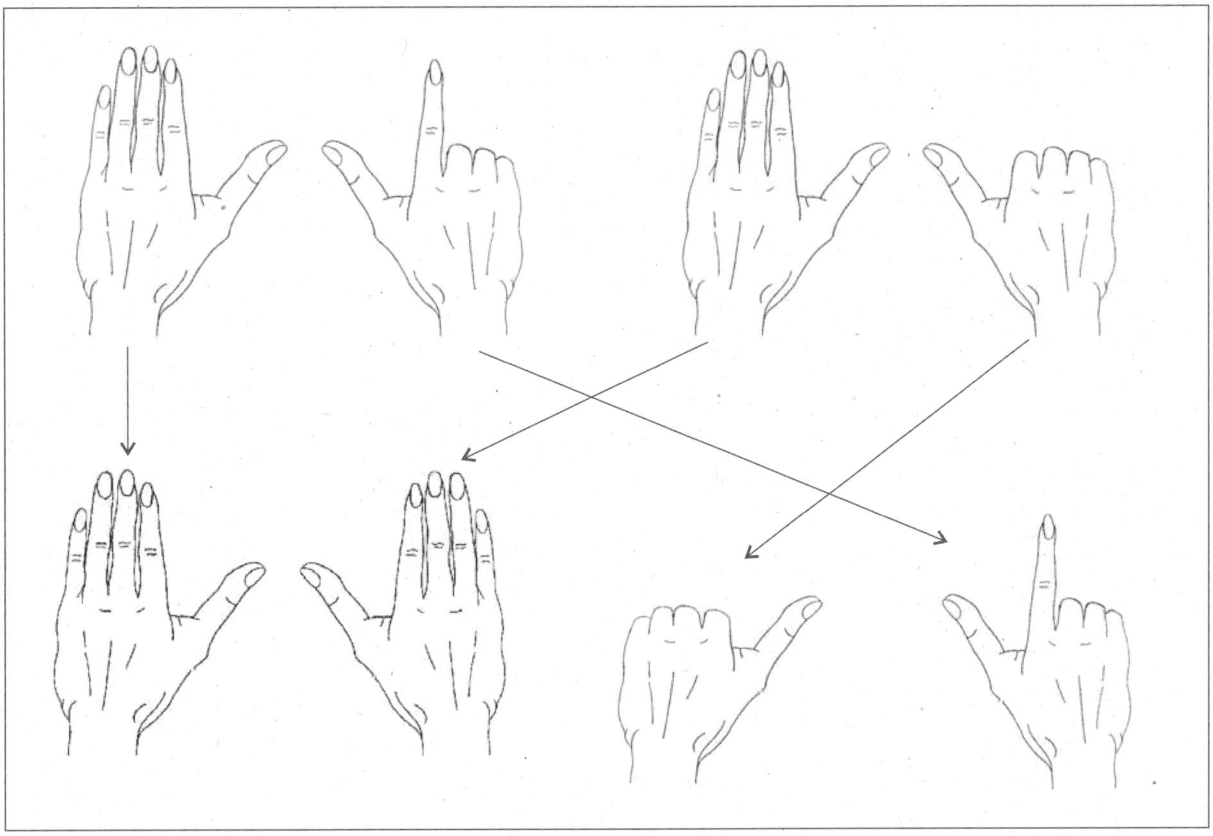

Natürlich kann die Aufgabe auch mit Hilfe von Plättchen gelöst werden, die man in zwei Zehnerfelder legt. Die 6 kommt ins eine,

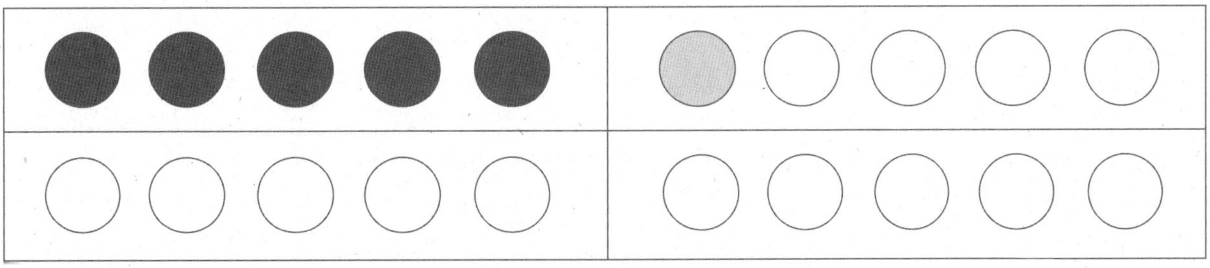

Rechenschiffchen

die 7 ins andere Zehnerfeld,

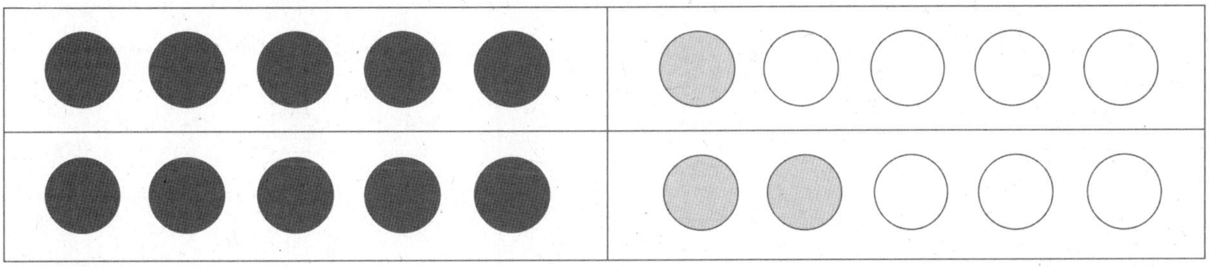

Rechenschiffchen

und schon lässt sich aus den zwei Fünfen die 10 zusammenbauen. Auch die Restmengen sind jetzt auf einen Blick zu erkennen - das Ergebnis lautet 13. Die Strategie ist also visuell gut nachvollziehbar. Voraussetzung ist allerdings die hinreichende Kenntnis der Zahlzerlegungen im Zahlenraum bis 10, hier vor allem der Zerlegungen der Zahlen 6 bis 9, mit Hilfe der 5.

Kritisch wird das Verfahren bei der Subtraktion. Soll das Kind beispielsweise die Umkehraufgabe 13 - 7 rechnen, so muss es am 20er-Feld oder am Rechenschiffchen die Zahl 13 als eine 6 und eine 7 darstellen. Das unterstellt aber, dass das Kind die Aufgabe bereits gelöst hat, also erkennt, dass die Zahl 13 aus einer 6 und einer 7 zusammengesetzt ist. Das, was mit dieser Methode erst erklärt und veranschaulicht werden soll, wird somit als Wissen bereits vorausgesetzt! Legt das Kind im anderen Falle die Zahl 13 als eine 10 und eine 3 hin (dies kann es nur dann, wenn es weiß, dass $10 + 3 = 13$ sind),

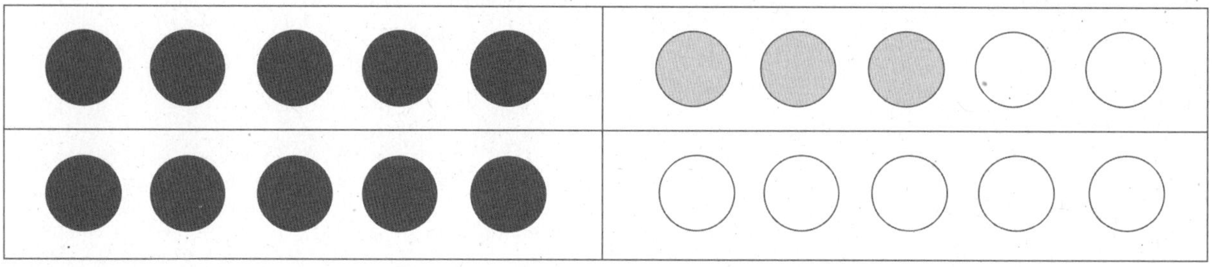

Rechenschiffchen

so entsteht das Problem, dass das Kind weder die Zahl 6 noch die Zahl 7 spontan simultan erfassen kann, weil in der oberen Zeile die Zahl 8 dargestellt ist und in der unteren Zeile die Zahl 5. Man sieht, dass dieses Verfahren bei der Subtraktion erhebliche Probleme bereitet und rechenschwache Kinder eher verwirrt, statt Klarheit zu schaffen. Es lässt sich dann nicht vermeiden, für die zehnerüberschreitende Addition und die zehnerunterschreitende Subtraktion im Zahlenraum bis 20 zwei verschiedene Rechenverfahren einzuführen. Dass es sich dabei um inverse Rechenoperationen handelt, wird auf diese Weise eher konterkariert. Rechenwege im Zahlenraum über 10 erscheinen so als willkürlich gewählt. Die Subtraktion wird so nicht mehr als Umkehrung der Addition erkennbar, sondern als ein Verfahren, das sich nicht so einfach erlernen lässt wie die Addition.

Aber auch die Addition hat ihre Problematik, da hier nicht nur die Zerlegung eines, sondern zweier Summanden erforderlich ist, was grundsätzlich mehr Zerlegungsschritte notwendig macht. Will man beispielsweise die Aufgabe 8+7 lösen, so muss man nicht nur wissen, dass 8 in 5 und 3 und 7 in 5 und 2 zerlegt werden kann, sondern auch, dass 3 und 2 zusammen 5 ergeben.

So gesehen ist die Strategie des „Fünfen-Zusammenfassens", was die Operationsschritte betrifft, wesentlich anspruchsvoller. Sie erfordert ein hohes Maß an Konzentration und bietet eine Menge Fehlerquellen. Als Basis für zukünftige Rechenerleichterungen durch die Kenntnis der Grundlagen des Stellenwertsystems gelten hier die gleichen Einwände wie für das Verdoppeln und Halbieren.

Im erweiterten Zahlenraum bis 100 wird das Verfahren gänzlich unübersichtlich, verlangt zudem unbedingt das Vorhandensein von Anschauungsmaterial und unterstellt wiederum zahlreiche „gewusste" Rechenschritte, die eigentlich erst erarbeitet werden sollen. Wir stellen dies exemplarisch an der Aufgabe 46 - 8 vor: Das Kind soll sich im ersten Schritt die 46 als 4 Zehnerstangen und 6 Einerwürfel vorstellen.

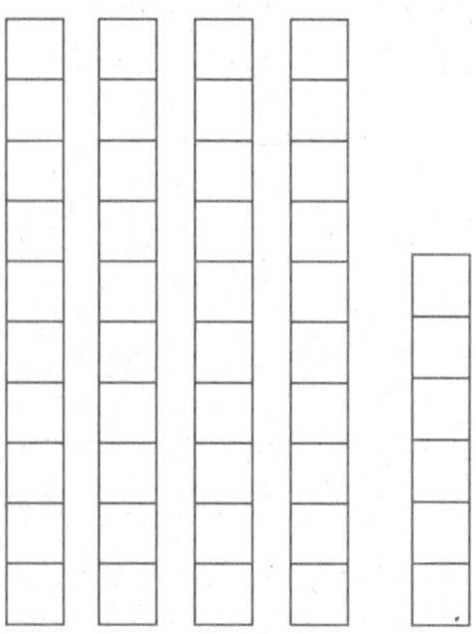

Systemblöcke - 1. Schritt

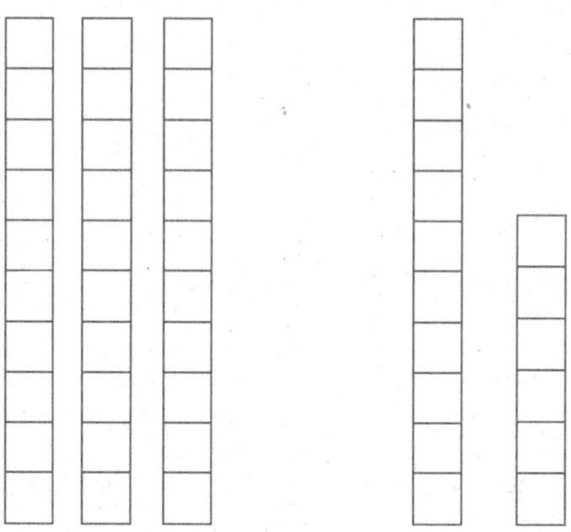

Systemblöcke - 2. Schritt

Im zweiten Schritt soll das Kind die Zahl 46 als Zusammensetzung aus 30 und 16 erkennen (was natürlich unterstellt, dass das Kind weiß, dass 30 + 16 = 46 sind).

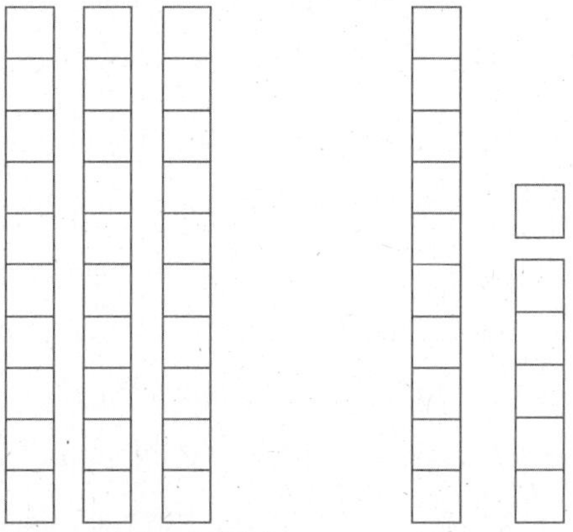

Systemblöcke - 3. Schritt

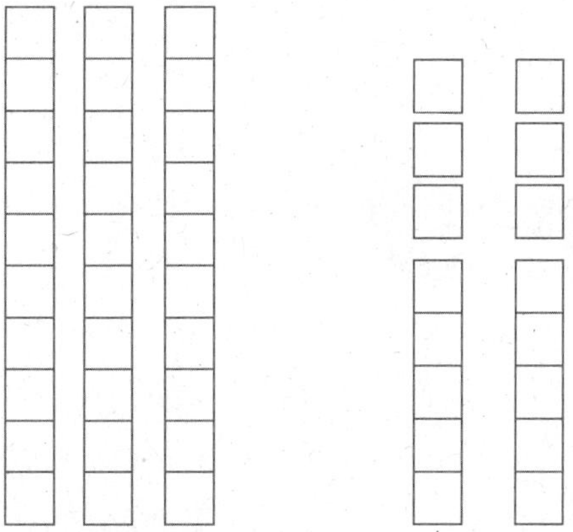

Systemblöcke - 4. Schritt

Beim dritten Schritt soll das Kind die Zahl 6 als einen Fünfer und einen Einer identifizieren. Schritt Nr. 4: Das Kind soll die Zahl 16 als zwei Fünfer und zwei Dreier strukturieren (was die Verdopplung der Zahl 8 als 16 gewusst voraussetzt).

Schließlich kommt es zum Finale in Schritt Nr. 5 und Nr. 6:

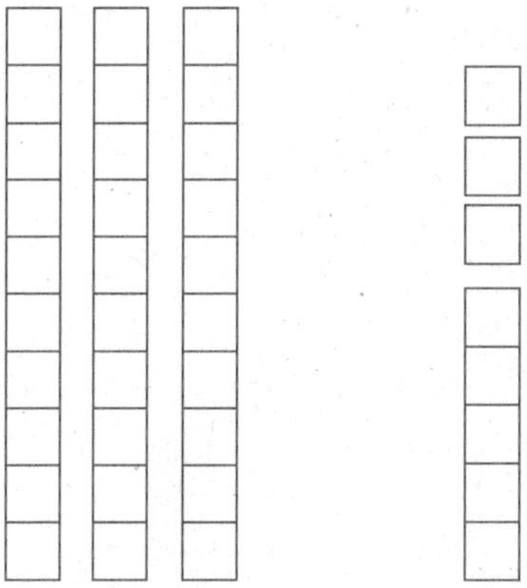

Systemblöcke - 5. Schritt

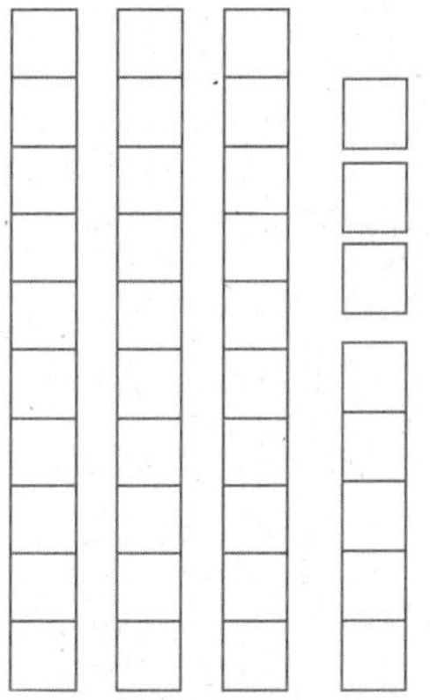

Systemblöcke - 6. Schritt

Das Kind legt eine der Achten zur Seite. Zum Schluss fügt es die 3 Zehnerstangen und die 8 Einer-Würfel wieder zusammen und gelangt so zur richtigen Lösung 38!

Die vorgestellte Rechenstrategie - eine Mischung aus Verdoppeln und Halbieren sowie der Bildung von Fünfer-Blöcken - verlangt eine immense Anzahl an Vorkenntnissen und den souveränen Umgang mit Zahlen im Zahlenraum bis 100 (abgesehen von der Frage, ob es sich hier um eine ökonomisch sinnvolle Rechenstrategie handelt). Sie unterstellt den sicheren Umgang mit Zahlen bis 100, die sie auf der anderen Seite erst erklären will! Zudem fallen Transferleistungen innerhalb des dekadischen Positionssystems völlig unter den Tisch. Zehnerbündelung und Zehnerentbündelung kommen im Sinne des Stellenwertsystems nicht mehr vor!

Teilschrittverfahren (Normalverfahren)

Das Teilschrittverfahren ist sicherlich die bekannteste Strategie des zehnerüberschreitenden Rechnens. Es besteht darin, den zweiten Summanden bzw. den Subtrahenden einer Additions- oder Subtraktionsaufgabe so zu zerlegen, dass mit dem ersten Rechenschritt die Zahl 10 erreicht wird. Im zweiten Schritt wird dann die Restmenge zu 10 addiert bzw. von 10 subtrahiert und auf diese Weise das

Endergebnis ermittelt. Auch hier müssen verschiedene Operationsschritte durchgeführt werden, was jedoch weniger *gegen* die Einführung des Teilschrittverfahrens spricht, als vielmehr *für* die sorgfältige Vorbereitung aller drei Operationsschritte.

Wie bereits beschrieben, muss ein Kind verschiedene Voraussetzungen mitbringen, um zehnerüberschreitende Rechenstrategien überhaupt sinnvoll anwenden zu können. Es sind dies im Wesentlichen ein angemessenes Verständnis der Zahl „als Anzahl" (8) und gleichzeitig „als Zusammensetzung aus anderen Zahlen" (9), eine abgesicherte Kenntnis der Zahlzerlegungsmöglichkeiten im Zahlenraum bis 10 und ein korrekter Begriff der Zehner-Bündelung als Zusammenfassung von 10 Einern zu *einem* Zehner. Sind die Voraussetzungen vermittelt, so ist das Teilschrittverfahren das transparenteste und nachvollziehbarste Verfahren zehnerüberschreitenden Rechnens. Als nicht zu unterschätzender Vorteil des Teilschrittverfahrens ist die Tatsache anzusehen, dass es sowohl im Bereich der Addition wie der Subtraktion als inverse Operation anwendbar ist.

Weiterhin lässt sich gerade im Zuge der Einführung des Teilschrittverfahrens beim zehnerüberschreitenden Rechnen das Verständnis der Zehnerbündelung/Entbündelung absichern. Dieses Verfahren führt von seiner Struktur her über das reine Bündeln und Entbündeln hinaus und legt eine Neuinterpretation der Zahl 10 nahe. War sie bisher eine Einerzahl, so ist der Zehner jetzt als neue Einheit „eins" mit dem Wert von 10 eingeführt. Damit kann die Zahl 10 später in die Reihe der übrigen Zehner bis 100 eingeordnet werden. Der Begriff des Stellenwerts lässt sich mit Hilfe des Teilschrittverfahrens erstmals thematisieren, denn das Operieren mit Zehnerüber- bzw. -unterschreitung wird bei diesem Rechenverfahren nicht als Sonderfall

(8) Gerster/Schultz, S. 332
(9) Ebenda, S. 339

auf den Zahlenraum bis 20 begrenzt bleiben. Dieses Verfahren kann ohne umfangreiche Zusatzerklärungen auf den Zahlenraum bis 100 übertragen werden.

$10 - 2 = ?$	$28 + 2 = ?$
$30 - 2 = ?$	$68 + 2 = ?$
$70 - 2 = ?$	$88 + 2 = ?$

Vorbereitung auf den Zehnerübergang

Alle 6 Aufgabenstellungen verlangen rein numerisch (also neben der Kenntnis des Stellenwertsystems) nur eine Kenntnis, nämlich dass die Zahl 10 eine Zusammensetzung aus 8 und 2 ist!

Mit dem Teilschrittverfahren erfährt die Rechenfähigkeit des Kindes eine logische Fortsetzung in den erweiterten Zahlenraum hinein, so dass Aufgaben wie 37+8/58+6/62-5/83-7 schrittweise sicher berechnet werden können. Dies gilt *so* für keine andere Strategie zehnerüberschreitenden Rechnens!

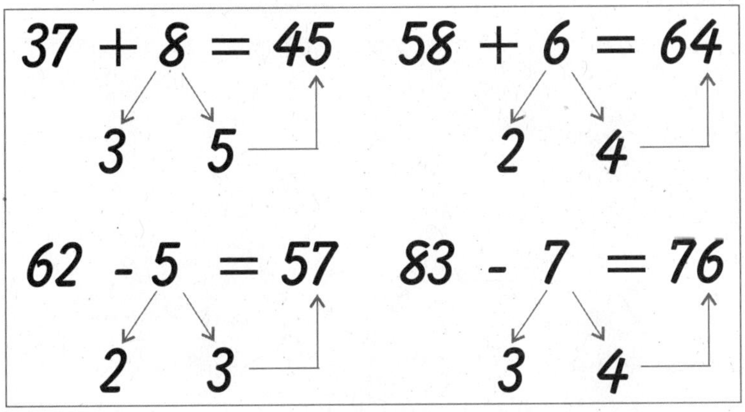

Der erhebliche Vorteil dieses Verfahrens besteht zum einen darin, dass das Kind lediglich Zahlbeziehungen im Zahlenraum bis 10 automatisiert haben muss. Zusätzliche Zahlensätze im Zahlenraum bis 20 sind nicht nötig und entlasten somit die Gedächtnisleistungen des Kindes. Das Wissen um das Stellenwertsystem vorausgesetzt, wird dem Kind beim rein numerischen Rechnen wesentlich weniger abverlangt, als bei den anderen dargestellten Verfahren (und dies gilt für **alle** Zahlenräume). Neben den Zahlzerlegungen der Zahlen von 2 bis 9 (zur Zerlegung des 2. Summanden bzw. des Subtrahenden) muss das Kind die Passeraufgaben (Zerlegung der 10) beherrschen. Bei den Additionen muss es im ersten Rechenschritt wissen, dass die 10 aus 7 und 3 (bzw. 8 und 2) besteht. Die sich bei der Zerlegung des 2. Summanden ergebende Restmenge 5 (bzw. 4) liefert unmittelbar das Ergebnis auf der Einerstelle, ohne dass das Kind eine zusätzliche Rechenoperation durchführen muss. Bei den beiden Subtraktionen verhält es sich im Prinzip genauso: Die erste Zerlegungszahl des Subtrahenden kann auf der Einerstelle „abgeguckt" werden; die resultierende Restmenge 3 (bzw. 4) ergibt das resultierende Ergebnis auf der Einerstelle, indem die Passeraufgabe 3 + ? = 10 oder 10 - 3 = ? (bzw. 4 + ? = 10 oder 10 - 4 = ?) gelöst wird.

Aus therapeutischer Sicht ergeben sich darüber hinaus weiter reichende Vorteile dieses Verfahrens: Der Leidensdruck und die Ängste rechenschwacher Kinder nehmen erheblich ab, wenn sie erkennen, dass eigentlich immer wieder das „Gleiche" gerechnet werden muss bzw. dass man im Grunde nur bis 10 rechnen können muss. Das sorgt für Licht am Ende des Tunnels!

Fazit

An dieser Stelle soll also für das übersichtliche und im Vergleich zu den anderen Verfahren in der didaktischen Fachwelt als phantasielos geltende Teilschritt- oder Normalverfahren plädiert werden. Es verlangt gegenüber dem „Fünfen-Zusammenfassen" nur *einen* Zerlegungsschritt und beim Kopfrechnen ist nur eine Zahl abzuspeichern, die gerade nicht zum Rechnen genutzt wird. Durch die konsequente Anwendung dieses Verfahrens für beide Rechenarten wird die Einsicht in den Zusammenhang zwischen Addition und Subtraktion gefestigt.

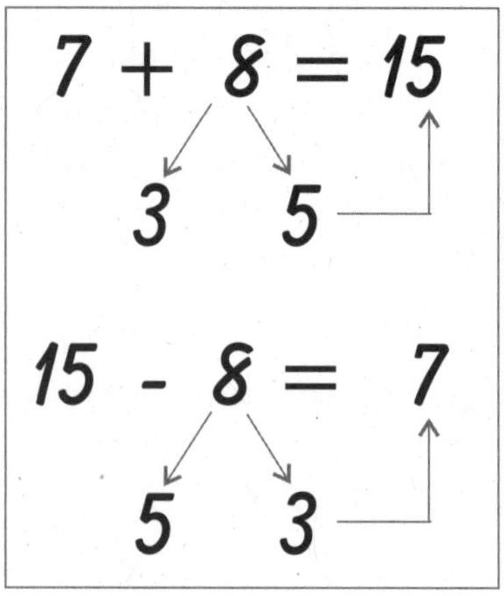

In beiden Aufgaben ist ein und dasselbe Wissen verlangt - die Zerlegung der 8 in die Zahl 5 und die Zahl 3.

Wie dargestellt, lässt sich das Dezimalsystem beim Teilschrittverfahren in seiner analogen Struktur aufbauen. Auf diese Weise wird Mathematik als systematische Gedankenwelt verstehbar, in der neue Lerninhalte immer aus bereits bekannten abgeleitet werden können. Gleichzeitig ist es aber notwendig, Kinder zu einem flexiblen Umgang mit Zahlen und Rechenoperationen zu befähigen, was insbesondere für die Bewältigung verschiedener Alltagssituationen wichtig ist. Damit haben auch *alternative zehnerüberschreitende Rechenverfahren,* wie die hier aufgezeigten, in bestimmten Lern- und Anwendungssituationen ihre Berechtigung. Allerdings *sollten* sie *erst im zweiten Schritt besprochen werden.* Die Kinder haben dann die Möglichkeit, diese anderen Lösungswege durch das angeeignete Teilschrittverfahren zu überprüfen. Dabei können bei der Erweiterung des Zahlenraumes bis 100 auch Vereinfachungen wie das „additive Ergänzen" oder der „9er-Trick", aber auch Algorithmen wie „Stellenwerte extra" einbezogen und auf ihre Zweckmäßigkeit hin überprüft werden. Die Schüler erwerben so *eine Flexibilität im Rechnen bei gleichzeitig abgesichertem Grundlagenverständnis.*

VERDOPPELN? HALBIEREN? TEILSCHRITTE? ODER MIT FÜNFEN???

6 Probleme im Verhalten

6.1 In eigener Sache

Probleme im Lernverhalten, im allgemeinen Verhalten, in der Persönlichkeitsentwicklung, das Einsetzen von Schulängsten etc. sind in den meisten Fällen die ständigen „Begleiter“ einer Rechenschwäche. Sie mögen mehr oder minder stark ausfallen, sehr schnell auffällig werden oder zum Teil über Jahre „versteckt“ wachsen - irgendwann brechen sie sich Bahn. In aller Regel handelt es sich dabei um einen aufbauenden Prozess, der mit zunehmendem Versagen deutliche Spuren in der Seele eines Kindes hinterlässt. Auch dies macht einen wesentlichen Teil einer therapeutischen Arbeit aus.

Rechenschwäche/Dyskalkulie ist **keine** Krankheit, aber ihre Folgewirkungen können fatal sein, und das betrifft sowohl die Psyche der Betroffenen als auch deren Teilhabe an und Eingliederung in die Gesellschaft. Wie ist die Sachlage zu beurteilen,

- wenn man als alleinerziehende Mutter mit 2 Kindern selber rechenschwach ist,
- wenn man das kleine 1x1 nicht beherrscht,
- wenn man im Zahlenraum bis 100 größte Probleme hat,
- wenn man keine Uhr lesen kann,
- wenn man nicht mit Geld rechnen kann?

Rechenschwache Kinder stehen nicht selten weinend vor Geschäften, weil sie von den Eltern in der Hoffnung zum Einkaufen geschickt werden, dass sie dann endlich das Rechnen mit Geld lernen. Vom Umgang mit den so genannten „Sonderangeboten“ bei Supermärkten etc., die immerhin rudimentäre Einsichten in einen Dreisatz erfordern, wollen wir hier erst gar nicht reden! (Siehe auch Seite 9 dieses Buches.)

„Extremfälle“? Leider nicht! Bei einer Rechenschwäche/Dyskalkulie handelt es sich eben nicht „nur“ um „besondere Schwierigkeiten beim Erlernen des Rechnens“ (1) - das ist wesentlich zu kurz gefasst! Diese Kinder haben ein erhöhtes Risiko für internalisierende Störungen wie Ängstlichkeit, Depressivität und soziale Isolation. Es ist sicherlich richtig, dass nicht alle „unsere” Kinder mit psychischen Auffälligkeiten reagieren.

ABER:

Irgendwann reagiert jedes/jeder rechenschwache Kind, Jugendliche oder Erwachsene auffällig. Das reicht von achtjährigen Knirpsen, die mit ihrem schulischen Werdegang bereits sehr prinzipiell abgeschlossen haben, bis zum jugendlichen Erwachsenen, der nach bestandener Mittlere-Reife-Prüfung nahtlos zum Sozialfall wird, weil er wegen seiner gravierenden mathematischen Probleme keine Chance auf einen Ausbildungsplatz hat. Und wenn er doch eine Ausbildungsstelle bekommt, fällt er ständig bei den Prüfungen durch - wir kennen dies auch von besorgten Anfragen von Betrieben. Der kindliche und jugendliche „Totalversager“ hat dann bestimmt nicht nur Probleme beim Rechnen, mögen sie noch so „besonders“ sein! Der Ausschluss von einem entscheidenden Teil an Lebensqualität ist in den meisten Fällen die Folge.

(1) Vgl. Thesen und Empfehlungen für die KMK von Schipper 2001 und KMK-Empfehlung zur LRS (und Rechenschwäche) vom 12.09.2002 (Entwurf)

Rechenschwäche/Dyskalkulie - eine drohende seelische Behinderung? Dazu von unserer Seite ein eindeutiges „Jein“:

> Nein, weil Rechenschwäche für sich ein mathematisches Problem darstellt und beschreibt - welche Ursachen es auch immer haben mag.
>
> Ja, weil die Folgewirkungen in vielen Fällen deutliche psychische Auffälligkeiten sind.

Aus diesen Gründen ist eine Trennung zwischen dem „Störungs“bild Rechenschwäche und einer (drohenden) seelischen Behinderung, wie sie manche Jugendämter in Fällen von Kostenübernahmen anstreben, eine sehr zweischneidige, aus unserer Sicht eher kurzsichtige Interpretation des KJHG § 35a.

Nicht zuletzt wegen der psychischen Problematik und den massiven mathematischen Defiziten, wie sie „unsere“ Kinder nahezu immer aufweisen, betragen die durchschnittlichen Therapiezeiten zwischen 2 und 2 ½ Jahren. Sicherlich mag es auch Kinder geben, deren defizitäre mathematische Grundlagen auf eingrenzbare Teilbereiche der Mathematik beschränkt bleiben. Solche Schwierigkeiten sind dann relativ schnell behoben.

Drei mal vier ist doch nicht elf

An der Universität Bielefeld helfen Studenten Kindern mit Rechenstörungen

„Die meisten Kinder kommen in der zweiten Hälfte des zweiten Schuljahres oder in der ersten Hälfte des dritten Schuljahres zu uns“, sagt der Leiter der Beratungsstelle, Wilhelm Schipper. Die Stelle kann jedem dritten Kind insofern helfen, als es nach vier Monaten zumindest beim Addieren und Subtrahieren den Anschluß an das Klassenniveau erreicht hat.

(1)

Mit solchen Erfolgsmeldungen sollte man unseres Erachtens sehr vorsichtig umgehen, um Eltern (ggf. auch den Kindern selbst) keine unerfüllbaren Hoffnungen zu machen. Kinder/Jugendliche mit den in diesem Buch beschriebenen Problemen ist in „Blitz-Therapien“ von vier Monaten in der Regel nicht zu helfen. Natürlich kann man auch rechenschwachen Kindern kurzfristig von der Note aus betrachtet „wieder auf die Beine helfen“. Dies kommt u. a. auch darauf an, was in der Schule gerade verlangt ist (z. B. schriftliche Algorithmen oder das kleine 1x1 etc.). Aber um ein tiefgreifendes Neuverständnis der Mathematik zu installieren, reicht es bei weitem nicht aus, Verfahrensfragen zu erläutern, auch wenn das Kind selbst sich über diesbezügliche Schulerfolge noch so freuen mag. Aus diesem Grunde sollte man mit Erfolgsprognosen oder anvisierten Therapiezeiten gerade im ersten Jahr einer Lerntherapie umsichtig umgehen. Höhen und Tiefen gibt es während einer Therapie fast immer, und dies betrifft den mathematischen Aspekt genauso wie den Verhaltensaspekt eines Kindes.

(1) Frankfurter Allgemeine Zeitung vom 07.04.2003

6.2 Fördergrundsatz IV

1. **Eine Rechenschwäche früh erkennen bedeutet in fast allen Fällen, psychische Begleitumstände erst gar nicht aufkommen zu lassen.**

2. **Rechenschwache Kinder verbergen nicht selten ihre Ängste und Probleme, weil sie Eltern wie Lehrer nicht enttäuschen wollen.**

3. **„Beruhigungspillen" der Sorte „Aber dafür kannst du doch gut ..." helfen in aller Regel nicht oder nur sehr kurzfristig. Suchen Sie nach Möglichkeit ein offenes und sachliches Gespräch mit dem Kind (ggf. auch mit den Eltern).**

4. **Auf keinen Fall sollten Sie falsche bzw. unrealistische Versprechungen machen („Das wird schon!" usw.). Auch dies mag das Kind zunächst beruhigen. Längerfristig wird es aber umso mehr enttäuscht und kann sich dann völlig verschließen. Erläutern Sie dem Kind die Lage und was man nun gemeinsam tun will.**

5. **Sanktionen nützen bei Verhaltensauffälligkeiten gar nichts! Das Kind lernt nur, den Gegenstand seines Problems noch mehr zu hassen. Das Einschreiten gegen aggressives, bockiges oder klassenkasperisches Verhalten kann nur gelingen, wenn dem Kind der Grund seiner Schwierigkeiten einleuchtet und ihm ein realistischer perspektivischer Ausweg gezeigt wird.**

6. **Achten Sie auf plötzlich abbrechende Sozialkontakte („Keiner spielt mehr mit mir!" etc.), auf Rückzugstendenzen, plötzlich eintretende Schweigsamkeit des Kindes. Häufig wissen „unsere" Kinder nicht mehr, wie sie neue bzw. alte Freundschaften aufbauen sollen, weil ihnen durch ihre Probleme der Blick verstellt ist (das geht auch einigen Erwachsenen so). Sie fangen an, den Grund für alle Probleme an ihrer Person fest zu machen („Ich bin sowieso zu doof für alles!").**

7. **Bemerken Sie gar eine Störung in der Persönlichkeitsentwicklung eines Kindes, wenden Sie sich an eine Fachkraft. Um hier den richtigen Ansprechpartner zu finden, sollte ein Gespräch mit den Eltern geführt werden, um den Grund für diese Auffälligkeiten zu isolieren.**

6.3 Nicht nur „besondere Schwierigkeiten beim Erlernen des Rechnens“

Kommentierte Eltern- und Lehrerberichte

Die mathematischen Probleme eines rechenschwachen Kindes sind die eine Seite des Phänomens einer Dyskalkulie. In keinem Fall zu unterschätzen ist die andere Seite: Kinder/Jugendliche mit großen schulischen Schwierigkeiten reagieren häufig auch mit Verhaltensauffälligkeiten und psychischen Problemen, die mehr oder minder massiv ausfallen. In nahezu allen Fällen zweifeln die Kinder an ihrem Intellekt, halten sich beim Rechnen für „zu doof“ oder ziehen gar ihre Denk- und Lernleistungen ganz generell in Zweifel. Dabei handelt es sich häufig um Schlussfolgerungen des Kindes, die unbedingt zu vermeiden bzw. aus dem Weg zu räumen sind.

Rechenschwache Kinder üben meist über alle Maßen hinaus. Nicht nur, dass sich dabei kein Erfolg einstellen will, die Kinder denken zudem, dass alle anderen Kinder das Rechnen genauso erlernen würden wie sie selbst. Sie geraten darüber in ganz beträchtliche Selbstzweifel („Warum kann ich das immer nicht, wo ich doch so viel übe und die anderen nicht?“), die häufig von gut gemeinten aber unbedachten Äußerungen der Eltern noch unterstützt werden: „Schau mal, das ist ganz einfach!“ oder: „Probier es mal, das ist gar nicht so schwer!“ Die erwünschte bessere Motivationslage bleibt dann häufig nicht nur aus, sondern das Kind dreht den Spieß gewissermaßen um: „Immer ist alles ganz einfach, und wer kann es mal wieder nicht? Ich!“ Das Kind befindet sich so in höchsten Erklärungsnöten bzgl. seiner Schwierigkeiten und löst diesen scheinbaren Widerspruch damit auf, dass es meint, „zum Rechnen zu doof“ zu sein.

Sie sah selbst, daß das Üben überhaupt nichts brachte. Daraus zog sie für sich den Schluß: „Ich bin dumm“. Und wenn uns dann schon mal rausrutschte: „Wieso können die anderen das alle und DU begreifst das nicht? Das ist doch sooo einfach!“, dann war's ganz aus.

(1)

Florian sagte zu allem ich bin ja sowieso zu doof

(2)

Irgendwann resignierte Katharina immer mehr, sodaß sie zum Beispiel fragte, ob sie überhaupt noch zur Schule müsse, sie kapiere das alles doch so wieso nicht. Oder sie schrieb quer über ihre ganze Heftseite: Ich bin doof.

(3)

(1) (2) (3) Aus Anamnesebögen von Eltern rechenschwacher Kinder auf die Frage: „Beobachteten Sie Verhaltensauffälligkeiten bei Ihrem Kind?“

Solche Aussagen sind keine Seltenheit - sie sind die Regel! Ist ein solcher Stand bei einem Kind erreicht, helfen keine „Beruhigungspillen“ folgender Art: „Aber dafür kannst du doch gut malen!“ Auch rechenschwache Kinder wissen, um was es in der Schule vorrangig geht: Lesen, Schreiben und Rechnen sind die zentralen Fächer der Schule. Gute Leistungen in anderen Bereichen „zählen“ daher nichts.

Wird an dieser Stelle nicht eingegriffen, kommt es zu massiven Verhaltensauffälligkeiten. Rechenschwache Kinder verlieren die sozialen Beziehungen zu ihren Mitschülern („Mit dir spiel' ich nicht. Du bist ja sowieso zu doof!“) und reagieren mit Aggressionen, Zurückgezogenheit oder Clownereien, wie wir dies schon bei achtjährigen Grundschülern oft feststellen müssen.

Benjamin hat sich in der Schule zurückgezogen und hatte keinen Kontakt zu Mitschülern.
Sein Versagen in Mathe übertrug er auf die Schule im Allgemeinen.
Bei Konflikten mit Mitschülern wurde er aggresiv.

(1)

Als wir noch nicht von Francescas Problem wussten war Francesca zurückgezogen, verschlossen manchmal auch aufsässig.

Sie hat sich von ihren Freunden zurückgezogen. Francesca hat sich überhaupt nicht mehr am Schulunterricht beteiligt. Sie hat sich nur noch alleine in ihrem Zimmer wohlgefühlt und sich von der Außenwelt völlig abgekapselt.

(2)

Ja! Schulangst, Zurückgezogenheit, Weinen, Außenseiterposition, schlechtes Essen, allg. Unsicherheit und ein „in sich hinein leidendes Kind“

(3)

Die Berichte von Eltern und Lehrkräften gleichen sich wie ein Ei dem anderen. Es bleibt der Solidität der Psyche rechenschwacher Grundschüler überlassen, wie lange sie dem Leidensdruck standhalten. Es ist eine Überforderung ersten Ranges, das Kind in dieser Situation allein zu lassen. Jeder Erwachsene wird

(1) (2) (3) Aus Anamnesebögen von Eltern rechenschwacher Kinder auf die Frage: „Beobachteten Sie Verhaltensauffälligkeiten bei Ihrem Kind?“

schon einmal ein großes Problem in seinem Leben gehabt haben. Man erinnere sich, wie schwierig es dann ist, sich aus der eigenen betroffenen Person „heraus zu denken", um einen objektiven, von den negativen Emotionen und Erfahrungen befreiten Standpunkt einzunehmen. Kinder können das nicht. Erst recht nicht, wenn sie seit Jahren versagen und sich immer wieder die erneute Bestätigung dafür abholen, dass sie „es sowieso nicht bringen". Kein Kind kommt aus dieser verfahrenen Situation ohne Hilfestellung heraus.

Dementsprechend bleibt es nicht bei den bisher beschriebenen Auffälligkeiten. Die Kinder entwickeln Ängste, die sie gelegentlich zu überspielen oder geheimzuhalten versuchen, weil sie ihre Eltern oder Lehrer nicht enttäuschen und/oder sich vor ihren Mitschülern nicht bloßstellen wollen.

> Verzweiflung, Weinen nach dem Unterricht
> Unsicherheit im allgemeinen Äußerungen überspielt
> mit ständigem Lächeln und übertriebener
> Freundlichkeit.
>
> (1)

Es kann auch vorkommen, dass schulische und manifeste Ängste der Kinder sowohl von der Lehrkraft des Kindes als auch von den Eltern nicht bemerkt werden. Spricht man die Kinder im Rahmen gesprächstherapeutisch orientierter Hilfe auf diese Problematik an, beginnen sie häufig zu weinen. Sie möchten, dass man es nicht weitersagt, „sonst mag mich Mama nicht mehr!" Solche Bitten äußern Kinder dann, wenn die Beziehung zu dem mit ihm übenden Elternteil bereits erheblich belastet ist:

> Janine hatte sich zeitweise völlig aufgegeben. Bei sämtlichen Hausaufgaben und Übungen gab es Tränen und Wutausbrüche.
>
> (2)

Es mag der Eindruck entstehen, dass es sich hier um Einzelfälle oder um besonders drastische Beispiele handelt. Leider können wir das aus unserer Praxiserfahrung nicht bestätigen.

> Jedenfalls artete fast jeder Nachmittag in Heulerei aus
>
> (3)

> Zuerst auf die „sanfte" Tour, dann strenger, manchmal leider auch mit „Ausrasten" ... Wieso ausgerechnet unsere Tochter? Wir fragten uns, was wir falsch gemacht oder unterlassen hatten (außerdem
>
> (4)

(1) (2) (3) Aus Anamnesebögen von Eltern rechenschwacher Kinder auf die Frage: „Beobachteten Sie Verhaltensauffälligkeiten bei Ihrem Kind?"
(4) Aus Anamnesebögen von Eltern rechenschwacher Kinder auf die Frage: „Wie reagierten Sie auf die Schwierigkeiten des Kindes?"
Zu (3) und (4): Die Mutter ist Lehrerin.

> Mit der Einschulung war aus einem fröhlichem Kind ein trauriges, bockiges, aggressives Kind geworden. Die Wutausbrüche (auch heute noch) richten sich vor allem gegen mich und die Geschwister.
>
> (1)

> Tobias und ich hatten regelmäßig Streit bei den Hausaufgaben. Er war nicht bereit sich etwas erklären zu lassen. Er verstand einfach nicht, was man ihm erklärte und rastete förmlich aus.
>
> (2)

> in der Grundschule bestand sie darauf, dass speziell ich (Mutter) ihr helfen sollte, dann konnte sie aber so gut wie nichts von mir annehmen - es endete oft in Gebrüll (auch von mir) worunter unsere Beziehung sehr litt
>
> (3)

Schließlich kommt es bei den Kindern zu Blockadehaltungen, weil sie mit der gesamten Situation nicht mehr zurecht kommen. Der letzte Ausweg aus diesem Dilemma scheint eine Totalverweigerung zu sein, damit das Problem mit all seinen Begleiterscheinungen „irgendwie vom Tisch ist“ - eine trügerische Hoffnung!

> Wollte keine Schulaufgaben machen war aufsässig + hat geweint.
>
> (4)

> - zunehmende Ablehnung und Blockade von seiten Martinas (leider auch von meiner Seite, mit gelegentlichen aggressiven „Ausrastern“ die Schreien und Beschimpfungen)
>
> (5)

(1) (2) (3) (4) (5) Aus Anamnesebögen von Eltern rechenschwacher Kinder auf die Frage: „Beobachteten Sie Verhaltensauffälligkeiten bei Ihrem Kind?“
Zu (1): Die Mutter ist Lehrerin.

Trotzig und aufsässig

(1)

Damit ist der Boden geebnet für weitere Probleme im Lernverhalten der Kinder. Es reicht dann schon aus, dass ein oder auch zwei Diktate daneben gehen, um das Kind generell an seinen intellektuellen Fähigkeiten zweifeln zu lassen. Das sogenannte „Übergreifen auf andere Fächer" ist also kein Automatismus, sondern ein in der kindlichen Psyche begründeter Schluss aus dem Konglomerat der bisher aufgeführten Verhaltensauffälligkeiten. Damit tritt dann häufig ein Versagen auf ganzer Linie ein.

Weinen und Klagen, große Ängste und Verunsicherung in allen Fächern traten auf (obwohl sehr sprachbegabt) Hoffnungslosigkeit Perspektivlosigkeit wurden verbalisiert

(2)

Arbeiten jeglicher Art waren ihr verhasst. Neben den Schwierigkeiten in Mathematik hatte sie zusätzliche Einbrüche in Deutsch (Diktate mit 34 Fehlern).

(3)

Zuerst nicht, dann zog sie sich aber in allen Fächern zurück. Die mündliche Leistung war so gut wie Null. Zu Hause weinte sie häufig aus Verzweiflung, wenn es beim Rechnen mal wieder nicht so klappte.

(4)

Viele Kinder klagen immer wieder über dieselben Symptome. Das Störungsbild Rechenschwäche/Dyskalkulie verbindet sich mit psychischen und psychosomatischen Auffälligkeiten jeder Art:

Einnässen, Schüchtern, Unselbständig, auch eher Umgang mit Jüngeren, Stubenhocker

(5)

Maren hatte häufig Bauchschmerzen und Angst.

(6)

(1) (2) (3) (4) Aus Anamnesebögen von Eltern rechenschwacher Kinder auf die Frage: „Beobachteten Sie anderweitige Schwierigkeiten bei Ihrem Kind?"
(5) (6) Aus Anamnesebögen von Eltern rechenschwacher Kinder auf die Frage: „Beobachteten Sie Verhaltensauffälligkeiten bei Ihrem Kind?"
Zu (4): Die Mutter ist Lehrerin.

Sie hatte morgens ständig feuchte Hände und litt unter starken Kopfschmerzen.

(1)

Rebecca ging unmotiviert zur Schule. Sie hatte Bauchschmerzen, wollte nicht aufstehen.

(2)

Er klagte immer häufiger über Kopf oder Bauchschmerzen wenn er zur Schule sollte.

(3)

Dominik war oft krank und klagte bis vor wenigen Wochen noch oft über Übelkeit teilweise mit Erbrechen.

(4)

und ich sitze gerade in der Mathestunde und mir ist total schlecht warum weiß ich auch nicht so.

(5)

Anfang 1997 hatte Patricia Schulangst entwickelt. (Bauchweh, Erbrechen) Sie wurde von einem Kinderarzt untersucht.

(6)

Gerade Schulängste nehmen in solchen Fällen massiv zu. Resultat ist nicht selten eine umfassende Störung in der gesamten Persönlichkeitsentwicklung des Kindes - zumindest scheint diese sehr gefährdet, wie uns nicht nur die Eltern berichten (siehe auch Kapitel 3.2 - Angelina):

Ja: Schulangst, Lebensangst
schnell in Tränen ausbrechend

(7)

(1) (2) (3) (4) (6) (7) Aus Anamnesebögen von Eltern rechenschwacher Kinder auf die Frage: „Beobachteten Sie Verhaltensauffälligkeiten bei Ihrem Kind?“
(5) Brief einer Realschülerin an ihren Therapeuten
Zu (4): Die Mutter ist Lehrerin

ich hatte viel~~A~~ Angst vor Mahte (1)

Katrin reagierte auf ihre ständigen Misserfolge im mathematischen Bereich mit Schulangst. Sie klagte morgens über Bauchschmerzen und Übelkeit. (2)

Sie hat übehaupt keine Zahlenvorstellung und rechnet alles zählend. Auch in ihrer Persönlichkeitsentwicklung zeigen sich Störungen. (3)

Ich beobachte die immer stärker auftretenden Stresssymptome (Ängste, Panikattacken, Blockaden) mit großer Sorge und habe Bedenken, dass diese sich mit der Zeit auch auf andere Fächer übertragen könnten. (4)

Sehr große Aggressionen, Aufsässigkeit, Angst, (5)

Schulangst
Aggressivität
Zurückgezogenheit
mangelndes Selbstbewußtsein (6)

sehr auffällig: Kommunikation mit dem Lehrer und auch teilweise mit Klassenkameraden und auch mit uns mit verstellter Stimme und über Stofftiere; hat sich bis heute noch nicht ganz gelegt, ist aber deutlich reduziert (7)

(1) Aus einem Kinderbericht
(2) (3) (4) Aus Lehrerberichten
(5) (6) (7) Aus Anamnesebögen von Eltern rechenschwacher Kinder auf die Frage: „Beobachteten Sie Verhaltensauffälligkeiten bei Ihrem Kind?"

Dass damit die Probleme immer noch kein Ende haben können, sondern es gelegentlich gar zu suizidalen Äußerungen kommt, ist in wenigen Ausnahmefällen auch möglich (vgl. Kapitel 14.4 - „Absolut unfassbar!").

1. Fazit

Eine Rechenschwäche/Dyskalkulie ist in der überwiegenden Zahl der Fälle mit zahlreichen Auffälligkeiten verknüpft. Diese betreffen:

- das Lernverhalten der Kinder/Jugendlichen (z. B. Blockaden, Lernverweigerung etc.)
- das Übergreifen auf andere Fächer
- den Verlust von Sozialkontakten
- generelle Verhaltensauffälligkeiten (z. B. Zurückgezogenheit, Aggressionen etc.)
- Konflikte im familiären Umfeld (insbesondere mit dem übenden Elternteil)
- somatoforme Störungen (Bauchschmerzen, Kopfschmerzen, Übelkeit und Erbrechen etc.)
- psychische Auffälligkeiten (Störungen in der Persönlichkeitsentwicklung, Alpträume, Entwicklung starker Schul- und allgemeiner manifester Ängste etc.)

Inwieweit diese Auffälligkeiten in Gänze bzw. in welcher Stärke sie vorkommen, ist von Fall zu Fall sehr verschieden und hängt von vielfältigen Faktoren ab (z. B. Reaktion der Schule und des Elternhauses, Erfolge bzw. Nicht-Erfolge bisheriger Fördermaßnahmen und nicht zuletzt von der psychischen Disposition des Kindes selbst).

Zum einen steht fest, dass diese Auffälligkeiten in aller Regel einem Entwicklungsprozess (der mehr oder minder schnell vonstatten geht) unterliegen. Deshalb ist auf die Dringlichkeit einer frühzeitigen Erkennung von Verhaltensauffälligkeiten deutlich hinzuweisen! Denn auch wenn es solche Fälle gibt (s. o. und auch Kapitel 3.2), es kommt nur selten vor, dass ein Kind bereits bei Eintritt in die Schule zu massiven Verhaltensauffälligkeiten neigt.

Zum anderen steht fest, dass sich Verhaltensprobleme rechenschwacher Kinder der in diesem Kapitel beschriebenen Art mit dem Fortgang des massiven Versagens in der Schule in aller Regel irgendwann einstellen und, falls keine entsprechende Intervention erfolgt, zunehmend größer werden. Unsere Praxis zeigt täglich, dass rechenschwache Kinder prinzipiell zu Verhaltens- und psychischen Auffälligkeiten tendieren, die nicht nur den Tatbestand einer *drohenden* seelischen Behinderung erfüllen, sondern häufig schon zu einer solchen geführt haben und bereits Symptome von Krankheitswert erkennen lassen.

Wohl gemerkt: Nicht die Rechenschwäche ist hier die Krankheit, sondern die sich daraus ergebenden Konsequenzen können diesen Status erreichen!

2. Fazit

Rechenschwäche/Dyskalkulie - Kultusministererlass und § 35a KJHG SGB VIII

„Die Begriffe Dyskalkulie, Rechenstörung, Rechenschwäche, Arithmasthenie sind wissenschaftlich nicht geklärt. Die KMK (Kultusministerkonferenz) *sollte auf den undefinierten Begriff Dyskalkulie verzichten. Zur Charakterisierung des Problems reicht es aus, von besonderen Schwierigkeiten beim Erlernen des Rechnens zu sprechen. Dadurch wird auch deutlich, dass es sich hier in erster Linie um ein schulisches Problem handelt, das (vorrangig) mit schulischen Mitteln angegangen werden muss.“*(1)

*„**Es ist Aufgabe der Schule,** die Schwierigkeiten der Schülerinnen und Schüler im Erlernen des Lesens und Rechtschreibens **zu erkennen und** darauf gemäß Nr. 2 - 4 des oben genannten Runderlasses* (MSWF NRW vom 19.07.1991 - BASS 14-01 Nr. 1) ***zu reagieren**. Es bedarf hierzu keines Gutachtens von Schulpsychologen oder einschlägiger Institute.*

***Der unter Bezug genannte Runderlass ist bei Vorliegen der Rechenschwäche (Dyskalkulie) sinngemäß anzuwenden.**“*(2)

„Es gibt Schülerinnen und Schüler, die besondere Schwierigkeiten im Lesen, Rechtschreiben und Rechnen haben.

...

Einigkeit besteht jedoch darin, dass die Diagnostik und die darauf aufbauende Beratung und Förderung der Schülerinnen und Schüler mit besonderen Schwierigkeiten im Lesen, Rechtschreiben und Rechnen notwendig ist und zu den Aufgaben der Schule gehört.“(3)

Unbestritten:

Der erste und vorrangige Förderort für Lernschwierigkeiten von Kindern ist die Schule. In Hunderten von Lehrerfortbildungen haben wir jedoch auch die Erfahrung machen müssen, dass es bzgl. der Förderung bei Rechenschwäche an der fachlichen Kompetenz von Lehrkräften oft mangelt. Dies ist keine Infragestellung der prinzipiellen pädagogischen Kompetenz der Lehrkräfte, sondern eine realistische Feststellung, die es zu benennen gilt. Gerade die von uns durchgeführten Fortbildungsveranstaltungen sollen diesem Tatbestand entgegenwirken. Auch dazu dient dieses Buch!

Aber:

Ob das Problem Rechenschwäche/Dyskalkulie damit in den Griff zu bekommen ist (ähnlich der damaligen Debatte „Legasthenie oder LRS?“), dass man es als „besondere Schwierigkeiten beim Erlernen des Rechnens“ charakterisiert und damit die einzelne Lehrkraft (wieder einmal) in „den Mittelpunkt des Interesses“ rückt, sollte zumindest zu Bedenken Anlass geben. Abgesehen von den massiven mathematischen Problemen rechenschwacher Kinder (alle am Arbeitskreis beteiligten Facheinrichtungen arbeiten mit ausgebildeten und staatlich zertifizierten integrativen Lern- und Dyskalkulietherapeuten in Einzel- und/oder Zweiertherapien) nimmt die Verhaltensproblematik einen bedeutenden Stellenwert ein, weil sie in aller Regel ein untrennbarer Bestandteil des Phänomens

(1) Thesen und Empfehlungen für die KMK von Schipper 2001
(2) Rundschreiben der Bezirksregierung Arnsberg an alle öffentlichen und privaten Schulen vom 07.12.2001
(3) KMK-Empfehlung zur LRS vom 12.09.2002 (Entwurf)

Rechenschwäche ist (im Sinne einer sich aufbauenden Folgewirkung).

Natürlich haben Kinder mit der Diagnose Rechenschwäche *„besondere Schwierigkeiten beim Erlernen des Rechnens"* - wen sollte das wundern? Angesichts der in diesem Kapitel beschriebenen Auffälligkeiten wird unseres Erachtens sehr deutlich, dass diese „besonderen Schwierigkeiten" nur die eine Sache sind, das Gesamtbild einer Rechenschwäche/Dyskalkulie sich aber ganz anders darstellt!

Die Förderung rechenschwacher Kinder muss Aspekte gesprächs- und verhaltenstherapeutisch orientierter Hilfe enthalten, besonders bei Kindern, die bereits Auffälligkeiten zeigen, aber auch präventiv bei all denjenigen, die dies *noch* nicht tun!

Schulische Förderung kann Verhaltensauffälligkeiten bei rechenschwachen Kindern vermeiden, wenn beim Erlernen des Rechnens die Probleme frühzeitig erkannt werden - am besten schon bei der Einschulungsuntersuchung! Auch dazu will dieses Buch einen Beitrag leisten!

Wenn das Kind schon in den ersten Monaten der Schulzeit zu Lernblockaden neigt und schulische Fördermaßnahmen aus diesem Grunde nicht greifen, halten wir von Empfehlungen der folgenden Art nurwenig:

„Die bisherige Praxis der Vergabe öffentlich finanzierter Förderung auf der Grundlage des §35a KJHG... sollte dahingehend geändert werden, dass die Entscheidung auf Erkenntnissen über den Schweregrad der Schwierigkeiten beim Erlernen des Rechnens basiert, nicht auf die Zuschreibung einer (drohenden) seelischen Behinderung." (1)

Einerseits ist die Forderung, Kindern aufgrund ihrer mathematischen Defizite eine Förderung zuteil werden zu lassen, durchaus begrüßenswert. Andererseits ist die Vorstellung, die Diagnose Rechenschwäche/Dyskalkulie befasse sich mit psychischen Problemen statt mit mathematischen Schwierigkeiten, nicht zutreffend: Alle uns vorgestellten Kinder, bei denen eine Rechenschwäche/Dyskalkulie diagnostiziert wurde, haben massive Probleme beim Rechnen (siehe auch die entsprechenden Kapitel in diesem Buch). Es handelt sich dabei nicht um Kinder, die einen oder auch zwei Teilbereiche der Mathematik nicht verstanden haben, sondern solche, bei denen ein grundlegendes, meist lang andauerndes und leider häufig sehr resistentes Un-, Fehl- und Missverständnis vorliegt. Von daher steht die Frage des Schweregrades gar nicht zur Diskussion - „schwer" im Sinne von massiv sind die Lernschwierigkeiten in fast allen Fällen!

Alle rechenschwachen Kinder fallen zu Recht unter den im §35a KJHG SGBVIII beschriebenen Personenkreis.

„Gemäß §35a SGB VIII haben Kinder oder Jugendliche Anspruch auf Eingliederungshilfe, wenn

1. ihre seelische Gesundheit mit hoher Wahrscheinlichkeit länger als sechs Monate von dem für ihr Lebensalter typischen Zustand abweicht und

2. daher ihre Teilhabe am Leben in der Gesellschaft beeinträchtigt ist oder eine solche Beeinträchtigung zu erwarten ist.

...

Nach der Neudefinition des §35a SGB VIII haben Kinder und Jugendliche auch Anspruch auf Eingli-

(1) Thesen und Empfehlungen für die KMK von Schipper 2001

derungshilfe, wenn eine Beeinträchtigung ihrer Teilhabe am Leben in der Gesellschaft zu erwarten ist.

...

Eine drohende Behinderung bedeutet noch keine manifeste Beeinträchtigung ihrer Teilhabe am Leben in der Gesellschaft.

...

Erst wenn bei einer diagnostizierten Legasthenie eine erhebliche, zusätzliche und längere schulische Förderung entspr. den einschl. Runderlass des Schulministeriums (...) keinen Erfolg zeigt und als Folge der Teilleistungsstörung eine seelische Behinderung droht (sog. sekundäre Neurotisierung), in dem sich z. B. eine Schulaversion oder eine depressive Symptomatik ausprägt, können Jugendhilfeleistungen angezeigt sein.“

Für Dyskalkulie gilt Entsprechendes. (1)

Was die „erhebliche, zusätzliche und längere schulische Förderung“ angeht, sehen unsere Erfahrungen so aus: Fast alle rechenschwachen Kinder besuchen jahrelang den Förderunterricht mit nur sehr ungenügendem bis gar keinem Erfolg. Einige Kinder in unseren Facheinrichtungen werden auch von Seiten der Schulen in Kleingruppen (gelegentlich sogar einzeln) über sehr lange Zeiträume gefördert, ohne dass sich eine deutliche Besserung einstellt.

Was die sekundäre Neurotisierung angeht („Schulaversion“, „depressive Symptomatik“ etc.), sprechen die beispielhaft aufgeführten Fälle für sich selbst. (Wir weisen hier darauf hin, dass wir nur ausschnittsweise Fälle vorstellen können, da ansonsten der Rahmen des Buches gesprengt würde.)

Wir möchten deshalb zum Schluss dieses Kapitels das Augenmerk auf den Punkt der „Teilhabe am Leben in der Gesellschaft“ legen:

„Der Beherrschung der Schriftsprache kommt für die sprachliche Verständigung, für den Erwerb von Wissen und Informationen, für den Zugang zum Beruf und für das Berufsleben besondere Bedeutung zu. Ebenso ist der Umgang mit Zahlen zur Bewältigung von Anforderungen im Alltag grundlegend.“ (2)

Wohl wahr! Niemand bekommt das mehr zu spüren als rechenschwache Kinder, Jugendliche, jugendliche Erwachsene und Erwachsene! Wie soll eine Schülerin der 9. Klasse der Realschule im Leben klar kommen, wenn sie der Meinung ist, dass 1,99 wesentlich mehr Geld ist als 5 ? Wie soll ein selbstständiges Leben in dieser Gesellschaft aussehen, wenn sich eine 22-jährige Frau für ihre 2 ½-Zimmer-Wohnung selbst ausgerechnete 4000 qm Teppichboden bestellen will? Wie kommt man an eine Maurer-Lehrstelle, wenn man die Höhe eines Zimmers auf 17 cm schätzt? Man schaue sich in diesem Buch die „Rechenkünste“ rechenschwacher Kinder einmal genau an! Mit solchen Rechenfertigkeiten ist die Eingliederung in die Gesellschaft nicht nur gefährdet - sie ist unmöglich. Zur Erinnerung:

Schwierigkeiten schon
im Zahlenraum bis 10, die sich natürlich immer weiter
steigerten bis zum 3. Jahr in der Schule.

(1) Arbeitshilfen zum einheitlichen Umgang mit dem § 35a KJHG SGB VIII, Landesjugendamt, Landschaftsverband Westfalen-Lippe, 2002
(2) KMK-Empfehlung zur LRS (gilt auch für die Rechenschwäche) vom 12.09.2002

Trotz Förder- und Einzelunterricht konnte er den Unterrichtsstoff nicht erledigen und ihm nicht folgen. Dadurch traten auch insgesamt im Schreiben und Lesen Probleme auf. (1)

Überhaupt kein Verhältnis zum Geld
Angst Einkaufen zu gehen (2)

- mit Geld konnte nicht umgegangen werden
- die Uhr war ein Rätsel (3)

Dominik konnte einfachste Aufgaben im 1-10 Bereich nicht rechnen. (4)

Martins Mathehausaufgaben sollten nicht länger als 20 Min dauern. In der Zeit hat er meist ~~hat~~ nur 1 Aufgabe geschafft.
Förderunterricht ohne Erfolg (5)

Beim Subtrahieren stellten sich sofort im 1. Schuljahr extreme Schwierigkeiten ein, da Maren sich nicht vorstellen konnte, daß an einer Zahl etwas weniger werden kann. (6)

Janine konnte Anfang der dritten Klasse immer noch nicht im 10er Bereich rechnen ohne die Finger zur Hilfe zu nehmen und zu zählen - geschweige denn mit höheren Zahlen umgehen. (7)

- Rechenschwierigkeiten bereits im Zahlenraum bis 20
- Martina konnte keine Uhr lesen, weder digital noch analog (8)

Kein Kind mit solchen Schwierigkeiten kann sich in der Schule oder in der Gesellschaft zurecht finden.

Von wegen: „Nur“ besondere Schwierigkeiten beim Erlernen des Rechnens!

(1) (2) (3) (4) (5) (6) (7) (8) Aus Anamnesebögen betroffener Eltern auf die Frage: „Welche mathematischen Schwierigkeiten fielen Ihnen auf?“

davon aus, dass Zahlen einzelne Positionen darstellen, die sie den Fingern zuordnet und die dann abgezählt werden müssen. Also muss bei der Aufgabe 8 - 5 von acht aus abwärts gezählt werden. Das hat der Diagnostiker aber nicht gemacht; folglich hat er nicht 8 - 5 „ausgerechnet" und da sein achter Finger noch aufgeklappt ist, kann das Endergebnis auch nicht drei sein. Julia liefert also durchaus richtige Ergebnisse, ohne dass sie korrekte Zahlbeziehungen herstellen kann. Sie ist lediglich in der Lage, mit Hilfe von Material Abzählprozeduren durchzuführen.

„*Die Darstellung von Zahlen an der Zahlenkette forciert die Auffassung von einer Zahl (z. B. 8) als einem einzelnen Ding und nicht als einer Zusammenfassung von (z. B. 8) Dingen. Die Vorstellung von Zahlen als Zusammensetzung aus anderen Zahlen wird dadurch eher behindert.*" (1)

„*Zählendes Rechnen führt Kinder dazu, mit Zahlen zu operieren als rein abstrakten Dingen, unabhängig von den aktuellen Quantitäten, welche sie repräsentieren.*" (2)

Das zählende Rechnen kann (muss aber nicht) ohne Vorstellung von Quantitätsbeziehungen auch in erweiterten Zahlenräumen zu „passablen" Leistungen im Sinne von richtigen Ergebnissen führen, vorausgesetzt

- das Kind übt in besonderem Ausmaß seine Zählakte,
- das Kind verfügt über gute Gedächtnisleistungen und eine hohe Aufmerksamkeitsspanne,
- das Kind löst alles nach einem vorgegebenen und eingeübten Schema (dazu später).

Zahlen zählen können ist nicht das Gleiche wie rechnen können! Die Zählakte rechenschwacher Kinder sind im Allgemeinen nur Kompensationsstrategien für einen nicht verstandenen Zahlbegriff (besonders betroffen ist der kardinale Zahlaspekt). Sie verhindern bei allen Grundrechenarten ein Operationsverständnis. Sind die Rechenergebnisse (gerade in kleineren Zahlenräumen z. B. bis 20, also in der 1. Klasse) richtig, fällt das Kind zunächst nicht auf - eine fatale Situation, da Fördermaßnahmen in solchen Fällen viel zu spät zum Einsatz kommen. Darüber hinaus zeitigt das zählende Rechnen weitere Probleme:

„- *Die Techniken des Vollständig-Auszählens sind umständlich, die Weiterzähltechniken erfordern doppeltes Zählen (das verbal gestützt werden kann, z. B. bei 4 + 3 durch die Sprechweise 4 plus 1 sind 5, plus 2 sind 6, plus 3 sind 7; bei 7 - 3 entsprechend 7 minus 1 sind 6, minus 2 sind 5, minus 3 sind 4, oder eben Finger benutzt).*

- Zähltechniken können trainiert und perfektioniert werden, mit zunehmender Perfektion schwindet aber das Bedürfnis, sich Zahlensätze zu merken. Zähltechniken fördern nicht das Bedürfnis, sich etwas zu merken.

- Zählende Rechner haben es schwer, zwischen der Aufgabe und dem nach einem länger dauernden Zählverfahren gefundenen Ergebnis eine Verbindung herzustellen. Das Lernen einer assoziativen Verknüpfung zwischen Aufgabe (= Reiz) und Ergebnis (= Reaktion) gelingt aber nur, wenn Reiz und Reaktion zeitlich dicht aufeinander folgen (etwa innerhalb einer Halbsekunde). Außerdem richtet sich die Aufmerksamkeit von Zählkindern mehr auf die Zählprozedur als auf den Zusammenhang zwischen Aufgabe und Ergebnis.

- Zählkinder entwickeln keine Beziehungen zwischen Zahlensätzen. Nachdem sie zählend 3 + 3 berechnet haben, tun sie dasselbe anschließend mit 3 + 4, ohne sich den Zusammenhang zwischen den beiden

(1) (2) Gerster/Schultz 2000, S. 331

Aufgaben bewusst zu machen und ihn zu verwenden. Die beiden nacheinander gestellten Aufgaben 3 + 4 und 13 + 4 berechnen sie jeweils zählend, ohne die dekadische Analogie zu verwenden.

- Zählendes Rechnen liefert jeweils nur Einzelfakten. Diese werden aber nicht in ein Beziehungsgeflecht eingebettet, gehen also leicht aus dem Gedächtnis verloren.

- Bei schriftlichen Rechenverfahren, beim Lösen von Sachaufgaben, bei geometrischen Berechnungen usw. beansprucht zählendes Rechnen viel Aufmerksamkeit, die dann für die Planung von Lösungsschritten und das Einhalten von Verfahrensregeln nicht mehr zur Verfügung steht." (1)

1. Fazit

Das zählende Rechnen gehört zu den zentralen „Rechen"-Strategien rechenschwacher Kinder und sollte bei der Früherkennung eine entscheidende Rolle spielen. Nicht die Richtigkeit des Ergebnisses darf das alleinige Beurteilungskriterium sein, sondern die angewandte Rechenstrategie. Langsamkeit beim Rechnen, das Sich-nicht-lösen-können von Anschauungsmaterial und anderen Hilfsmitteln hat häufig seine Ursache im fehlenden Verständnis des kardinalen Zahlaspektes und führt zum zählenden Rechnen, das ohne Material kaum zu handhaben ist. Übung ist hier kontraproduktiv, weil es die Zählprozeduren nur verfestigt.

Abwarten ist ebenfalls der falsche Weg. Freiwillig - sprich ohne Hilfestellung - wird sich das Kind von dieser Strategie niemals lösen, insbesondere dann nicht, wenn die Trefferquote hoch ist - und dies ist im Anfangsunterricht der Fall. Das macht eine Früherkennung schwierig.

Die Berichte von Eltern rechenschwacher Kinder bestätigen die Problematik des zählenden Rechnens immer wieder und zeigen auch, dass sie keine schlechten Beobachter sind:

> Janine konnte Anfang der dritten Klasse
> immer noch nicht im 10er Bereich rechnen
> ohne die Finger zur Hilfe zu nehmen und
> zu zählen - geschweige denn mit höheren
> Zahlen umgehen.
>
> (2)

> Zahlendreher (69/96)
> Zählte mit Fingern
> kein Zahlen + Mengenverhältnis
> probleme bei den Hausaufgaben,
> Starrte in die Leere
> fühlte sich als „doof" da er es nicht
> so wie die anderen konnte
> verrechnete sich oft um einen
>
> (3)

(1) Gerster 1996, S.141-143

(2) (3) Aus einem Anamnesebogen von Eltern rechenschwacher Kinder auf die Frage: „Welche Probleme im mathematischen Bereich stellten Sie fest?"

Er begann immer wieder von eins und zählte hoch. Beim zehner Übergang verzählte er sich meistens um einen. Er zählte an den Fingern, konnte aber z.B die Zahl fünf nicht spontan mit seinen Fingern zeigen. (1)

Auswendiglernen und das „Schema F“

ist die zweite „Rechenstrategie“ (sofern man hier überhaupt von einer Strategie reden kann) von Kindern mit manifesten Schwierigkeiten in der Mathematik. Neben der auswendig gelernten Zahlenreihe, die die Kinder für ihre Zählprozeduren benötigen, lernen sie einige Aufgabensätze auswendig. Dazu gehören unter anderem Doppleraufgaben (4 + 4, 8 + 8, 6 mal 6 usw.). Es kommt häufig vor, dass rechenschwache Kinder solche Aufgaben spontan lösen können, bei der Nachbaraufgabe aber alles wieder einzeln abzählen müssen (z. B. 8 + 8 wird spontan gelöst, während die Aufgabe 8 + 7 einzeln abgezählt wird).

Verena verstand offensichtlich nie wirklich grundlegende mathematische Zusammenhänge, lernte die Aufgabenstellungen auswendig und gab sehr schnell auf, wenn sie die Aufgaben nicht zu lösen vermochte (2)

Wir merkten, daß er Zahlenzusammenhänge nicht verstand, sondern nur auswendig lernte. Bei veränderten Aufgabenstellungen hatte er Schwierigkeiten. (3)

Abb. 4

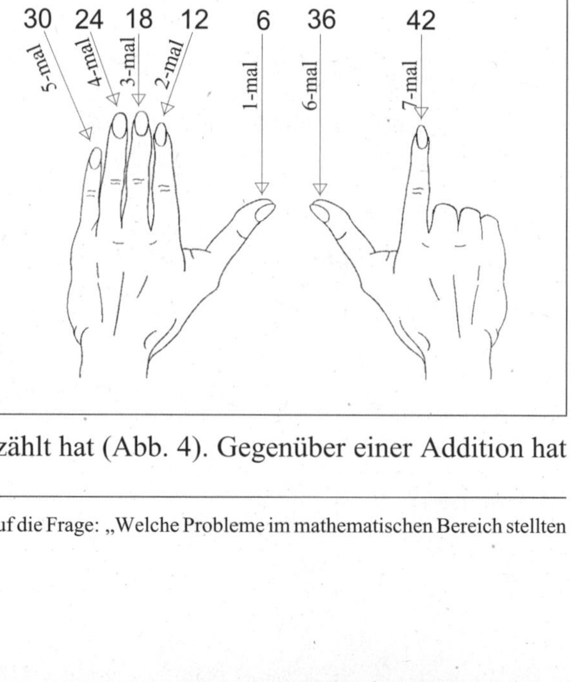

Auch die Einmaleins-Reihen werden auswendig gelernt. Sie existieren neben der Einer-Wortreihe (... 23, 24, 25, 26, ...), der Zehner- (10, 20, 30, 40, ...) und der Hunderter-Wortreihe parallel als zusätzlich zu merkende Zahlwortreihen, die bei Bedarf immer wieder von unten aufwärts abgezählt werden. Soll ein Kind beispielsweise die Aufgabe 7 mal 6 lösen und findet das Ergebnis nicht spontan, wendet es nicht das Distributivgesetz an (6 mal 6 plus 1 mal 6). Es zählt die Zahlwörter der 6er-Reihe von der ersten Zahl aus beginnend hoch und kontrolliert (meist mit seinen Fingern), ob es auch sieben Wörter hochgezählt hat (Abb. 4). Gegenüber einer Addition hat

(1) (2) (3) Aus einem Anamnesebogen von Eltern rechenschwacher Kinder auf die Frage: „Welche Probleme im mathematischen Bereich stellten Sie fest?“

sich nur die Rechenart geändert, nicht aber die Methodik, mit der das Kind „rechnet". Nach wie vor sagt es eine auswendig gelernte Wortreihe auf und benötigt seine Finger, um zu kontrollieren, ob es auch genug hochgezählt hat. Das Operationsverständnis der Multiplikation bleibt hier auf der Strecke. Genau genommen merkt das Kind nicht einmal, dass hier eine neue Rechenart eingeführt wurde.

Dieser „Umgang" mit der Multiplikation birgt zudem viele Fehlerquellen:

- Abzählfehler
- Auslassen von Zahlen (6, 12, 24, 30, ...)
- keine oder falsche Zerlegungsstrategien beim großen Einmaleins
- die Einmaleins-Reihen werden ständig wieder vergessen
- Nachwirken von Ziffern und Zahlen
- es kommt zu so genannten Phantasie-Ergebnissen
- die Aufgaben werden komplett durchgezählt

„Die Techniken des Vollständig-Auszählens sind umständlich, die Weiterzähltechniken erfordern doppeltes Zählen." (1)

Und dies gilt für das Einmaleins in gleicher Weise (1 mal 6 ist 6, 2 mal 6 ist 12, 3 mal 6 ist 18 etc.); noch schwieriger wird es, wenn in Einer-Schritten gezählt werden muss (1, 2, 3, 4, 5, 6 ist einmal; 7, 8, 9, 10, 11, 12, ist zweimal usw.). Es kommt zudem vor, dass rechenschwache Kinder mitten in der Aufgabe die Rechenart wechseln, ohne dies zu bemerken, weil sie sich in der Abfolge der Zählstrategien vertan haben.

Rechenschwache Kinder halten sich an ein Schema, wie sie die Aufgaben rechnen sollen. Dieses Schema (einmal zu Hause eintrainiert) halten sie bei verschiedenen Aufgabentypen und Rechenarten durch, ohne zu bemerken, dass es nur für einen Typ von Aufgaben (beispielsweise Subtraktionen ohne Zehnerüberschreitung) richtige Ergebnisse liefern kann. Oft erscheint es Lehrern oder Eltern so, als ob das Kind nur die Rechenart verwechselt hat. Dabei hat es in Wirklichkeit stur sein Schema angewandt, ohne sein Handeln überprüfen zu können.

> Nina hatte Schwirigkeiten beim Lösen einfacher Aufgaben. Sie löste die Aufgaben immer nach dem Schema der vorherigen Aufgabe, ohne zu wissen was sie rechnete. (2)

Ein sehr beliebtes Schema ist das Trennen der Zahlen nach ihren Stellenwerten, so dass dann Stelle für Stelle ziffernweise durchgezählt werden kann.

Abb. 5

100 - 58 = 158
100 - 27 = 127
100 - 64 = 164

Der begleitende Kommentar der Lehrerin bei der Korrektur der Klassenarbeit dürfte eindeutig sein: Verwechslung der Rechenarten! Dies mag in vielen Fällen so sein, aber eben nicht immer. Hier hat das Kind in der Tat subtrahiert. Die 58 hat keinen Hunderter; also wird gerechnet: 1 Hunderter minus 0 Hunderter ist 1 Hunderter. Auf der Zehnerstelle stellt das Kind fest, dass man von 0 nicht fünf abwärts zählen kann; deshalb wählt es die Tauschaufgabe 5 - 0 und erhält als Ergebnis 5. Das gleiche

(1) Gerster 1996, S.141-143
(2) Aus einem Anamnesebogen von Eltern rechenschwacher Kinder auf die Frage: „Welche Probleme im mathematischen Bereich stellten Sie fest?"

Verfahren wiederholt sich auf der Einerstelle. Der Fehler hat seinen Grund nicht in der Verwechslung der Rechenarten, sondern in dem einstudierten Schema, die Zahlen nach den Stellenwerten zu trennen und dann einzeln abzuarbeiten.

Die Algorithmen der schriftlichen Addition und Subtraktion gehören bei rechenschwachen Kindern zu den beliebtesten Verfahren. Hier warten gerade teilleistungsschwache Kinder mit (von der Note aus betrachtet) Erfolgen auf. Die schriftlichen Rechenarten beherrschen sie meist schon Mitte der 2. Klasse, weil oft unüberwindbare Schwierigkeiten beim Addieren und Subtrahieren von zweistelligen Zahlen dafür sorgen, dass die Eltern dem Kind diese Verfahren frühzeitig beibringen. Dies führt dann zwar zu richtigen Lösungen, sorgt aber auch dafür, dass das Kind extrem langsam ist und keine Zahlenraumvorstellung entwickelt, weil es weiterhin Stelle für Stelle im Zahlenraum bis 18 abzählen kann. Überschlagsrechnen gelingt in Folge nicht mehr und es entwickeln sich zudem keinerlei Strategien, offensichtlich falsche Ergebnisse zu erkennen!

2. Fazit

Rechenschwache Kinder neigen zu schematischen Verfahren, weil ihnen in erweiterten Zahlenräumen die Systematik des Zahlaufbaus (Zehnersystem) völlig unklar ist. Die Multiplikation und in Folge die Division als aufbauende Rechenarten sind nicht verstanden. Entsprechende Aufgabenstellungen werden mit Hilfe von Gedächtnisleistungen (Auswendiglernen von Zahlwortreihen) gelöst. Bei genügender Übung kann dies durchaus zu richtigen Ergebnissen führen.

> Im 2. Schuljahr lernte Nina das Einmaleins auswendig und kam ganz gut mit. Anschließend kamen wieder Additions- und Subtraktionsaufgaben und sie mußte wieder von Anfang an anfangen. Alles was sie vorher gelernt hatte war „weg“.
>
> (1)

Für die Früherkennung kann dies bedeuten, dass rechenschwache Kinder selbst in der 2. Klasse nicht sicher identifiziert werden, weil im Durchschnitt gesehen, die Ergebnislage einigermaßen zufriedenstellt. Ein Ausweis für das Verständnis der Operationen ist dies noch lange nicht. Welcher Aufwand an Mühe und Ärger dafür zu Hause geleistet werden musste, wird im Unterricht häufig nicht ersichtlich.

(1) Aus einem Anamnesebogen von Eltern rechenschwacher Kinder auf die Frage: „Welche Probleme im mathematischen Bereich stellten Sie fest?“

7.3 Fehler und Fehleranalyse - 10 Übungsbeispiele für Lehrer und Diagnostiker

Arbeitskreis des
Zentrums für angewandte Lernforschung

01. Sven, 1. Klasse Grundschule
    Pränumerik (Anzahl-Abstraktionen)

02. Lara, 2. Klasse Grundschule
    Zahlbegriff (kardinal/ordinal)

03. Peter, 3. Klasse Grundschule
    Zahlbegriff/Zahlaufbau (ZR bis 10, analytische Aufgaben)

04. Anna, 2. Klasse Grundschule
    Zehnerüberschreitung (ZR bis 20)

05. Claudia, 2. Klasse Grundschule
    Subtraktion - synthetisch, zehnerüberschreitend (ZR bis 100)

06. Pierre, 5. Klasse Gesamtschule
    Subtraktion/Addition - nach „Schema F“ (ZR bis 100)

07. Jacqueline, 4. Klasse Grundschule
    Addition & Stellenwerte (ZR bis 100)

08. Hanna, 4. Klasse Grundschule
    Subtraktion & Stellenwerte (ZR bis 100)

09. Natascha, 9. Klasse Realschule
    Stellenwertsystem (erweiterter Zahlenraum)

10. Roland, 8. Klasse Realschule
    Rationale Zahlen (Addition gemischter Brüche)

Wenn gar nichts mehr geht ...
Textaufgaben zum Schmunzeln

Die im Folgenden angegebenen Namen der Kinder und Jugendlichen wurden zum Teil geändert, ihre Rechnungen und Erklärungen nicht.

<u>WICHTIGER HINWEIS:</u>
Die im Kapitel 7.3 enthaltenen Arbeitsblattvorlagen können von Schulen, staatl. anerkannten Privatschulen und Lehrerseminaren zur internen Aus- und Weiterbildung kopiert werden. Die Blätter sind so konzipiert, dass das erste Blatt (z. B. Arbeitsblatt 3.1) jeweils die Fragestellung beinhaltet und das dazugehörige zweite Blatt die Fragestellung und die dazugehörige Fehleranalyse (z. B. Arbeitsblatt 3.2). Sie eignen sich damit auch gut zum Ziehen von Folien.

Fehleranalyse
Arbeitsblatt 1.1
Pränumerik
Anzahl-Abstraktionen - (Sven, 1. Klasse Grundschule)

Arbeitskreis des
Zentrums für angewandte Lernforschung

Aufgabenstellung Nr. 1:

Sven bekommt zwei Blätter vorgelegt:

Blatt Nr. 1

Blatt Nr. 2

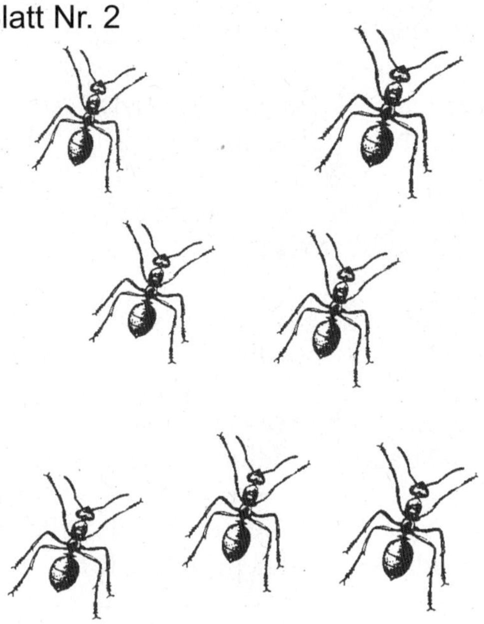

Nun wird ihm die Frage gestellt: „Auf welchem Bild sind es mehr?“ Nach längerem Zögern deutet Sven auf das Blatt Nr. 1.

Fehleranalyse (Algorithmus)

Fehleranalyse
Arbeitsblatt 1.2
Pränumerik
Anzahl-Abstraktionen - (Sven, 1. Klasse Grundschule)

Arbeitskreis des
Zentrums für angewandte Lernforschung

Aufgabenstellung Nr. 1:

Sven bekommt zwei Blätter vorgelegt:

Blatt Nr. 1

Blatt Nr. 2

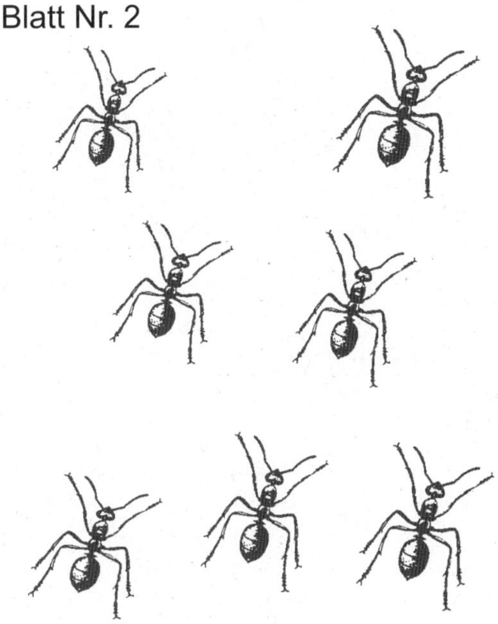

Nun wird ihm die Frage gestellt: „Auf welchem Bild sind es mehr?“ Nach längerem Zögern deutet Sven auf das Blatt Nr. 1.

Fehleranalyse (Algorithmus)

Der Fehler von Sven liegt auf der Hand: Er ist sich offensichtlich noch sehr unsicher, wie er den Begriff „mehr“ zuordnen soll (das erklärt sein längeres Zögern), bezogen auf die Anzahl der Tiere oder auf deren Größe. Er entschließt sich schließlich für die Nashörner, „weil die größer sind“.

Bei Vorschulkindern und Kindern im Anfangsunterricht beobachtet man häufig Schwierigkeiten mit den in der Mathematik synonym verwandten Begriffspaaren „mehr/weniger“ und „größer/kleiner“. Als Sven nochmals gefragt wird, auf welchem Blatt denn mehr Tiere seien, antwortet er richtig. Gibt man ihm also den Oberbegriff vor, löst er die Aufgabe korrekt.

Im Folgenden wird Sven ein Plättchen mit der Zahl zwei und der Zahl sieben vorgelegt. Auf die Frage, welche Zahl denn größer sei, antwortet Sven: „Das sieht man sofort, die zwei!“ Svens Verknüpfung von Zahlzeichen und Menge ist nicht gesichert.

Fehleranalyse
Arbeitsblatt 2.1
Zahlbegriff
kardinal/ordinal - (Lara, 2. Klasse Grundschule)

Arbeitskreis des
Zentrums für angewandte Lernforschung

Aufgabenstellung Nr. 2:

Lara bekommt folgende Aufgabe:

An einer Straße stehen 10 Häuser. Lara kauft sich das dritte und das siebte Haus.

Wie viele Häuser hat sich Lara gekauft?

7	+	3	=	1	0						

Lara Hat sich 10 Häuser gekauft

Fehleranalyse (Algorithmus)

Fehleranalyse
Arbeitsblatt 2.1
Zahlbegriff
kardinal/ordinal - (Lara, 2. Klasse Grundschule)

Arbeitskreis des
Zentrums für angewandte Lernforschung

Aufgabenstellung Nr. 2:

Lara bekommt folgende Aufgabe:

An einer Straße stehen 10 Häuser. Lara kauft sich das dritte und das siebte Haus.

Wie viele Häuser hat sich Lara gekauft?

7	+	3	=	1	0						

Lara Hat sich 10 Häuser gekauft

Fehleranalyse (Algorithmus)

Lara hat weder den kardinalen noch den ordinalen Aspekt der Zahl in ausreichendem Maß verinnerlichen können. Sie identifiziert das siebte Haus mit der Zahl 7 sowie das dritte Haus mit der Zahl 3. Da zum Haus 3 das Haus 7 hinzukommt, ist es für Lara eindeutig eine Plus-Aufgabe, die sie einzeln an den Fingern abzählend löst. Dass sie zum Ergebnis 10 gelangt, bestärkt sie in ihrer Auffassung, dass sie es richtig gemacht hat, weil an der Straße 10 Häuser stehen. Eine andere Aufgabe löst Lara folgerichtig:

An einer Straße stehen 10 Bäume. Der achte und der zweite Baum werden abgesägt. Wie viel Bäume bleiben stehen?

10 - 8 - 2 = 0

Da bleibt kein Baum übrig.

Fehleranalyse
Arbeitsblatt 3.1
Zahlbegriff/Zahlaufbau
ZR bis 10, analytische Aufgaben - (Peter, 3. Klasse Grundschule)

Arbeitskreis des
Zentrums für angewandte Lernforschung

Aufgabenstellung Nr. 3:

Peter soll folgende analytische Additionsaufgabe lösen. Er darf seine Finger als Hilfe benutzen:

$$3 + ? = 9$$

Peter notiert das Ergebnis:

$$3 + 5 = 9$$

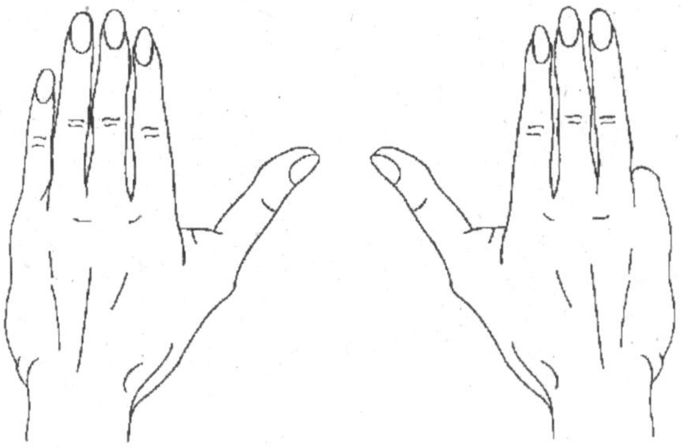

So sieht Peters Fingerbild während seiner Rechnung aus.

Fehleranalyse (Algorithmus)

Fehleranalyse
Arbeitsblatt 3.2
Zahlbegriff/Zahlaufbau
ZR bis 10, analytische Aufgaben - (Peter, 3. Klasse Grundschule)

Arbeitskreis des
Zentrums für angewandte Lernforschung

Aufgabenstellung Nr. 3:

Peter soll folgende analytische Additionsaufgabe lösen. Er darf seine Finger als Hilfe benutzen:

3 + ? = 9

Peter notiert das Ergebnis:

3 + 5 = 9

So sieht Peters Fingerbild während seiner Rechnung aus.

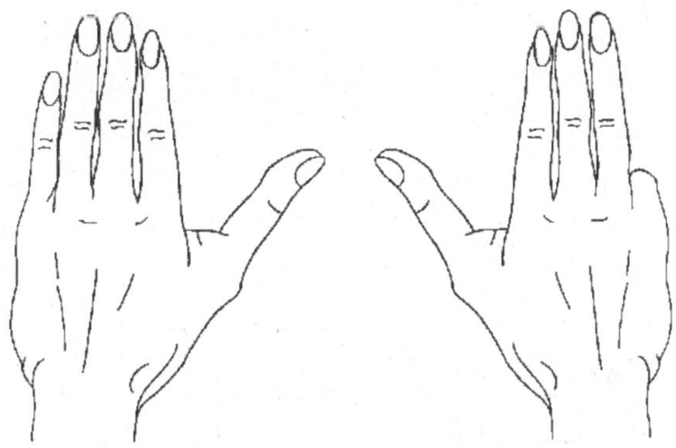

Fehleranalyse (Algorithmus)

1. Peter legt 9 Finger auf den Tisch und sucht nun die Zahl 3 und die Zahl 9, indem er seine Finger von links nach rechts durchzählt.

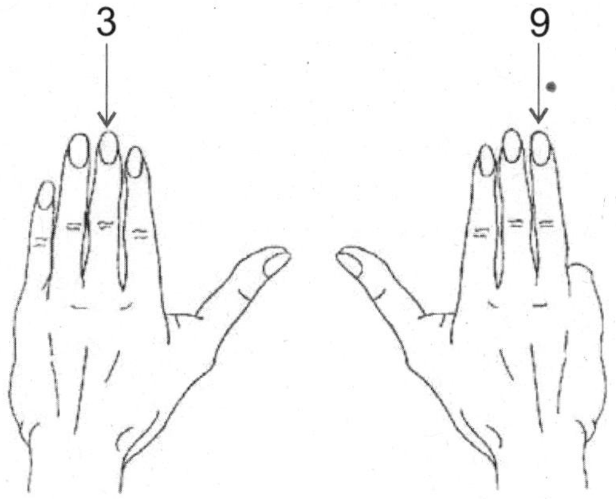

2. Peter weiß, dass man bei solchen Aufgaben immer „von … bis“ zählen muss, um herauszubekommen, wie viel es zwischen 3 und 9 ist. Dann zählt er die Finger zwischen 3 und 9 ab.

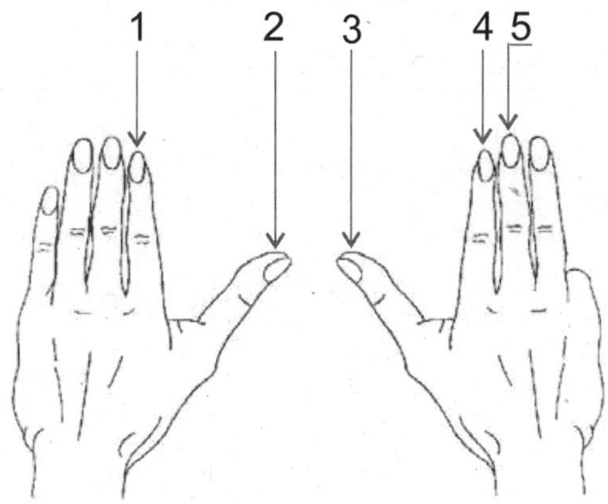

Fehleranalyse
Arbeitsblatt 4.1
Zehnerüberschreitung
ZR bis 20 - (Anna, 2. Klasse Grundschule)

Arbeitskreis des
Zentrums für angewandte Lernforschung

<u>Aufgabenstellung Nr. 4:</u>

Anna soll in einer Klassenarbeit u. a. zwei Additionsaufgaben lösen:

8 + 5 = ? und 7 + 5 = ?

Sie gelangt zu folgenden Lösungen:

8 + 5 = 3 und 7 + 5 = 2

Kommentar ihrer Lehrerin: Verwechslung der Rechenart! Dies bestreitet Anna energisch. Zu Hause rechnet sie die Aufgaben noch einmal und erhält nun folgende Ergebnisse:

8 + 5 = 8 und 7 + 5 = 7

Annas Mutter nimmt an, das Kind habe einfach die vordere Zahl abgeschrieben. Auch hier protestiert das Kind und meint, es habe plus gerechnet!

<u>Fehleranalyse (Algorithmus)</u>

Fehleranalyse
Arbeitsblatt 4.2
Zehnerüberschreitung
ZR bis 20 - (Anna, 2. Klasse Grundschule)

Arbeitskreis des
Zentrums für angewandte Lernforschung

Aufgabenstellung Nr. 4:

Anna soll in einer Klassenarbeit u. a. zwei Additionsaufgaben lösen:

8 + 5 = ? und 7 + 5 = ?

Sie gelangt zu folgenden Lösungen:

8 + 5 = 3 und 7 + 5 = 2

Kommentar ihrer Lehrerin: Verwechslung der Rechenart! Dies bestreitet Anna energisch. Zu Hause rechnet sie die Aufgaben noch einmal und erhält nun folgende Ergebnisse:

8 + 5 = 8 und 7 + 5 = 7

Annas Mutter nimmt an, das Kind habe einfach die vordere Zahl abgeschrieben. Auch hier protestiert das Kind und meint, es habe plus gerechnet!

Fehleranalyse (Algorithmus) an der Aufgabe 8 + 5

Klappt 8 Finger auf | Zählt 1, 2 hinzu | Klappt alle ein | Zählt 3, 4, 5 Lösung: 3

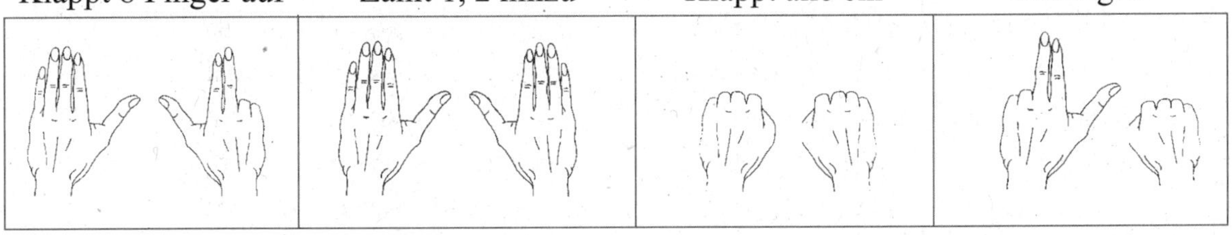

Klappt 8 Finger auf | Zählt 1, 2 hinzu | Klappt eine Hand ein | Zählt 3, 4, 5 Lösung: 8

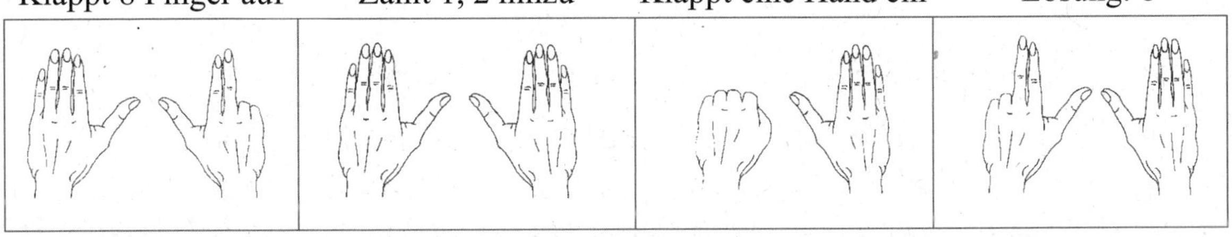

Fehleranalyse
Arbeitsblatt 5.1
Subtraktion - synthetisch, zehnerüberschreitend
ZR bis 100 - (Claudia, 2. Klasse Grundschule)

Arbeitskreis des
Zentrums für angewandte Lernforschung

Aufgabenstellung Nr. 5:

Claudia soll drei zehnerüberschreitende Subtraktionsaufgaben lösen. Die Aufgaben lauten:

72 - 4 = ?

63 - 5 = ?

21 - 19 = ?

Sie gelangt zu folgenden Lösungen:

72 - 4 = 72

63 - 5 = 61

21 - 19 = 18

Fehleranalyse (Algorithmus)

Fehleranalyse
Arbeitsblatt 5.2
Subtraktion - synthetisch, zehnerüberschreitend
ZR bis 100 - (Claudia, 2. Klasse Grundschule)

Arbeitskreis des
Zentrums für angewandte Lernforschung

Aufgabenstellung Nr. 5:

Claudia soll drei zehnerüberschreitende Subtraktionsaufgaben lösen. Die Aufgaben lauten:

72 - 4 = ?

63 - 5 = ?

21 - 19 = ?

Sie gelangt zu folgenden Lösungen:

72 - 4 = 72

63 - 5 = 61

21 - 19 = 18

Fehleranalyse (Algorithmus)

72 - 4 = 72

Viele rechenschwache Kinder haben Probleme bei der Benennung des Vorgängers eines „vollen Zehners", Hunderters, Tausenders etc. So auch Claudia: Sie zählt mit Hilfe ihrer Finger zunächst zwei zurück (71, 70), findet dann den Vorgänger der 70 nicht, wechselt die Rechenart und zählt zwei wieder hoch (71, 72) - der sog. Klappfehler.

63 - 5 = 61

Verbindung des Klappfehlers mit dem „Verzähler um 1"
Claudia beginnt beim Zählen mit der 63.
63, 62, 61, 60 - Rechenart klappt um: 61.

21 - 19 = 18

Die Stellenwerte werden einzeln berechnet:
2 Zehner minus 1 Zehner sind 1 Zehner.
1 Einer minus 9 Einer lässt sich nicht zählen, deshalb wird das Kommutativgesetz angewendet: 9 Einer minus 1 Einer sind 8 Einer. Die Lösung lautet 18.

Fehleranalyse
Arbeitsblatt 6.1
Subtraktion/Addition - nach „Schema F"
ZR bis 100 - (Pierre, 5. Klasse Gesamtschule)

Arbeitskreis des
Zentrums für angewandte Lernforschung

Aufgabenstellung Nr. 6:

Pierre bekommt 4 Aufgabenstellungen im Zahlenraum bis 100. Da er sie nicht im Kopf lösen kann, soll er seine Rechenschritte schriftlich notieren.

Aufgabe Nr. 1

83 - 54 = ?

83 - 54 = 29

Aufgabe Nr. 2

47 - 23 = ?

47 - 23 = 16

Aufgabe Nr. 3

32 + ? = 76

32 + 36 = 76

Aufgabe Nr. 4

57 - 52 = ?

„Die geht nicht!"

Fragen zur Fehleranalyse:

1. Warum löst Pierre die schwierigste Aufgabe richtig (Nr. 1, Subtraktion mit Zehnerübergang) und die leichteren ohne Zehnerübergang falsch?

2. Warum „geht" Aufgabe Nr. 4 „nicht"?

Fehleranalyse (Algorithmus)

Fehleranalyse
Arbeitsblatt 6.2
Subtraktion/Addition - nach „Schema F“
ZR bis 100 - (Pierre, 5. Klasse Gesamtschule)

Arbeitskreis des
Zentrums für angewandte Lernforschung

Aufgabenstellung Nr. 6:

Pierre bekommt 4 Aufgabenstellungen im Zahlenraum bis 100. Da er sie nicht im Kopf lösen kann, soll er seine Rechenschritte schriftlich notieren.

Aufgabe Nr. 1

83 - 54 = ?

83 - 54 = 29

Aufgabe Nr. 2

47 - 23 = ?

47 - 23 = 16

Aufgabe Nr. 3

32 + ? = 76

32 + 36 = 76

Aufgabe Nr. 4

57 - 52 = ?

„Die geht nicht!“

Fragen zur Fehleranalyse:

1. Warum löst Pierre die schwierigste Aufgabe richtig (Nr. 1, Subtraktion mit Zehnerübergang) und die leichteren ohne Zehnerübergang falsch?

2. Warum „geht“ Aufgabe Nr. 4 „nicht“?

Fehleranalyse (Algorithmus)

Pierre wendet einen Algorithmus an, den er angeblich in der Grundschule so gelernt hat.

Aufgabe Nr. 1

83 - 54 = 30 - 1 = 29
80 - 50 = 30
3 - 4 = 1

Aufgabe Nr. 2

47 - 23 = 20 - 4 = 16
40 - 20 = 20
7 - 3 = 4

Aufgabe Nr. 3

32 + ? = 76
76 - 32 = 40 - 4 = 36
70 - 30 = 40
6 - 2 = 4

Aufgabe Nr. 4

57 - 52 = 0 - 5
50 - 50 = 0
7 - 2 = 5
„Die geht nicht!“

Fehleranalyse

Arbeitsblatt 7.1
Addition & Stellenwerte
ZR bis 100 - (Jacqueline, 4. Klasse Grundschule)

Arbeitskreis des
Zentrums für angewandte Lernforschung

Aufgabenstellung Nr. 7:

Jacqueline werden vier Additionsaufgaben vorgelegt, die sie im Kopf ausrechnen soll:

Aufgabe Nr. 1

73 + 6 = ?

Lösung:

73 + 6 = 97

Aufgabe Nr. 2

34 + 20 = ?

Lösung:

34 + 20 = 63

Aufgabe Nr. 3

75 + 7 = ?

Lösung:

75 + 7 = 62

Aufgabe Nr. 4

28 + 17 = ?

Lösung:

28 + 17 = 315

Fehleranalyse (Algorithmus)

Fehleranalyse
Arbeitsblatt 7.2
Addition & Stellenwerte
ZR bis 100 - (Jacqueline, 4. Klasse Grundschule)

Arbeitskreis des
Zentrums für angewandte Lernforschung

Aufgabenstellung Nr. 7:

Jacqueline werden vier Additionsaufgaben vorgelegt, die sie im Kopf ausrechnen soll:

Aufgabe Nr. 1
73 + 6 = ?

Lösung:
73 + 6 = 97

Aufgabe Nr. 2
34 + 20 = ?

Lösung:
34 + 20 = 63

Aufgabe Nr. 3
75 + 7 = ?

Lösung:
75 + 7 = 62

Aufgabe Nr. 4
28 + 17 = ?

Lösung:
28 + 17 = 315

Fehleranalyse (Algorithmus)

Aufgabe Nr. 1
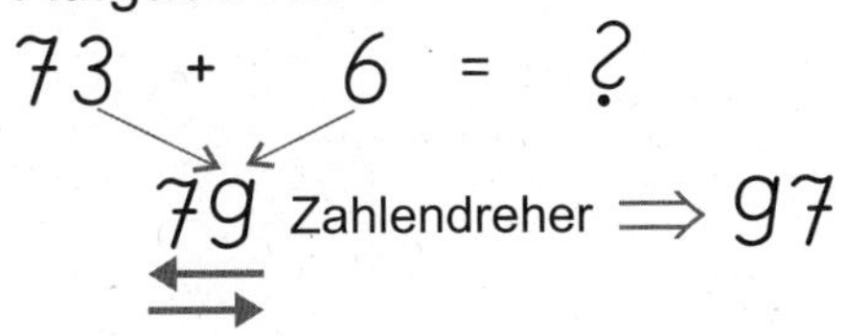

Aufgabe Nr. 2
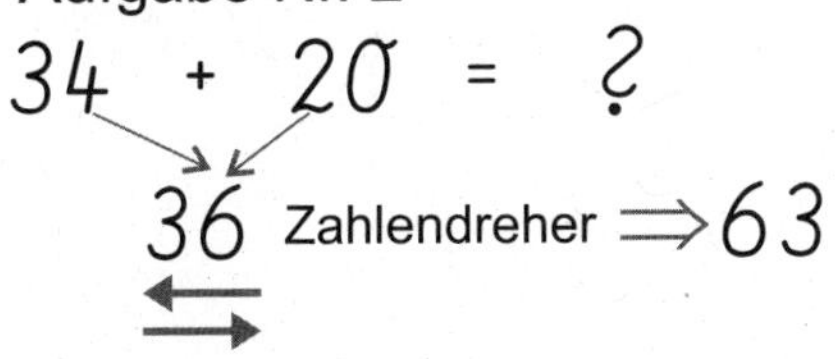

Aufgabe Nr. 3
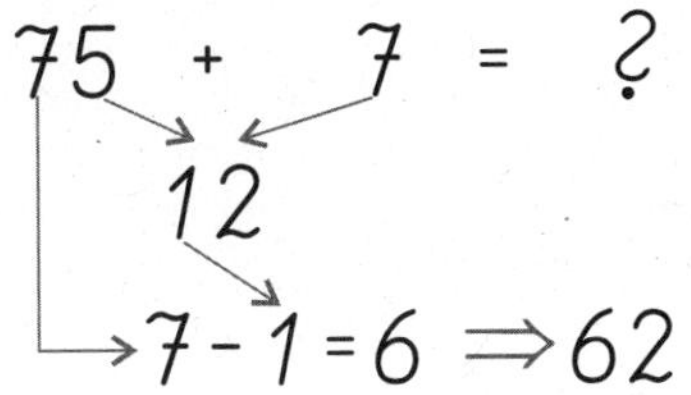

Aufgabe Nr. 4 - „Äpfel & Birnen“
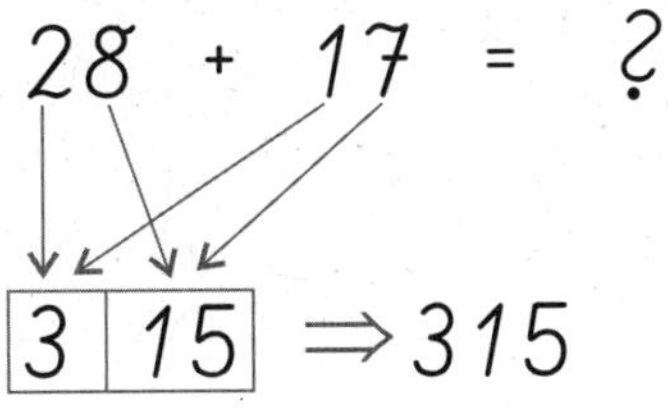

Fehleranalyse
Arbeitsblatt 8.1
Subtraktion & Stellenwerte
ZR bis 100 - (Hanna, 4. Klasse Grundschule)

Arbeitskreis des
Zentrums für angewandte Lernforschung

Aufgabenstellung Nr. 8:

Hanna löst Subtraktionsaufgaben im Kopf. Die Aufgaben werden ihr vorgelegt:

Aufgabe Nr. 1
78 - 8 = ?

Lösung:
78 - 8 = 80

Aufgabe Nr. 2
44 - 36 = ?

Lösung:
44 - 36 = 0

Aufgabe Nr. 3
41 - 8 = ?

Lösung:
41 - 8 = 31

Aufgabe Nr. 4
48 - 23 = ?

Lösung:
48 - 23 = 61

Fehleranalyse (Algorithmus)

Fehleranalyse

Arbeitsblatt 8.2

Subtraktion & Stellenwerte

ZR bis 100 - (Hanna, 4. Klasse Grundschule)

Arbeitskreis des **Zentrums für angewandte Lernforschung**

Aufgabenstellung Nr. 8:

Hanna löst Subtraktionsaufgaben im Kopf. Die Aufgaben werden ihr vorgelegt:

Aufgabe Nr. 1

78 - 8 = ?

Lösung:

78 - 8 = 80

Aufgabe Nr. 2

44 - 36 = ?

Lösung:

44 - 36 = 0

Aufgabe Nr. 3

41 - 8 = ?

Lösung:

41 - 8 = 31

Aufgabe Nr. 4

48 - 23 = ?

Lösung:

48 - 23 = 61

Fehleranalyse (Algorithmus)

Aufgabe Nr. 1

78 - 8 = ?

⇆ Zahlendreher

87 - 8 = ?

(87, 86, 85, 84, 83, 82, 81, 80)

Verzähler um 1 ⇒ 80

Aufgabe Nr. 2

44 - 36 = ?

↓ ↓

4Z - 3Z = 10

Nun noch die beiden Einerstellen:

→ 10 - 4 = 6

6 - 6 = 0 ←

Aufgabe Nr. 3

41 - 8 = ?

40 - 8 = 32

Wegen der Subtraktion eins weniger als 32:

⇒ 41 - 8 = 31

Aufgabe Nr. 4

48 - 23 = ?

6	1

Innere und äußere Stellenwerte ⇒ 61

Fehleranalyse
Arbeitsblatt 9.1
Stellenwertsystem
Erweiterter Zahlenraum - (Natascha, 9. Klasse Realschule)

Arbeitskreis des
Zentrums für angewandte Lernforschung

Aufgabenstellung Nr. 9:

Während einer Diagnostik erhält Natascha drei Aufgabenstellungen:

Aufgabe Nr. 1 - Zahlenstrahl:
„Welche Zahlen befinden sich bei A und B?“

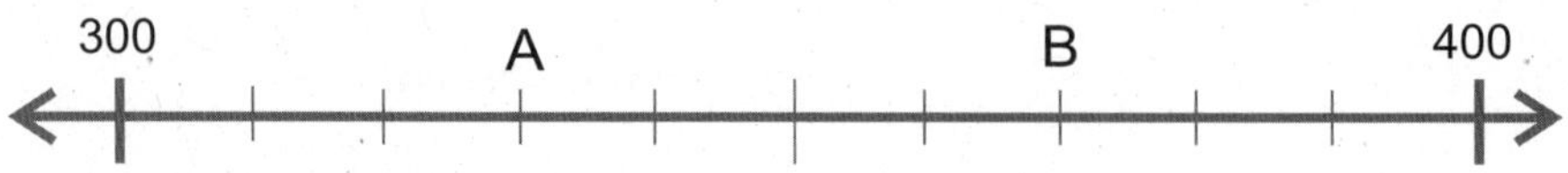

Lösung: A = 301 und B = 307

Aufgabe Nr. 2 - Zahlendiktat:
„Bitte schreibe die Zahl Siebenhundertdreiundvierzig.“

Lösung: 700340

Aufgabe Nr. 3 - Arithmetisches Mittel:
„Finde die Zahl, die genau in der Mitte von
1000 und 3000 liegt
2000 und 4000 liegt!“

Lösung:
1000 & 3000 ⇒ 2400
2000 & 4000 ⇒ 2600

Fehleranalyse (Algorithmus)

Fehleranalyse

Arbeitsblatt 9.2
Stellenwertsystem
Erweiterter Zahlenraum - (Natascha, 9. Klasse Realschule)

Arbeitskreis des
Zentrums für angewandte Lernforschung

Aufgabenstellung Nr. 9:

Während einer Diagnostik erhält Natascha drei Aufgabenstellungen:

Aufgabe Nr. 1 - Zahlenstrahl:
„Welche Zahlen befinden sich bei A und B?"

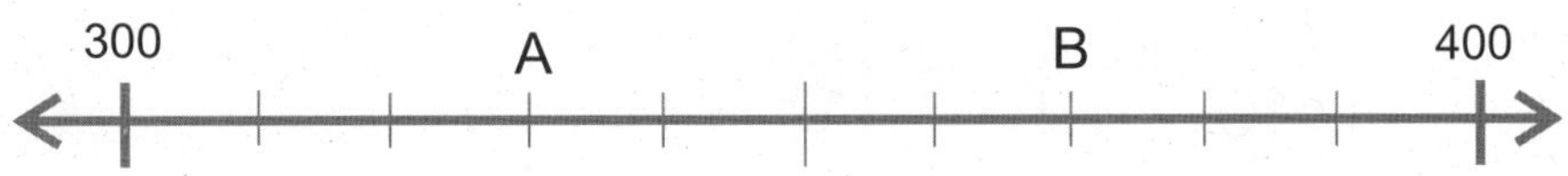

Lösung: A = 301 und B = 307

Aufgabe Nr. 2 - Zahlendiktat:
„Bitte schreibe die Zahl Siebenhundertdreiundvierzig."

Lösung: 700340

Aufgabe Nr. 3 - Arithmetisches Mittel:
„Finde die Zahl, die genau in der Mitte von
1000 und 3000 liegt
2000 und 4000 liegt!"

Lösung:
1000 & 3000 $\Rightarrow$ 2400
2000 & 4000 $\Rightarrow$ 2600

Fehleranalyse (Algorithmus)

Natascha hat in ihrem täglichen Leben laut Angaben der Eltern große Probleme. Sie kann die Analoguhr nicht lesen und nicht mit Zeiten rechnen. Das Rechnen mit Größen (z. B. Maßeinheiten - geschätzte Größe des Diagnostikers: 47cm; geschätzte Raumhöhe: 27cm) sowie mit Geld klappt so gut wie gar nicht. Auch zu Überschlagsrechnungen ist Natascha nicht in der Lage. Natascha hat das Stellenwertsystem in seinen Grundzügen nicht durchschaut.

Aufgabe Nr. 1 - Zahlenstrahl:
Natascha zählt in Einer-Schritten, weil jeder Strich ein „Ding" ist.

Aufgabe Nr. 2 - Zahlendiktat:
Natascha notiert die Zahl lautgetreu.

Aufgabe Nr. 3 - Arithmetisches Mittel:
Natascha subtrahiert 3 - 1 = 2 für die Tausenderstelle und addiert danach 3 + 1 = 4 für die Hunderterstelle - Lösung: 2400

Fehleranalyse
Arbeitsblatt 10.1
Rationale Zahlen
Addition - (Roland, 8. Klasse Realschule)

Arbeitskreis des
Zentrums für angewandte Lernforschung

Aufgabenstellung Nr. 10:

In einer Klassenarbeit rechnet Roland:

Aufgabe Nr. 1

$$\frac{7}{10} + \frac{4}{15} = 130$$

Aufgabe Nr. 2

$$1\frac{5}{8} + \frac{2}{5} = 130$$

Aufgabe Nr. 3

$$1\frac{4}{7} + \frac{5}{6} = 128$$

Fehleranalyse (Algorithmus)

Fehleranalyse
Arbeitsblatt 10.2
Rationale Zahlen
Addition - (Roland, 8. Klasse Realschule)

Arbeitskreis des
Zentrums für angewandte Lernforschung

Aufgabenstellung Nr. 10:

In einer Klassenarbeit rechnet Roland:

Aufgabe Nr. 1

$$\frac{7}{10} + \frac{4}{15} = 130$$

Aufgabe Nr. 2

$$1\frac{5}{8} + \frac{2}{5} = 130$$

Aufgabe Nr. 3

$$1\frac{4}{7} + \frac{5}{6} = 128$$

Fehleranalyse (Algorithmus)

Roland verfügt über keinen Bruchzahlbegriff. So weiß er beispielsweise nicht, dass 7/10 und 4/15 jeweils kleiner als 1 sind und deshalb niemals 130 als Ergebnis herauskommen kann. Roland erinnert sich, dass man ungleichnamige Brüche nicht „so einfach" addieren kann. Er meint: „Da muss man vorher malnehmen."

Aufgabe Nr. 1
7 x 10 = 70 und 4 x 15 = 60, dann erfolgt die Addition: 70 + 60 = 130

Aufgabe Nr. 2
1 Ganzes = 80 („wegen der 8 im Nenner"); 5 x 8 = 40 und 2 x 5 = 10, dann erfolgt die Addition: 80 + 40 + 10 = 130

Aufgabe Nr. 3
1 Ganzes = 70 („wegen der 7 im Nenner"); 4 x 7 = 28 und 5 x 6 = 30, dann erfolgt die Addition: 70 + 30 + 28 = 128

„Fehleranalyse“

Wenn gar nichts mehr geht …
Textaufgaben zum Schmunzeln

Arbeitskreis des
Zentrums für angewandte Lernforschung

„Peter bekommt jede Woche 10 EUR Taschengeld. Er spart das Geld 4 Wochen lang. Wie viel Geld hat er dann gespart?“

Sabine (9 Jahre) brütet, dann:
„1000 EUR!“

„4 Wochen ist ja urlang. Da muss er viel Geld haben. Mindestens 1000 EUR!“

Frage:
„Wie bist du darauf gekommen?“

„Mutter bringt für ihre 4 Kinder 12 Tafeln Schokolade mit. Wie viel bekommt jedes Kind?“

Florian (9 Jahre) nach längerem Überlegen:
„Jedes bekommt eine Tafel!“

„Zu viel Schokolade ist ungesund!“

Frage:
„Wie bist du darauf gekommen?“

„In einen Eisenbahnwaggon passen 96 Menschen. Wie viele passen in einen Zug mit 8 Waggons?“

Peter (10 Jahre):
„Das ist sicher dividiert!“

„Das muss dividiert sein, weil die kann ich am schlechtesten!“

Frage:
„Wie hast du es dir überlegt?“

„Was ist eine Primzahl?“

Sandra (12 Jahre) freudig erregt, weil sie es zu wissen meint:

„Primzahl, das kommt von Primel, das ist eine Frühlingszahl!“

„Von 250 EUR wird ein Fünftel gespart. Wie viel Geld ist das?“

Melanie (12 Jahre):

„Da rechne ich mal! 250 mal 5, weil, wenn man spart, dann wird es mehr!

8 Diagnostische Verfahren an Beispielen - kritisch betrachtet

8.1 Fördergrundsatz VI

Nach der Auffassung der hier vertretenen Facheinrichtungen gilt: Im Rahmen der Förderdiagnostik soll ermittelt werden, wie Schüler mit Rechenproblemen der Welt der Mathematik gegenübertreten und welche inneren Bilder von Zahlen und Rechenoperationen entwickelt wurden. Hierfür ist es notwendig, qualitativ vorzugehen, um die Schwierigkeiten in der mathematisch-kognitiven Entwicklung zu ermitteln, sie fehleranalytisch zu beurteilen und ggf. Aufgabentyp und Schwierigkeit schon während der Diagnostik individuell anzupassen, also nicht zu standardisieren (fünf Beispiele förderdiagnostischer Untersuchungen finden Sie im Kapitel 10.2). Inwieweit die vom Kind angewandten Strategien zu richtigen bzw. falschen Ergebnissen führen, tritt nach diesem Maßstab in den Hintergrund, zumal rechenschwache Kinder durchaus richtige Ergebnisse, jedoch mit völligem Unverständnis produzieren können.

Standardisierte Tests haben dagegen durchweg den Mangel, dass sie rein ergebnisorientiert sind, d.h. sie schränken die Fehleranalyse in hohem Maße ein, indem sie lediglich richtige von falschen Ergebnissen unterscheiden, anschließend quantifizieren und die so gewonnene Quote nach einem feststehenden Auswertungsschlüssel beurteilen. Derartige Tests genügen insbesondere den Anforderungen einer auf lerntherapeutische Intervention ausgerichteten Diagnose nicht.

Wir möchten es nicht bei diesen allgemeinen Aussagen belassen und haben daher drei Tests einer genaueren Betrachtung unterzogen. Die ausgewählten Tests sind weit verbreitet und decken die Spanne der bestehenden unterschiedlichen Ansätze weitestgehend ab.

Ausgewählt wurden:

- **der Dortmunder Rechentest für die Eingangstufe (DORT-E)**
- **der CFT-20 (mathematischer Teil) und**
- **der ZAREKI**

Autor des Kapitels:
Michael Gaidoschik

8.2 Der DORT-E (Dortmunder Rechentest für die Eingangsstufe)

Wolfgang Moog/Andreas Schulz:

Zahlen begreifen. Diagnose und Förderung bei Kindern mit Rechenschwäche, Luchterhand Verlag, Neuwied 1999

Die Autoren präsentieren ein „Diagnose- und Förderprogramm für rechenschwache Kinder“, dessen

„Lernwirksamkeit“ durch begleitende universitäre Forschung „experimentell überprüft“ wurde. Leider liefern Moog und Schulz damit zugleich ein Beispiel dafür, wie man auch auf akademischem Boden und trotz „Evaluation“ in die Irre gehen kann: Das Förderprogramm fördert nicht das, was es zu fördern anstrebt, nämlich das Begreifen von Zahlen. Und die darauf abgestimmte Diagnostik unterscheidet nicht zielgenau zwischen den Kindern, die Zahlen ausreichend begreifen und jenen, die das (noch) nicht tun.

Zur Kritik im Einzelnen:

Zahlen begreifen? Wohl eher: Das Zählen trainieren!

Die Autoren halten eingangs richtigerweise fest, dass so genannte rechenschwache Schüler letztlich aufgrund ihres „ordinal, d.h. an der Zahlenabfolge orientierten Zahlbegriffs“ scheitern. Mit anderen Worten und unter Vernachlässigung der tatsächlich mannigfaltigen Variationen: Die betroffenen Kinder nehmen Zahlen vorwiegend oder ausschließlich „nacheinander“ zur Kenntnis („9 kommt nach 8“) nicht aber als „Mehr oder Weniger“ („9 ist um 1 mehr als 8“). In weiterer Folge werden die vielfältigen quantitativen Bezüge nicht erkannt, welche einen tragfähigen „Zahlbegriff“ letztlich ausmachen: Um etwa mit der Zahl 9 erfolgreich umgehen zu können, muss man jederzeit im Bewusstsein haben, dass 9 dasselbe ist wie 4 + 5, aber auch 6 + 3 oder 7 + 2; dass es um 1 weniger als 10 ist und so weiter.

Je dichter dieses „Netz“ gewusster Zahlenverhältnisse, umso flexibler und sicherer der Zahlenumgang. Das „ordinal orientierte“ Kind hat demgegenüber im Wesentlichen nur eine Möglichkeit der Verknüpfung von Zahlen: in der Zahlwortreihe „vor und zurück zu hüpfen“. Dieses Kind rechnet nicht, es zählt.

Das oft bis in die Sekundarstufe hinein beobachtbare Abzählen an den Fingern ist also nicht das Problem selbst, sondern lediglich die Folge der zugrunde liegenden Zahlauffassung. Ein wirkungsvolles „Förderprogramm“ müsste daher diese Zahlauffassung korrigieren. Es müsste dem Kind Einsicht in die vielfältigen quantitativen Verhältnisse der Zahlen und deren Gesetzmäßigkeiten vermitteln - und dadurch auch Alternativen zum Zählen aufzeigen.

Das von Moog/Schulz vorgestellte „Dortmunder Zahlbegriffstraining (ZBT)“ tut dies nicht. Stattdessen wird hier im Wesentlichen eines trainiert: das Zählen. Das Kind soll gemäß des ZBTs lernen, auch ungeordnete Mengen nur durch konzentriert-geordnetes „Abtasten mit den Augen“, also ohne Finger zu zählen. Es soll das Zählen in Zweierschritten automatisieren. Es soll lernen, dass es beim Zusammenzählen zweckmäßiger ist, vom letzten Objekt der ersten Menge an weiterzuzählen, als beide Mengen zuerst für sich und dann die Vereinigungsmenge als Ganzes noch einmal zu zählen.

Das alles hat seine Berechtigung - solange es darum geht, dem Kind ökonomische Zähltechniken zu vermitteln. Das wird bei vielen rechenschwachen Kindern notwendig sein. Nicht wenige haben diese Zähltechniken aber Ende der 1. Klasse bereits perfektioniert - eben deshalb, weil sie rechenschwach sind und keine anderen Lösungswege finden als das Einzeln-Abzählen. Zählen-Können ist (siehe oben) nur eine Voraussetzung für das Begreifen von Zahlen - aber es garantiert noch lange nicht das Begreifen selbst. Ökonomisches Zählen erleichtert die Lösungsfindung - aber es verbleibt immer noch in jenem rein „ordinalen“ Denken, welches doch gerade das Grundproblem rechenschwacher Kinder ist!

Zählen ohne Finger: Strafverschärfung statt Problemlösung

Tatsächlich scheinen Moog/Schulz aber zu meinen, dass nicht das Abzählen das Problem ist, sondern die Steuerung dieses Abzählens mit den Fingern. Die letzte Stufe ihres Trainings besteht demgemäß darin, dass Additionen bis 10 zählend gelöst werden sollen - aber ohne Einsatz der Finger.

Das aber ist geradezu unsinnig: Wenn ich schon zählen muss, um beispielsweise 4 + 3 zu lösen, dann ist es durchaus zweckmäßig, dabei unterstützend die Finger oder anderes Zählmaterial zu verwenden. Ich muss ja beim zählenden Lösen zwei Reihen unter Kontrolle halten: Einerseits schreite ich von 4 aus weiter zu 5 ... 6 ... 7. Andererseits muss ich 5 als „erste Station", 6 als „zweite Station", 7 als „dritte Station" festhalten; sonst weiß ich ja nicht, dass ich gerade bei 7 mit dem Zählen aufhören muss (und nicht bei 6 oder 8).

Das begleitende Ausstrecken oder Antippen von drei Fingern ist bei diesem Lösungsverfahren also zweckmäßige Entlastung, Reduktion des Konzentrationsaufwands - das Ganze freilich innerhalb eines selbst wenig zweckmäßigen Verfahrens. Darum müssen ja auch andere Verfahren erarbeitet werden. Aber doch um alles in der Welt nicht das Kind darauf trimmen, ein Zählen ohne Fingereinsatz zu bewerkstelligen!

Im Übrigen: Nicht wenige rechenschwache Kinder verfallen von sich aus auf dieses „Zählen im Kopf" - auch ganz ohne ZBT! Sie tun das, weil sie mitbekommen haben, dass sie „jetzt doch schon ohne Finger rechnen können" müssten. Dadurch wird aber nichts besser, im Gegenteil: Nach wie vor kommen sie nur durch mühsames Zählen zu ihren Lösungen, müssen sich dabei aber (siehe oben) noch mehr konzentrieren und machen noch mehr Fehler.

Der passende Test zum falschen Programm

Wie steht es nun aber, bei all diesen sehr grundsätzlichen Mängeln, mit der „experimentell geprüften Wirksamkeit" des ZBT? Zweifellos kann das ZBT durchaus „wirksam" sein: Wirksam im Sinne der Fertigkeiten, die damit trainiert werden. Das heißt: Kinder, die diese Übungen durchlaufen, werden am Ende wohl auch Fortschritte im ökonomischen „Zählen ohne Finger" sowie im - fingerfrei! - zählenden Herstellen von Zahl-Verknüpfungen gemacht haben. Und genau diese Fortschritte misst nun der auf das ZBT abgestimmte „Dortmunder Rechentest für die Eingangsstufe (DORT-E)".

Dabei werden zunächst die reinen Zählfertigkeiten überprüft. Im Weiteren legt der DORT-E großen Wert darauf, ob eine Zahlverknüpfung mit Fingern oder ohne diese hergestellt wurde: Fingereinsatz bedeutet, dass diese Aufgabe, auch bei richtigem Ergebnis, als Fehler gewertet wird. Es wird aber nicht unterschieden, ob das Kind „im Kopf rechnet" oder „im Kopf zählt". Dabei ist gerade im überprüften Zahlenraum (im Wesentlichen bis 10) das Zählen ohne Fingereinsatz eine bei rechenschwachen Kindern häufige Technik: Sie haben (siehe oben) oft schon mitbekommen, dass sich das Abzählen an den Fingern „nicht gehört". Und wenn nicht, dann wird es ihnen gemäß der „Durchführungsregeln" des DORT-E vom Untersuchungsleiter nahegebracht: „Auch alle Aufgaben, die jetzt kommen, solltest du versuchen, ohne Finger zu lösen. Nur wenn du gar nicht weiter weißt, kannst du auch die Finger zur Hilfe nehmen."

So erkennt der DORT-E zwar die Kinder, die Aufgaben auch bis 10 nur mit den Fingern lösen können. Aber gerade diese Kinder werden einer entsprechend sensibilisierten Lehrerin ohnehin auffallen.

Er erkennt weiter diejenigen, die im Zahlenraum bis 10, ob mit oder ohne Zählhilfe, gehäuft zu falschen Ergebnissen kommen; auch diese Kinder laufen kaum Gefahr, unentdeckt zu bleiben (die Frage ist nur, welche Hilfestellung sie dann bekommen).

Der DORT-E erkennt aber gerade nicht jene Kinder, die ihre falsche Zahlauffassung im Zahlenraum bis 10 noch halbwegs durch „Zählen im Kopf" kompensieren können. Dabei sind es gerade diese Kinder, die im Bestreben um eine Früherkennung die größten Sorgen bereiten müssen.

Wir können also auch für den diagnostischen Teil von „Zahlen begreifen" leider keine Empfehlung aussprechen. Uneingeschränkt zu empfehlen ist freilich die Zielsetzung der Autoren: Ihr Bestreben war es, in einem ausdrücklich informellen Verfahren die „Denk- und Lösungsgewohnheiten der Schüler“ zu erforschen mit dem Zweck, daraus Überlegungen zur gezielten Förderung abzuleiten.

Genau darum sollte es auch unserer Ansicht nach bei der „Diagnose“ mathematischer Lernschwierigkeiten gehen - und nicht um die Ab- und Ausgrenzung von „Rechenschwäche“ nach standardisierten „Altersnormen“.

Ein löbliches Unterfangen also - in der Durchführung aber doch recht grundsätzlich gescheitert: So unser Fazit.

8.3 Der Zahlenfolgentest des CFT 20

Neben dem HAWIK-R, HAWIK-III und dem K-ABC ist der CFT 20 ein sehr gängiges Verfahren, um den IQ eines Kindes zu bestimmen. Häufig wird er als ergänzendes, hin und wieder auch entscheidendes Verfahren bei der Überprüfung eines „sonderpädagogischen Förderbedarfs“ angewandt. Auch für die Diagnose „Rechenschwäche/Dyskalkulie“ nach ICD 10 (siehe hierzu auch Kapitel 3.3) kommt der Test zum Einsatz, was äußerst kritisch zu bewerten ist.

Ohne den Test in seiner Gesamtheit untersuchen zu wollen (dies würde den Rahmen des Buches sprengen), möchten wir zunächst einige allgemein problematische Punkte aufführen und dann zum Zahlenfolgentest des CFT 20 genauer Stellung beziehen.

1. Der CFT 20 (und auch andere Verfahren zur „Messung“ der Intelligenz) ist als Diagnose-Instrument für eine Rechenschwäche - wenn überhaupt - nur sehr bedingt geeignet und bietet dem Diagnostiker mit seinen Ergebnissen bestenfalls Aussagen, die den Charakter eines Hinweises nicht überschreiten. Wie ist dies zu verstehen?

Unseren Facheinrichtungen werden täglich Kinder vorgestellt, die erhebliche Probleme beim Rechnen haben. Dies ist der **Grund** der Vorstellung, d. h. Eltern wie Lehrern sind die Probleme der Kinder schon seit längerer Zeit bekannt. Wendet man nun in der Diagnostik den CFT 20 an, so werden im Ergebnisprofil bei ansonsten durchschnittlich lernstarken Kindern, aber auch bei allgemein lernschwachen Kindern diejenigen Werte signifikant abnehmen, die bei der Lösung der einzelnen Aufgabenstellungen in den jeweiligen Untertests einen sicheren Umgang mit Zahlen verlangen. Was hat man damit nun herausbekommen? Was soll man den Eltern und Lehrern dieser Kinder nun sagen bzw. raten? Dass das Kind mit hoher Wahrscheinlichkeit Probleme in der Mathematik zu haben scheint? Nun, das stand ja bereits vorher fest!

2. Auch beim CFT 20 handelt es sich um ein standardisiertes, quantitativ auswertbares Verfahren zur Ermittlung eines IQs. Einmal abgesehen von den schon im Kapitel 3.3 beschriebenen Vorbehalten gegen den Begriff der Intelligenz selbst und die Objektivität von Testergebnissen bedeutet die Ermittlung eines IQs unter Einbeziehung derjenigen Untertests, die mathematische Fertigkeiten **voraussetzen,** bei signifikant auffälligen rechenschwachen Kindern/Jugendlichen eine notwendige Verzerrung des Ergebnisses nach unten. Das bedeutet: Je nachdem, ob ein IQ-Test viele oder wenige mathematische Problemstellungen enthält und wie die Ergebnisse in ihrer Wertigkeit bei der Ermittlung des Gesamt-IQs Berücksichtigung finden, unterliegen die ermittelten Zahlenwerte bei rechenschwachen Kindern erheblichen Schwankungen und können von daher nicht als objektiv angesehen werden. So kann es durchaus

vorkommen, dass ein Kind vor der Therapie mit einem IQ von 90 Punkten aufwartet und nach Abschluss der Therapie mit einem IQ von 115 Punkten glänzt, weil es nun mit der Zahlenwelt besser zurecht kommt. Dies rüttelt nicht nur sehr prinzipiell an den Grundfesten des Begriffs „Intelligenz" als grundlegende Fähigkeit zum Denken selbst (also abgetrennt von erworbenen Kulturtechniken wie Lesen, Schreiben, Rechnen etc.), sondern stellt immanent auch die Objektivität der entsprechenden „Messverfahren" in Frage.

3. Was sagt einem nun eigentlich eine Zahl wie der IQ-Wert? Wie soll man mit solch einem Ergebnis als Lehrer, Eltern oder Therapeut umgehen? Was Eltern von rechenschwachen Kindern angeht, so sorgen die unerwartet niedrigen Ergebnisse für noch mehr Verunsicherung und gelegentlich auch Zweifel an den generellen Fähigkeiten ihres Kindes. Dies verschärft in aller Regel die sowieso verzweifelte Lage, statt sie zu entspannen.

Es gibt auch Eltern und Lehrer, die aufgrund eines solch niedrigen Testergebnisses in der Förderung des Kindes keinen Sinn mehr sehen, weil das Kind angeblich bewiesen hat, dass sein Nicht-Können auf einem Mangel der sehr prinzipiellen „Basisfähigkeit" namens „Intelligenz" beruht. Dazu sei auf die bereits erwähnten Zitate hingewiesen:

„Es wird nicht mehr angezweifelt, daß der Intelligenztest bestenfalls einen intellektuellen Status registriert, daß solche ‚Daten' mit Fehlern behaftet sind, nur mit einer gewissen Wahrscheinlichkeit Gegebenheiten entsprechen, die man letztlich nicht einmal definieren kann (Intelligenz), über die Beeinträchtigungen bedingenden Faktoren nichts ausgesagt wird. Ein Intelligenzquotient ergibt ferner kaum Informationen über die zukünftige Lernfähigkeit eines Menschen." (Aus Bundschuh 1996)

„Zusätzlich muß berücksichtigt werden, daß ein niedriges Testergebnis keinesfalls bedeutet, daß der Proband unintelligent ist, ein gutes Testergebnis jedoch nicht von unintelligenten Personen erzielt werden kann. Aufgrund eines Testergebnisses im HAWIK-R oder irgendeines anderen Intelligenztests kann nie die Feststellung abgesichert werden, daß ein Kind sonderschulbedürftig ist." (Aus Titze/Tewes 1994)

Was soll man also nun mit einer solchen Zahl anfangen? Eltern wie Lehrer können meist selbst ganz gut die Lernstärke eines Kindes einschätzen. Eines angeblichen zusätzlichen „Beweises" durch einen IQ-Test bedarf es hierfür auch nicht. Ob der IQ (mit all seiner Fehleranfälligkeit) nun hoch oder auch niedrig ausfallen mag, ob das Kind eher zu den lernstarken oder lernschwachen Kindern zählt - in jedem Fall ist bei gravierenden mathematischen Problemen eine Hilfestellung unbedingt erforderlich. Welche genauen inhaltlichen Maßnahmen nun angezeigt sind, dazu liefert der CFT 20 (wie andere IQ-Testungen auch) keine brauchbaren Hinweise.

„Diese prinzipielle Mehrdeutigkeit des Wechsler-IQs läßt es nicht angeraten erscheinen, den IQ zur Grundlage von therapeutischen oder pädagogischen Empfehlungen und Maßnahmen zu machen." (Aus Titze/Tewes 1994)

Der Zahlenfolgentest

Dieser Untertest wird in aller Regel bei der Ermittlung des IQs eines Kindes miteinbezogen. Er besteht aus 21 arithmetischen Zahlenfolgen von jeweils sechs Zahlen, wobei eine weitere siebte Zahl aus fünf vorgegebenen Möglichkeiten ergänzt werden soll. Gegliedert ist er in drei Aufgabenblöcke zu jeweils sieben Zahlenreihen. Das Kind hat zur Lösung der Aufgaben 16 Minuten Zeit.

Aus den drei Aufgabenblöcken nehmen wir jeweils zwei Beispiele mit veränderten Zahlen heraus, ohne jedoch den Schwierigkeitsgrad zu verändern. Es wird zunächst analysiert, welcher Algorithmus in der Zahlenreihe vorkommt und welche mathematischen Grundfertigkeiten zur Lösung benötigt werden.

BLOCK I

1. Beispiel

Aufgabe							mögliche Lösungen				
5	4	7	5	9	6	?	10	8	9	12	11

Richtige Ergänzung

11

Algorithmus

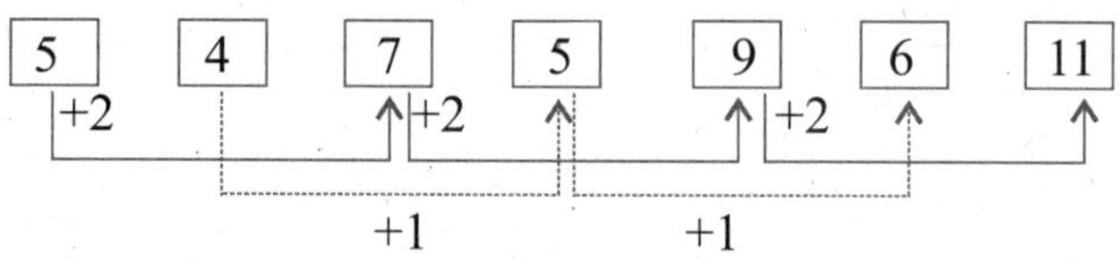

Welche **mathematischen Fertigkeiten** sind hier gefragt?

a) Das Kind braucht einen gefestigten kardinalen Zahlbegriff.
b) Das Kind muss über fehlerfreie Zahlzerlegungsstrategien im Zahlenraum bis 10 verfügen.
c) Das Operationsverständnis der Addition und Subtraktion muss vorhanden sein. Das Kind muss wissen, dass man mit einer Subtraktion zu kleineren und mit einer Addition zu größeren Zahlen gelangt.
d) Das Kind muss erkennen, dass in der Zahlenfolge von Zahl zu Zahl die Rechenart wechselt.
e) Das Kind muss erfassen, dass der Wert der Differenz zur übernächsten Zahl alternierend 1 bzw. 2 beträgt.

Für rechenschwache Kinder ist bereits diese Aufgabe nahezu unlösbar.

2. Beispiel

Aufgabe							mögliche Lösungen				
52	50	46	40	32	22	?	14	10	8	12	16

Richtige Ergänzung

10

Algorithmus

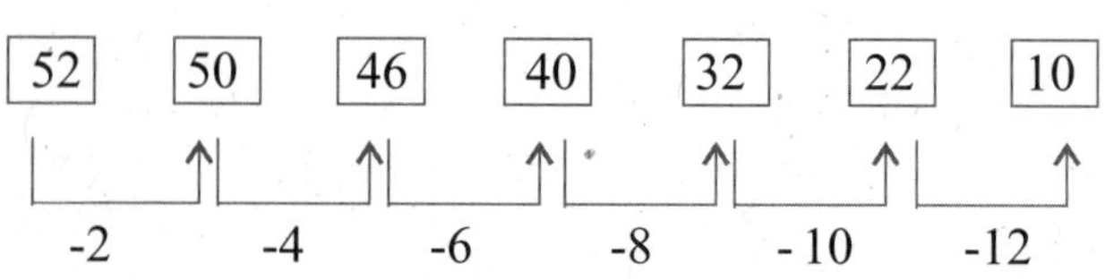

Neben den unter a), b) und c) im 1. Beispiel genannten Fertigkeiten kommt nun hinzu:

d) Das Kind benötigt detaillierte Kenntnisse über das Stellenwertsystem.
e) Das Kind muss von einem „vollen Zehner" eine Zahl subtrahieren können.
f) Das Kind muss von einer zweistelligen Zahl einen „vollen Zehner" subtrahieren können.
g) Das Kind muss erkennen, dass die Differenz zwischen den aufeinander folgenden Zahlen von Schritt zu Schritt um 2 wächst. Es muss also gleichzeitig jeweils 2 zum Subtrahenden addieren oder es beherrscht die 2er-Reihe des kleinen Einmaleins.

BLOCK II

3. Beispiel

Aufgabe

4	6	5	9	6	12	?

mögliche Lösungen

8	6	5	7	10

Richtige Ergänzung

7

Algorithmus

4	6	5	9	6	12	7

+2 -1 +4 -3 +6 -5

Jetzt wird die Sache schon etwas „kniffeliger"! Wie beim 1. Beispiel müssen alle Fertigkeiten von a) bis d) sicher ausgebildet sein. Erschwerend kommt hinzu:

e) Das Kind muss erkennen, dass der Summand jeweils alternierend zur Subtraktion um 2 anwächst bzw. dass es sich hier um die gerade Zahlenreihe handelt. Für den Subtrahenden gilt das Gleiche, nur dass es sich um die ungerade Zahlenreihe handelt.
f) Das Kind muss einen Zehnerübergang (12 - 5) bewältigen.

4. Beispiel

Aufgabe

4	3	6	5	10	9	?

mögliche Lösungen

12	10	18	15	24

Richtige Ergänzung

18

Algorithmus

4	3	6	5	10	9	18

-1 x2 -1 x2 -1 x2

Zu den bereits beschriebenen grundlegenden Fertigkeiten tritt nun hinzu:

a) Das Kind muss Verdopplungen erkennen und selber durchführen können.
b) Das Kind muss erkennen, dass sich die Subtraktion um 1 mit der Verdopplung des Werts der entstehenden Differenz abwechselt.

BLOCK III - DAS FINALE

Bei den letzten sieben Zahlenfolgen gerät auch so mancher Erwachsene ins Grübeln.

5. Beispiel

Aufgabe

24	12	10	20	10	8	?

mögliche Lösungen

10	6	12	18	16

Richtige Ergänzung

16

Algorithmus

24	12	10	20	10	8	16
:2	-2	x2	:2	-2	x2	

Zusätzliche mathematische Fertigkeiten:

a) Das Kind muss Halbierungen erkennen und durchführen können.
b) Das Kind benötigt ein korrektes Operationsverständnis der Subtraktion, Division und Multiplikation.
c) Das Kind muss den sich verdoppelnden Wechsel der Rechenarten mit der gleichen Zahl erkennen und die letzte Rechnung korrekt als Multplikation mit der 2 durchführen.

6. Beispiel

Aufgabe

1	4	8	24	27	54	?

mögliche Lösungen

62	56	60	108	45

Richtige Ergänzung

56

Algorithmus

1	4	8	24	27	54	56
x4	+4	x3	+3	x2	+2	

a) Das Kind muss erkennen, dass sich hier jeweils eine Multiplikation mit einer Addition abwechselt.
b) Das Kind muss analysiert haben, dass sich nach zwei Rechenschritten sowohl der Faktor als auch nachfolgend der Summand um 1 verringert.

c) Das Kind muss die 8er-Reihe beherrschen.
d) Das Kind muss die Zahl 27 verdoppeln können.

Dies war eine kleine Kostprobe aus dem Zahlenfolgentest des CFT 20 - sechs von insgesamt 21 Aufgabenstellungen! Man erinnere sich an die in diesem Buch beschriebenen mathematischen Probleme rechenschwacher Kinder und Jugendlicher: Welches rechenschwache Kind hat hier auch nur die Spur einer Chance? Aus unseren Erfahrungen aus Fortbildungsveranstaltungen an weiterführenden Schulen möchten wir sogar einen Schritt weitergehen: Selbst ganz „normale" Fünft- und Sechst-Klässler kommen bei den vorgestellten Aufgabenbeispielen ganz gewaltig ins Rotieren.

Was soll ein solcher Test, wenn aufgrund der Anamnese bereits klar ist, dass das Kind erhebliche Probleme beim Rechnen hat? Warum werden rechenschwache Kinder mit solchen Zahlenfolgen konfrontiert, wenn von vornherein schon feststeht, dass das Kind die Aufgaben nicht lösen kann? Trotz allem werden die Ergebnisse in den zu ermittelnden Durchschnitts-IQ eines Kindes eingerechnet. Dass der dann gewaltig in den Keller gehen kann, dürfte wohl auf der Hand liegen.

Und „irgendwie" soll dieses Verfahren eigentlich auch dazu dienen, adäquate Fördermaßnahmen aus den Ergebnissen abzuleiten (z. B. wenn er zur Überprüfung eines „sonderpädagogischen Förderbedarfs" eingesetzt wird oder wenn entschieden werden soll, ob eine lerntherapeutische Intervention anzuraten ist). Was weiß nun der Sonderpädagoge, die Lehrkraft oder auch der Lerntherapeut des Kindes, was ihm weiterhelfen könnte? Das Kind kann offensichtlich nicht rechnen - säuberlich anhand von falschen oder gar keinen Lösungen ausgezählt und hochgerechnet zu einer Zahl namens IQ, die wegen der Rechenschwäche des Kindes sowieso keine Relevanz hat.

Der Zahlenfolgentest bietet also keinerlei Anhaltspunkte dafür, warum das Kind so große Schwierigkeiten beim Rechnen hat, an welchen mathematischen Inhalten eine sinnvolle Förderung ansetzen und wie eine solche Förderung aussehen sollte. Auch was die Analyse von Rechenstrategien und fehlerhaften subjektiven Algorithmen angeht, kann hier nur eines konstatiert werden - Komplettausfall!

Man sollte rechenschwache Kinder nicht noch zusätzlich mit diesem Test belasten. Es wirkt nicht gerade motivierend, wenn ein Kind (besonders wenn es weiß, dass es beispielsweise um die Feststellung einer evtl. Lernbehinderung geht und es deshalb schon mit einer reichlichen Portion Angst ausgestattet in die Testung geht) feststellen muss, dass es mal wieder im Fach Mathematik auf ganzer Linie versagt hat! Kann man das den Kindern wirklich nicht ersparen?

Und ein Letztes sei an dieser Stelle kritisch angemerkt: Der CFT 20 stellt mit all seinen Untertests den Anspruch, ein Maß für die angeblich zugrunde liegende Denkfähigkeit zu ermitteln. Was er in seinem Untertest „Zahlenfolgen" aber prüft, sind ausnahmslos mathematische Fertigkeiten und Einsichten, die wir bereits in den einzelnen Beispielen kurz charakterisiert haben. Dass diese bei rechenschwachen Kindern nicht vorhanden sind, das weiß man schon vorher.

8.4 Der Zareki

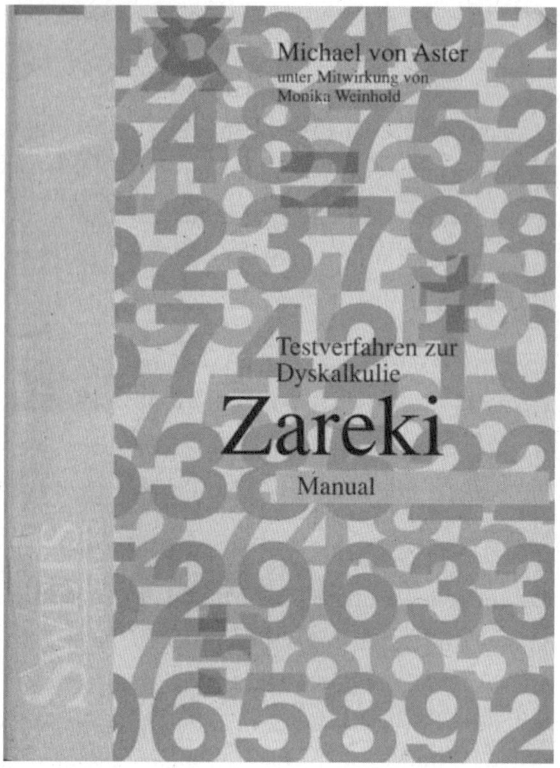

Basale Störungen - Ursache für die Probleme in Mathematik?

Um Kinder mit grundlegenden Problemen im Rechenerwerb erfolgreich therapieren zu können, zeigt sich in der Praxis immer wieder die immense Bedeutung einer Diagnostik der Ursachen. Da die diagnostische Analyse für eine zielgerichtete Aufarbeitung des vorliegenden mathematischen Unverständnisses nachhaltige Konsequenzen hat, soll die Qualität des ZAREKI-Testverfahrens von Michael von Aster für die Rekonstruktion der Lernausgangssituation dieser Kinder und ihrer subjektiven Lösungsstrategien untersucht werden, weil es sich explizit dem Gegenstand Dyskalkulie zuwendet, während andere Diagnoseinstrumente basale Störungen thematisieren.

In der Fachliteratur häufig genannte Ursachen für ein Versagen in Mathematik sind:

- Schwierigkeiten bei der visuell-räumlichen Wahrnehmung
- Schwierigkeiten bei taktil-kinästhetischen Aufgabenstellungen
- Schwierigkeiten in der auditiv-sprachlichen Verarbeitung
- internalisierte psychische Störungen
- Rechtshemisphärische bzw. Linkshemisphärische Reifungsdefizite

Bei allen Unterschieden in der jeweiligen Schwerpunktsetzung und Herangehensweise münden diese Diagnose- und damit auch die Förderprogramme der basalen Störungen vielfach in der Suche nach Gründen außerhalb der Mathematik, also außerhalb des Gegenstandes, an dem die Kinder gescheitert sind. Die systematische Verwechslung dieser Tests und Therapiemaßnahmen besteht darin, Bedingungen des Lernens mit richtigen Kenntnissen über den Lerngegenstand gleichzusetzen. Jemand, der das Rechnen grundlegend missverstanden hat, verliert seine Irrtümer, die aufgelaufenen Missverständnisse, nicht durch die Erweiterung seiner basalen Fähigkeiten.(1) Das Kind hat ja auch nicht nichts verstanden, sondern hat sich falsches Wissen, eine subjektive Logik zur Mathematik angeeignet.

Den nahegelegten Schluss, mit der Beseitigung der basalen Störungen (als Störquelle) seien auch schon die Stoffgebiete der Mathematik erfolgreich angeeignet, halten wir für verkehrt. Die mathematischen

(1) Es ist das Eine, bei einem Kind z. B. eine unausgeprägte Seitigkeit festzustellen - es orientiert sich mal, wie die Norm es will, von links nach rechts und mal umgekehrt - und damit die größeren Schwierigkeiten dieses Kindes, bestimmte mathematische Sachverhalte nachzuvollziehen, aufzuzeigen. Etwas Anderes ist es, wenn aus der Tatsache, dass das Kind Probleme mit der Seitigkeit hat, der Grund für das Unverständnis z. B. von Subtraktionsaufgaben abgeleitet wird. Für das Verständnis der Subtraktion muss die Kenntnis mathematischer Inhalte vorliegen, wie der Zusammenhang zwischen Subtraktion und Addition als inverses Verhältnis; das Verhältnis von Teil/Teil/Ganzes zueinander; die Reflexion der Bestimmung der einzelnen Teile einer Subtraktionsaufgabe: Minuend, Subtrahend und Wert der Differenz. Die sichere Wahrnehmung der Struktur einer Aufgabe gelingt, wenn ein Wissen darüber vorhanden ist, worauf zu achten ist. Erst dann kann ein Kind ein angemessenes Konzept von der Mengenstruktur einer Subtraktionsoperation entwickeln. Es ist verfehlt, Defizite im Verständnis der Subtraktion als Wahrnehmungsprobleme auszumachen bzw. als Probleme mit der Seitigkeit zu definieren.

Einsichten müssen immer noch erst entwickelt werden.

„Ein Beispiel für die weitere Entwicklung der Ausführungen von Laschkowski, das folgende Zitat, ist aus dem Kontext der Betrachtung der Grobmotorik genommen:

‚Der enge Zusammenhang zwischen Motorik und allgemeiner Entwicklung wurde in der Wissenschaft überzeugend bewiesen. (...) Das bedeutet für unsere Fragestellung, daß rechenschwache Kinder häufiger durch motorische Defizite in der frühen Kindheit auffallen. Der Zusammenhang ist plausibel: Handlungen und Bewegungen werden beim Rechnen verinnerlicht. Auffälligkeiten, zum Beispiel im Sport oder in der Pause, sollte nachgegangen werden'.

‚Die generelle Schlussfolgerung, daß durch Förderung der Motorik eine Rechenschwäche behoben werden kann, ist jedoch nicht zulässig. Schulsonderturnen oder Ergotherapie können die Voraussetzungen für Fortschritte in Mathematik verbessern.' (Laschkowski 1994, S. 45f)

Es gibt also Voraussetzungen der Fortschritte in Mathematik, deren Förderung die Voraussetzungen für Fortschritte in Mathematik verbessert: Wie kommt man auf diesem Weg zu Fortschritten in Mathematik?

Die Aussage über den Zusammenhang zwischen Rechnen und Motorik ist typisch für Aussagen dieser Art, in denen zwischen ‚basalen' Fähigkeiten und höheren kognitiven Fähigkeiten Beziehungen hergestellt werden: Alles bleibt im Allgemeinen, weder zur Motorik eine fundierte Ausführung, noch dazu, was Handlungen von einfacher Grobmotorik unterscheidet und welcher Aspekt welcher Handlungen dann das mathematische Verständnis ausmacht." ...

„Wenn nach den basalen Ursachen der Rechenschwäche im Kind gefragt wird, ist damit oft die Hoffnung verbunden, eine Maßnahme zur Behebung der Ursache veranlassen zu können, in deren Gefolge die Rechenschwäche dann verschwindet (oder die Hoffnung, eine andere Zuständigkeit für die Behebung der Probleme dieses Kindes auszumachen). Wir haben das Problem am Beispiel der Ausführungen von Laschkowski nur in etwas ironischer Weise behandelt und möchten ergänzen:

Mathematik zu lernen, bedeutet aktive Arbeit des Kindes und zwar Arbeit mit mathematischen Gegenständen und mathematischem Nachdenken über sie. Keine andere Übung kann diese Arbeit ersetzen." (1)

ZAREKI- Testverfahren zur Dyskalkulie

Die theoretischen Grundlagen

Auch Michael von Aster problematisiert die oben genannten *„syndromatischen Konzepte"* (ZAREKI, S. 7) und begründet sein Testverfahren damit, dass Belege für die Kausalität dieser Defizite zu den Lernschwierigkeiten in Mathematik nicht erbracht sind, ebenso wenig wie *„Belege für die Wirksamkeit solcher Therapiemaßnahmen in Hinblick auf schulische Lernstörungen ..."* (ebenda). Der Autor weist darauf hin, dass viele Kinder den links- bzw. rechtshemisphärischen Merkmalen der beiden Subtypen nicht zuzuordnen sind. *„Es scheint also, dass die Annahme von Reifungsdefiziten entweder links- oder rechtshemisphärisch lateralisierter Basisfunktionen zur Erklärung von Teilleistungsstörungen im Rechnen nicht ausreicht"* (ebenda).

(1) Gerster/Schultz 2000, S. 220 f

Für von Aster ist dieses Ergebnis der Auftakt, *„die modulare Architektur der kognitiven Zahlenverarbeitung bei Erwachsenen“* (ZAREKI, S. 8) genauer zu analysieren, um anschließend dem Entwicklungsprozess dieses Systems, seiner Heranreifung im Kindesalter auf die Spur zu kommen. Diese Untersuchung mündet in *„Ein kognitiv-neuropsychologisches Modell der Entwicklung von zahlverarbeitenden Fertigkeiten“* (ebenda, S. 13).

Bei der Untersuchung der kognitiven Zahlenverarbeitung geht von Aster davon aus, dass bei der Zahlverarbeitung im Gehirn unterschiedliche Regionen je nach dem mathematischen Aspekt der Aufgabe aktiv sind. Er bezieht sich auf Untersuchungen von Dehaene et al. 1999. Ergebnisse experimentalpsychologischer Untersuchungen und Untersuchungen mit erwachsenen Patienten mit Hirnschädigungen weisen auf die Existenz dreier Module hin, die *„je nach den speziellen Erfordernissen einer Aufgabe aktiviert werden“* (ebenda, S. 9).

„Diese drei Module sind primär dadurch charakterisiert, dass in ihnen die Zahlen in jeweils unterschiedlichen Kodierungen repräsentiert sind. Jede dieser Kodierungen wird für jeweils andere numerische Funktionen benötigt“ (ebenda, S. 8).

In beiden Hemisphären ist die eigentliche *„größen- und mengenmäßige Bedeutung“* (ebenda, S. 9) zu lokalisieren, in der linken Hemisphäre *„ist die Zahl als hör- und alphabetisch les- und schreibbares Zahlwort repräsentiert“* (ebenda), während sich das dritte Modul, das *„arabische Notationssystem“*, (ebenda) wieder in beiden Hemisphären befindet.

Die Schlussfolgerung von Asters aus diesen Untersuchungen ist: *„Diese Ergebnisse lassen erkennen, dass bei erwachsenen Menschen ein modular gegliedertes und über beide Hemisphären verzweigtes System für die Verarbeitung und den Gebrauch von Zahlen zuständig ist, welches im Kindesalter heranreift“* (ebenda).

Folgt man den Ausführungen von Asters, bleibt an dieser Stelle die Frage: Wofür ist diese Erkenntnis wichtig bzw. was folgt aus diesem Ansatz?

Einerseits will sich von Aster damit gegen eine Trennung der Konzepte von Lateralität und Modularität wenden, andererseits ist der Hinweis auf einen Reifungsprozess auch die Zuschreibung, dass vorhandene Defizite ihre Ursache in einer gestörten Entwicklung des Kindes haben. Die Schlussfolgerung von Asters unterstellt geistige Entwicklungsnotwendigkeiten beim Kind. (1) „Heranreifen“ meint einen quasi naturgegebenen Prozess, dessen Entwicklungsgesetzmäßigkeiten einem inneren Mechanismus folgen. Fehler in der Entwicklung, als Rückstand begrifflich später im Stufenmodell vorgesehen, bedürfen keiner eigenen Begründung mehr. (2) Aus diesem Gedanken folgt, sich auf die Suche nach der gestörten „Phase“ zu machen, um die Störung zu beseitigen.

---

(1) Die Entwicklung eines adäquaten Zahlverständnisses und der entsprechenden Rechenfähigkeiten ist jedoch nicht identisch damit, wie man auf sie kommt. Alle mathematischen Bestimmungen sind Schlussfolgerungen, die man richtiger- oder fälschlicherweise aus der Beurteilung des mathematischen Gegenstandes zieht. Von Aster trennt hier nicht zwischen Subjekt und Objekt eines Erkenntnisprozesses. Dieser Fehler findet seine Ausformulierung im Modell „Entwicklungsdynamik zahlenverarbeitender Hirnfunktionen“.

Es sei an dieser Stelle auch daran erinnert, dass Mathematik eine Erfindung des Menschen ist. Das Zehnersystem, an dem rechenschwache Kinder scheitern, ist ein Konstrukt, das vor 500 Jahren in Europa aus dem Arabischen eingeführt wurde. Es ist ausgeschlossen, dass die Kenntnis vom Dezimalsystem selbst bei einem „normal“ entwickelten Kind „heranreift“.

(2) Daher sucht man im Testteil auch vergeblich nach einer Fehleranalyse im Sinne von: Folgendes Missverständnis beim Kind liegt dem vorgetragenen Ergebnis zu Grunde.

Mit dieser Betrachtungsweise ist von Asters Fazit von einem zirkulären Schluss geprägt: Ein Rechenfehler ist eine Störung oder Schwäche, die zugleich als dessen Ursache konstituiert wird. Der Begründungszusammenhang hat seinen „Beweis" einzig in seiner Behauptung.

Um den Aufbau von Wissen zu skizzieren, greift von Aster auf die Intelligenztheorie von Anderson 1992 zurück, da sie sich seines Erachtens eignet, die *„Konzepte über Störungen lateralisierter Basisfunktionen einerseits und Störungen der Modularität andererseits zu integrieren"* (ZAREKI, S. 10).

Nach Anderson besteht eine Wechselbeziehung zwischen Denken und Wissen: der Entwicklungsprozess eines neuen Moduls (1) ist mit der Entwicklung neuer Repräsentationsformen verbunden. Mit diesen stehen wiederum neue Werkzeuge des Denkens zur Verfügung. Für von Aster ergibt sich hier ein wichtiger Hinweis auf die Ursache von Teilleistungsstörungen, deren Entstehung darin gesehen werden könnte, *„dass die häufig anzutreffenden basalen Lernschwächen also Schwächen im Bereich des einen oder anderen spezifischen Prozessors (rechts- oder linkshemisphärische Verarbeitungsdefizite) die Reifung kognitiver Module für einzelne Komponenten der Zahlen- und Schriftsprachverarbeitung behindern"* (ebenda, S. 12).

Den Mangel, den von Aster eingangs an den bisherigen Konzepten zur Beseitigung einer Rechenstörung festgehalten hat, den Gegensatz von Lateralität und Modularität, findet er in diesem Konzept der Informationsverarbeitung aufgehoben.

Dies mag sein. Fraglich ist aber erstens, ob diese Feststellung Aufklärung über individuelle mathematische Fehler bringen kann? **Zweitens beschreibt von Aster hier lediglich Voraussetzungen des Denkens, was nicht zu verwechseln ist mit der Entwicklung bestimmter Gedankeninhalte.** Die Abspeicherung und damit auch die Aktivierung von Informationen ist neutraler Natur, d. h. es findet keine Unterscheidung zwischen fehlerhaften und korrekten, der Sache angemessenen Erkenntnissen statt. Insofern wird ein Gedanke verankert, gleichgültig gegen seine richtige oder falsche Natur, bezogen auf den vorliegenden Sachverhalt. In diesem Sinne hat jeder Gedanke Einfluss auf die Wissensbildung des Individuums. Ein Urteil über die Angemessenheit eines Gedankens zu fällen, ist keine Funktion des Gehirns. **Daraus folgt, dass ein korrekter Rechenvorgang keine abhängige Variable von physischen oder psychischen Voraussetzungen ist.**

Auf Grundlage der „Verarbeitungsstufen" beim Wissenserwerb, ergibt sich für von Aster *„die Frage, unter welchen Einflüssen und zu welchem Zeitpunkt sich diese funktionellen Module und ihre wechselseitigen Verknüpfungen entwickeln"* (ebenda, S. 13), um Erkenntnisse für ein Testverfahren zu gewinnen, das bei Kindern mit Problemen im Fach Mathematik Aufschluss über deren Entwicklungsstand geben kann.

Ein Netzwerk aus genetischen Prädispositionen, spezifischen Umwelteinflüssen und Lernerfahrungen und einer Verknüpfung von Modulen mit benachbarten Modulen hat nach von Aster Einfluss auf die mathematische Entwicklung. Die im ZAREKI dargestellte Abbildung *„veranschaulicht entlang der Zeitachse die Reifung und Ausdifferenzierung der Dehaene'schen Module sowie die genetisch-biologischen und umweltbezogenen Einflüsse"* (ebenda).

Ausgehend von den ZAREKI-Testleistungen skizziert von Aster drei Gruppen von Kindern mit Problemen in der Zahlverarbeitung und interpretiert modulare Reifungsstörungen und mögliche zu

(1) Von Aster erklärt den Begriff der Module in der kognitiven Psychologie wie folgt: *„... eine umschriebene Funktionseinheit (...), die eigenständig und unabhängig von den sonstigen Prozessen des Denkens bestimmte Aufgaben automatisiert und mit großer Geschwindigkeit ausführt"*(ZAREKI, S. 8).

Grunde liegende Ursachen:

Tiefgreifender Subtyp: Ausgeprägte Rechenstörung, LRS-Störung und Verhaltensauffälligkeiten. Vermutet wird, dass sich bei diesen Probanden „*infolge genetischer Belastungen oder frühkindlich bedingter Hirnfunktionsstörungen bereits die vorsprachlichen numerischen Kompetenzen nicht haben angemessen entwickeln können, welche notwendig sind, um zu verstehen, wie und wozu Zahlworte und arithmetische Konzepte überhaupt gebraucht werden*" (ZAREKI, S. 14).

Sprachlicher Subtyp: Gravierende Probleme bei Zahlfertigkeiten und bei Kopfrechenanforderungen. 50% dieser Kinder hatten außerdem Schwierigkeiten im Bereich LRS sowie Aktivitäts- und Aufmerksamkeitsstörungen. Begründet sind diese Defizite vermutlich als Folge von Sprachentwicklungsstörungen oder aber auch Störungen in der Aufmerksamkeit oder dem Arbeitsgedächtnis.

Arabischer Subtyp: Schwierigkeiten bei der Differenzierung von Zahlen in Wort- und Ziffernform. Zahlendreher beim Lesen und/oder beim Verschriften aus sprachlicher Ursache. In dieser Gruppe fanden sich vielfach Kinder, die fremdsprachig oder zweisprachig aufgewachsen waren.

Übertragen auf die Mathematik ist sicher richtig, dass je nach Erkenntnis quantitativer Zusammenhänge Kinder unterschiedliche Schlussfolgerungen in Bezug auf die Mathematik ziehen und sich infolgedessen „andere" Defizite bzw. keine Defizite bei ihnen entwickeln. **Ein kognitiv-neuropsychologisches Modell hält jedoch ein Entwicklungsresultat fest und kann darüber hinaus keinen erklärenden Gedanken beitragen, der einen notwendigen Entstehungsgrund liefert - außer den einer Störung.** Fehler werden in dieser Terminologie negativ als Rückstand definiert. Dazu sei anzumerken, dass die Entwicklung des (mathematischen) Denkens bei keinem Menschen frei von Widersprüchen ist. „*Dabei ist es kein Gegensatz, daß über Irrtümer auch gelernt wird, nur kommt es auf ihre Überwindung gerade an .... (...) Ein bestimmter Fehler hat positive Gründe und ist darin ebenso positive geistige (logische) Tätigkeit wie ein logisch richtiger Gedanke (...). Der Fehler ist auch genauso logisch wie der richtige Gedanke, er wird nur dem Begriff der Sache wie sie objektiv ist nicht gerecht*" (Steeg 1996, S. 46f).

Welche Erkenntnis liefert nun das ZAREKI-Testverfahren auf der Basis eines kognitiv-neuropsychologischen Modells der Entwicklung numerischer Fertigkeiten für die Arbeit mit Kindern, deren Defizite im mathematischen Verständnis liegen gegenüber den eingangs genannten Diagnoseverfahren?

Überprüfung der rechnerischen Fertigkeiten nach ZAREKI

Bei allen bisher formulierten Einwänden bleibt festzuhalten, dass sich der „ZAREKI" zunächst einmal positiv aus den gängigen Testverfahren hervorhebt, da er ein Testverfahren zur Dyskalkulie ist, das das Ziel hat, „*qualitative und quantitative Einblicke in wesentliche Aspekte der Zahlenverarbeitung und des Rechnens bei Grundschulkindern zu ermöglichen, ...*" (ZAREKI, S. 16). Die Testdurchführung unterliegt keinem Zeitlimit.

Das Testverfahren ist in mehrere Untertests untergliedert, die für sich genommen einen bestimmten Fertigkeitsbereich prüfen sollen. (1)

(1) Als Grundlage dient eine „von Deloche 1995 entwickelte Akalkuliebatterie für Erwachsene EC 301" (ZAREKI, S. 16).

„Aus der Vielfalt der gebräuchlichen Kontexte und Kodierungen, in denen Zahlen gebraucht werden, resultiert, dass jegliche Untersuchung in Bezug auf rechnerische Fertigkeiten und Zahlenverarbeitung notgedrungen mehrere Tests enthalten muss, die jeweils einen besonderen Aspekt des numerischen und arithmetischen Bereichs taxieren sollten“ (ZAREKI, S. 16).

Im Untertest 1 findet sich die Prüfung des Zahlverständnisses wieder. Dem Probanden werden Vorlagen mit schwarzen Punkten präsentiert, die von ihm gezählt und synchron dazu mit dem Finger berührt werden sollen. *„Anschließend soll das Kind das Resultat der Zählung (Kardinalzahl) auf einem Antwortblatt in Ziffern aufschreiben“* (ebenda, S. 17). Für die Auswertung werden u. a. vier Komponenten bewertet. *„Die vierte Komponente integriert das Kardinalitätsprinzip und das Umwandeln des Resultats aus der mündlichen Form in die schriftliche Ziffernform“* (ebenda). Als Bewertung finden sich dann folgende Beobachtungen: Gelingt das mündliche Zählen, gelingt Übereinstimmung zwischen Zeigen und mündlichem Zählen, werden alle Punkte nur einmal gezählt, stimmen Verschriftung der Zahl und Nennung der Zahl überein?

Diese vier Punkte lassen sich anhand des vorgegebenen Materials tatsächlich auswerten. Außerdem wird deutlich, ob ein Kind, bei einer ungeordneten Menge von 18 Punkten, die auch ein verständiger Rechner nicht simultan, sondern nur zählend erfassen kann, über genügend systematische Ordnung und Disziplin verfügt, um die Mächtigkeit korrekt zu bestimmen. Für die Prüfung des kardinalen Verständnisses einer Zahl ist das Material dagegen nicht geeignet. Für den Autor stellt sich nicht die Frage, ob mit der Nennung der letzten richtigen Abzählzahl tatsächlich das Fundament für einen kardinalen Zahlbegriff gegeben ist. Der kardinale Zahlbegriff beinhaltet das Verständnis von der Zahl als Inklusion der ganzen Menge und umfasst damit alle Elemente dieser Menge. Die beschriebene Testung lässt offen, ob das Kind beim Zählen den nominalen, den ordinalen oder den kardinalen Zahlbegriff anwendet.

Lediglich eine 1zu1-Zuordnung einer auswendig gelernten Zahlwortreihe mit den Fingern. Das können nahezu alle rechenschwachen Kinder. Abzählen ist ihre Spezialität!

Gerade der Akt des Zählens kann über das Verständnis des kardinalen Zahlbegriffs keinen Aufschluss geben. Diesem kommt in der arithmetischen Einsicht jedoch eine besondere Gewichtung zu, da alle Rechenoperationen Veränderungen bzw. Vergleiche von Mengen/ Anzahlen sind.

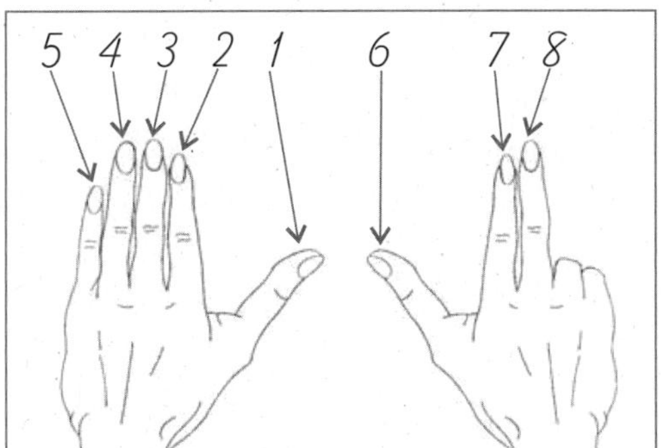

Die 8 ordinal als eine Position erfasst. Der achte Finger wird gleichgesetzt mit der Anzahl 8.

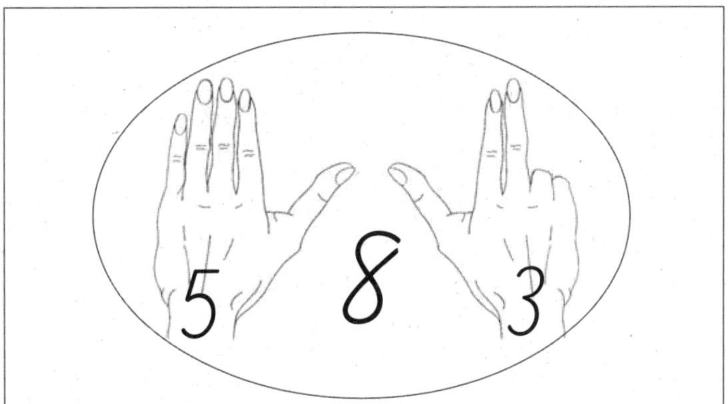

Die 8 kardinal erfasst - als Gesamtheit aller Finger bestehend aus den Teilmengen 5 und 3.

Im Untertest 2 soll die Fertigkeit, mündlich rückwärts zu zählen, überprüft werden, denn *„das Rückwärtszählen ist also gewissermaßen eine Voraussetzung für das Subtrahieren."* (ZAREKI, S. 18).

Das Verständnis der Subtraktion setzt den Operatoraspekt einer Zahl voraus - hier die Funktion der Zahl als Subtrahend, weiter die Kenntnis von der Differenz von Anzahlen und das Operationsverständnis der Exklusion einer Teilmenge aus einer Gesamtmenge mit dem Zweck der Bestimmung des Werts der Differenz. All dieses findet seinen Ausdruck nicht im Rückwärtszählen. Gerade Kinder mit Schwierigkeiten in Mathematik scheitern in der Praxis häufig daran, dass sie Rückwärtszählen mit Subtrahieren verwechseln. Ihre verfestigte Ansicht vom Rechnen als reines Zählen macht ihnen das Begreifen der Rechenoperationen als spezifische Veränderungen von Mengenkonstellationen unmöglich und verhindert, dass das jeweils zu Grunde liegende Teil/Ganze-Schema erkannt wird. Damit bleibt ihnen auch der Aspekt der Subtraktion als Umkehrung der Addition verschlossen.

Zählenkönnen ist eine Voraussetzung zur Bestimmung von Anzahlen und Reihenfolgen. Als Voraussetzung für das Subtrahieren kommt das Rückwärtszählen nur dann in Frage, wenn das Kind kein Operationsverständnis entwickelt hat und eben **nur** zählen kann!

Der Untertest 4 bezieht sich dagegen unmittelbar auf Mengenoperationen als additives und subtraktives Kopfrechnen. Es werden Aufgaben unterschiedlicher Schwierigkeit gestellt. Für die Auswertung gibt es die Kriterien: korrekte Antwort, korrekte Antwort nach Wiederholung und falsche oder keine Antwort.

Wie der Proband die Aufgaben löst, sowohl bei richtigen wie auch bei falschen Ergebnissen, ist nicht Interesse der Testung. Dies würde auch einer Auswertung in Form von Punktewerten widersprechen, da hier gerade die individuellen und damit nicht vergleichbaren Algorithmen in Augenschein genommen werden. (1)

In den Untertests 3 „Zahlenschreiben" und 5 „Zahlenlesen" können die Probanden auf Anforderungen stoßen, denen sie im Rahmen des Schulstoffes noch nicht begegnet sind. Obwohl die Aufgaben im Test für den entsprechenden Altersbereich normiert wurden, *„können Kinder, die sich im mathematischen Anfangsunterricht befinden, auch bei dieser Prüfung auf einige Items treffen, die sie aufgrund der zu diesem Zeitpunkt möglicherweise noch nicht unterrichteten Inhalte nicht richtig lösen können (Zahlen über 20 bzw. über 100). In diesem Fall werden die Kinder aufgefordert, sich trotzdem '... einmal vorzustellen, wie die Zahl denn aussehen könnte'. Sie dürfen also raten"* (ebenda, S. 19). Ziel dieser Maßnahme ist es, eine einheitliche Testdurchführung zu gewährleisten und einen Einblick in Problemlösungsversuche von jüngeren Kindern zu ermöglichen, die in diesem Gebiet über ein noch unzureichendes Wissen verfügen.

Die Testanweisung für Untertest 5 lautet : *„Wenn Du erkennst, dass Du eine Zahl noch nicht weisst, weil Du sie in der Schule noch nicht gelernt hast, dann sag mir einfach, wie Du glaubst, dass die Zahl heissen könnte"* (ebenda, S. 20).

Welchen Erkenntniswert bringt dieser „Einblick in Problemlösungsversuche" für die Arbeit mit rechenschwachen Kindern?

(1) Für den Mathematiker stellt sich in diesem Untertest außerdem die Frage, welches Verständnis von der Subtraktion von Aster selbst hat, wenn er darauf hinweist, dass sich die gestellten Subtraktionsaufgaben in ihren Schwierigkeiten u. a. in der *„Größe der Summe von Subtrahend und Minuend"* unterscheiden (ZAREKI, Seite 20). Da der Subtrahend Teil des Minuenden ist, ergeben sich die Schwierigkeiten in der Bestimmung des Wertes der Differenz als weitere Teilgröße des Minuenden. Wenn hier von einer *Summe* gesprochen werden kann, dann von der des Subtrahenden und des Werts der Differenz, die den Minuenden ergeben muss.

Im Übergang 3./4. Klasse lassen sich Erkenntnisse gewinnen, ob ein Kind sein Wissen über das dekadische Zahlensystem in die Zukunft verlängern kann, d. h. auf ihm noch unbekannte Stellenwerte analog übertragen kann. Dieser Stoff muss dann im günstigsten Fall in der Schule diesem Kind nicht mehr vermittelt werden. Das Kind hat die Übertragung selbst hergestellt.

Da hier auch die Zahlen über 20 angesprochen werden, gilt das Prinzip auch für den Übergang 1./2. Klasse. Diese Kinder haben in der Regel die Analogie des Stellenwertsystems noch gar nicht vermittelt bekommen (siehe auch Kapitel 5.4, Der Zehnerübergang im Schuljahr 2002/2003). Es bleibt ihnen nichts übrig als zu raten! Welcher Erkenntniswert lässt sich hier gewinnen, wenn die mathematische Differenz zwischen Zahl, Ziffer und Stelle noch nicht thematisiert wurde?

Das Klientel der Diagnostik sind gerade Kinder, die Schwierigkeiten in Mathematik bei dem bereits hinter ihnen liegenden bzw. aktuellen Schulstoff haben. Sie entwickeln Idiosynkrasien, mit denen sie die an sie gestellten Anforderungen zu bewältigen versuchen. Die Überprüfung, ob sie diese auf Stoffgebiete der Mathematik übertragen, die ihnen bisher noch nicht vorstellig gemacht wurden, bzw. ob sie an dieser Stelle der Diagnostik vollständig überfordert sind, kann allen Beteiligten erspart bleiben. Für die Therapie ist dies unerheblich, da hier gerade die Fundamente neu zu schaffen sind, um dann auf den richtigen Voraussetzungen die aufbauenden Segmente zu erarbeiten. **Ein Verständnis leitet sich nicht automatisch ab. Jeder neue Gedanken hat seine Eigenarten und muss mit den notwendigen Mühen erschlossen werden.**

Untertest 6 ist *„die Prüfung des analogen Zahlenverständnisses durch Zuordnen von Zahlen zu einer räumlich analogen Position (vgl. Dehaene, 1992)*“ (ZAREKI, S. 21). Dazu soll das Kind auf einer Linie, die von 0 bis 100 reicht, den Querstrich herausfinden, der beispielsweise zu der Zahl 86 passt. Vier Querstriche sind dafür zwischen 0 und 100 vorgegeben.

Da der Autor selbst keine weiteren Ausführungen macht, bleibt offen, was mit der Terminologie „analoges Zahlverständnis“ gemeint ist. Wir fassen sie auf als die Übertragung des Zahlbegriffs auf eine Anwendung von Zahlwissen, als die Darstellung von Zahlen als Längen. Die „räumlich analogen Positionen“ ergeben sich aus den unterschiedlichen Längen der dargestellten Zahlen.

Um die Aufgabe, wie sie hier gestellt ist - als offener Zahlenstrahl, zielgerichtet zu bearbeiten, sind drei Dinge vorausgesetzt: In diesem Zusammenhang muss die Eins als genormte, dimensionierte Größe (Länge) verstanden sein. Zweitens ist das Wissen unterstellt, dass alle Zahlen Vielfache dieser Länge sind. Des Weiteren bedarf die Arbeit mit dem vorgegebenen Zahlenstrahl der Kenntnis der Raumlage einer Zahl auf dem Zahlenstrahl und damit Einsichten bezüglich der Multiplikation und der Division. Ein richtiges Vorgehen setzt also eine ganze Reihe von Wissen voraus. Da die Bewertung sich auf „korrekte Zuordnung“ und „falsche oder keine Zuordnung“ beschränkt, bleibt offen an welcher Voraussetzung das Kind im zweiten Fall gescheitert ist.

Ob von Aster den offenen Zahlenstrahl als eine **Anwendung** von Zahlwissen (Zahlen als Längen) oder als Zahlwissen selbst (Zahlen sind Längen) versteht, ist seinen Ausführungen nicht zu entnehmen. Letzteres ist stark zu vermuten, da von Aster gerade den Zahlenstrahl als Modell, als adäquates Vorstellungsbild für die mengenmäßige Bedeutung von Zahlen favorisiert. *„Die Zahl ist hier gemäss Dehaene als ein ungefährer Ort*“, (also durchweg ordinal bzw. als Position, Anm. d. Verf.), *„auf einem innerlich visualisierbaren, räumlich konfigurierten Zahlenstrahl repräsentiert, der durch 10er-, 100er-, 1000er- ... Marken gegliedert ist (Seron et al., 1992)*“ (ebenda, S. 9).

An dieser Stelle soll nicht das Zahlvorstellungsmodell von Dehaene begutachtet werden, es sei hier nur der oben genannte Einwand formuliert, denn ein Diagnostiker muss sich Klarheit darüber verschaffen, welchen mathematischen Gegenstand er mit der jeweiligen Testvorgabe bewertet.

Abschließend sei noch der Untertest 7 betrachtet. Dessen Aufgabenstellung soll nach von Aster *„über die Entschlüsselung vorgegebener Zahlworte das Verständnis der Bedeutung von Zahlen in Hinblick auf ihre Grössenbeziehungen prüfen“* (ZAREKI, S. 21). Das Kind wird dazu gebeten, die größere von zwei mündlich genannten Zahlen zu bestimmen.

Bei den vorgegebenen Zahlen wird auf jeden Fall das auditive Differenzierungsvermögen wie auch die Sicherheit in der Übertragung von gesprochener Zahl zu der Reihung der Ziffern in den jeweiligen Stellenwerten getestet. Offen bleibt auch hier, inwieweit das Kind tatsächliche Anzahlen miteinander vergleicht. Die Gleichsetzung von „größer“ und „mehr an Menge“ ist keine notwendige Voraussetzung, um die vorgegebene Aufgabenstellung korrekt zu beantworten. Hierfür reicht ein Verständnis von „größer“ als „später“ für die in der Zahlwortreihe befindliche Zahl.

Dies wird in vielen diagnostischen Interviews deutlich: Fragt man rechenschwache Kinder, welche Zahl denn größer ist, die Sieben oder die Drei, so kommt es in aller Regel immer zur richtigen Lösung, nämlich sieben. Fragt man weiter: „Warum ist die Sieben denn größer als die Drei?”, antworten viele Kinder: „Weil die Sieben nach der Drei kommt!“ Viele Pädagogen, aber insbesondere die Eltern rechenschwacher Kinder geben sich mit dieser Begründung zufrieden, obwohl sie im oben angesprochenen Zusammenhang sehr verräterisch sein kann. Das Wort „sieben“ kommt beim Zählen eben später als das Wort „drei“. Stellt man rechenschwachen Kindern die Frage, um wie viel sieben denn größer als drei ist, kommt es entweder zu keiner Antwort oder das Kind antwortet mit „sieben”. Die Frage nach einer Differenz von Zahlen ist eben nur schwer zu beantworten, wenn Zahlen lediglich als auswendig gelernte Wortreihe existieren!

Fazit

Nachdem die Hälfte des Testverfahrens dargelegt wurde, soll an dieser Stelle eine Bilanz gezogen werden, inwieweit der ZAREKI für eine Diagnostik in der Arbeit mit Kindern, die gravierende Probleme im arithmetischen Grundlagenbereich haben, eingesetzt werden kann.

Zunächst ist festzuhalten, dass sich von Aster in seiner Testbatterie, im Gegensatz zu den eingangs beschriebenen Ursachenkomplexen, gezielt mit mathematischen Stoffgebieten beschäftigt.

Der formulierte Anspruch: *„Schließlich sollte das Verfahren einen Einblick in die spezifischen Vorstellungen und Strategien eines Kindes beim Lösen der Aufgabe ermöglichen“* (ebenda, S. 16), wird dagegen nicht eingelöst.

Primär quantitative Einblicke werden mit diesem Diagnoseverfahren ermittelt. Herausgefiltert wird der aktuelle Wissensstand über die Zahlerkennung, über die Zahlwortreihe, über Kenntnisse von Zahlsymbolen und Zahlwörtern, von Kopfrechenaufgaben zur Addition und Subtraktion und über die Anwendung von Zahlwissen beim Zahlenstrahl. Einen Aufschluss über die subjektiven Algorithmen, die das Kind beim Umgang mit Zahlwissen benutzt, erhält der Diagnostiker nicht. Die qualitative Untersuchung der detaillierten Gedankenprozesse des Probanden mit den vorgestellten mathematischen Aspekten kann dieses Verfahren nicht leisten. Insgesamt fällt die Beurteilung des ZAREKI-Testverfahrens als Mittel zur Kenntnisgewinnung über die subjektive Wahrnehmung von Mathematik bei Kindern eher ernüchternd aus.

Standardisierte Testverfahren wie die vorliegende Testbatterie haben in der Regel den Mangel, dass sie rein ergebnisorientiert sind. Sie selektieren korrekte von fehlerhaften Ergebnissen (wie Klassenarbeiten) und quantifizieren diese nach einem feststehenden Auswertungsschlüssel. Das Resultat ist ein Aufschluss darüber, was das Kind an Leistung im Verhältnis zu einer definierten Vergleichsgruppe erbringt.

Aufschluss über die Ursachen der vorhandenen Probleme können mit diesen Tests nicht ermittelt werden. Sie stoßen an ihre Grenzen, wenn es darum geht, die subjektiven Bewältigungsstrategien, das individuelle Fehlverständnis und damit die Quellen des vorliegenden Versagens aufzuspüren. Für eine Lerntherapie bedarf es aber nicht nur eines engagierten Therapeuten und des Willens des Kindes, sich auf den Lerngegenstand zu beziehen, sondern **es bedarf zunächst einmal der differenzierten Fehleranalyse und damit der Bestimmung des Ausgangspunktes des falschen Verständnisses**. Erst dieses bildet die Grundlage für den gezielten Eingriff in ein vorzufindendes Fehlurteil.

Damit wird dieses Verfahren auch dem zweiten Anspruch nicht gerecht „*... (Einblicke) zu ermöglichen, die gleichzeitig Hinweise für eine tiefgreifende explorative Diagnostik und für differentielle Hilfsangebote in Unterricht und Therapie geben können*“ (ZAREKI, S. 16). Für die Behandlung von Dyskalkulie verweist von Aster den Lehrer oder Therapeuten lediglich an die „*entsprechende Leitlinie der deutschen Fachgesellschaften*“ (ebenda, S. 43). Weitere Ausführungen sucht man vergebens.

Für von Aster stellt sich die Frage nach dem aus der Diagnostik resultierenden differenzierten Hilfsangebot/Förderkonzept nicht. Es geht von Aster um die Validität einer Diagnostik, die die Zuschreibung einer Dyskalkulie als behandlungsbedürftige Störung beim Probanden verifiziert bzw. falsifiziert.

Insofern kürzt sich die von ihm formulierte praktische Hilfestellung für Pädagogen und Therapeuten auf die Aussage über das Vorfinden der Rechenstörung beim Schüler/Klienten zusammen. Der Befund auf eine Dyskalkulie ist allerdings eine rein negative Auskunft über die Unfähigkeit des Kindes. Kenntnisse des Probanden, seine verinnerlichten Vorstellungen zu mathematischen Sachverhalten, werden nicht ermittelt. Damit bietet dieses Testverfahren keine Auskunft über die Lernausgangslage des Kindes und konstituiert nicht die für Pädagogen und Therapeuten notwendige Voraussetzung für ein individuelles Förderkonzept.

9 Klassenarbeiten, Benotungen, Zeugnisse

9.1 Fördergrundsatz VII

Eine Note sagt - wenn überhaupt - nur sehr wenig über das dahinter liegende Verständnis der Sache selbst aus. Von „gut" bis „ungenügend" können rechenschwache Kinder alle Noten erreichen. Die Note als einen Indikator für eine erfolgreiche Fördermaßnahme eines Kindes heranzuziehen, birgt die Gefahr, nicht gelöste Probleme in die Sekundarstufe I zu verschieben. Nicht selten geraten so Grundschullehrer in das Kreuzfeuer ihrer Kollegen auf den weiterführenden Schulen.

Umgekehrt sind dauerhaft schlechte Bewertungen im Fach Mathematik ein deutliches Alarmsignal und sollten zu Fördermaßnahmen führen - eigentlich eine Banalität, die nach unseren Erfahrungen leider noch nicht überall umgesetzt wird.

Die Benotung als Entscheidungskriterium für die Wiederholung einer Klasse heranzunehmen, ist immer noch gängige Vorschrift. Was rechenschwache Kinder angeht, so ist der Erfolg einer Klassenwiederholung oder Zurücksetzung äußerst gering, wenn es um die Beseitigung der mathematischen Probleme geht.

Auch einer Aussetzung der Note stehen wir skeptisch gegenüber. Die Notenaussetzung auf Dauer (ggf. während der gesamten Schulzeit), wie sie von manchen Elterninitiativen und Selbsthilfegruppen gefordert wird, hilft dem Kind meist nicht. Deshalb sollte ein solches Vorgehen auf Einzelfälle beschränkt bleiben und nicht reglementiert werden!

Schließlich glauben auch die Kinder selbst, dass die Note das Wichtigste in der Schule ist - und da haben sie in gewisser Weise nicht einmal ganz Unrecht!

9.2 Lernzielkontrolle Klassenarbeit? - eine fehleranalytische Betrachtung

Einleitende Bemerkungen

Die Analyse von schulischen Dokumenten, insbesondere von Klassenarbeiten, hat eine besondere Bedeutung in der lerntherapeutischen Praxis:

Eine fehleranalytische Betrachtung von gerechneten Aufgaben ist eine zusätzliche Informationsquelle, um förderdiagnostisch die Lernausgangslage zu bestimmen.

Des Weiteren ist es für die Zusammenarbeit der Schnittstellen Elternhaus/Schule/Lerntherapeutische Praxis wichtig, Klarheit über die Bedeutung von subjektiven Algorithmen zu schaffen. Im vorgestellten Fall wird sich zeigen, wie sich mathematisches Unverständnis mit befriedigenden Leistungen bis in die 3. Klasse hinein verbindet. Gerade bei Kindern, die von engagierten Eltern betreut werden, lassen sich zwei Beobachtungen machen, die sich ohne inhaltliche Analyse fundamental zu widersprechen scheinen:

1. Die Eltern - in der Regel die Mütter - klagen über die Schwierigkeiten ihres Kindes bei den Hausaufgaben. Die Erledigung der Rechenaufgaben dauert aus ihrer Sicht unverhältnismäßig lange; dem

Kind muss bei jedem Wechsel des Aufgabentyps erneut gesagt werden, welche Methode nun angewandt werden muss, um zum richtigen Ergebnis zu gelangen. Bei der Anwendung der unterschiedlichen „Tricks“ werden immer noch unangemessene „zählende Verfahren“ benutzt.

2. Von Seiten der Schule wird diesen Klagen weitgehend Unverständnis entgegengebracht. Schließlich sind bei engagierten Eltern die Hausarbeiten ihrer Kinder „picobello“; die Leistungen des entsprechenden Kindes liegen durchaus noch in der Norm. Vielleicht ist das Kind „nur etwas langsam“. Die „Erklärung“ der Lehrkraft: Nicht das Kind hat mit dem Rechenerwerb ein Problem, sondern die Eltern mit ihrem übertriebenen Ehrgeiz. Damit eröffnet sich die

3. Dimension dieses Kapitels: Die Früherkennung. Es wird sich zeigen, dass die verkehrten Schuldzuweisungen: „Nervige und überehrgeizige Eltern“ und „ignorante und ahnungslose Lehrer“ weitgehend gegenstandslos werden, wenn a) das Problem des Kindes mit dem aktuellen Stoff bestimmt und b) analysiert wird, welchen Umgang das Kind mit dem gänzlich unverstandenen Stoff pflegt.

Dies soll exemplarisch anhand von Klassenarbeiten, Zeugniskommentaren und zusätzlichen förderdiagnostischen Fragestellungen gezeigt werden.

Klassenarbeiten rechenschwacher Kinder

„*Wenn ein Lehrer eine Klasse »lehrend« unterrichtet, kann er nicht in die Köpfe der Schüler schauen und sehen, was dort vielleicht vorgeht. Er kann auch bei gutem Willen nicht zureichend wahrnehmen, wie der einzelne Schüler vorgeht. Er sieht nicht, warum ein Schüler das oder das tut, welche Strategien er anwendet oder welche schematischen Muster er einsetzt. Das Ergebnis ist: Lehrer sehen, wenn sie hinsehen »Ergebnisse«. Und die werden mit ihren »richtigen« verglichen. Ein richtiges Ergebnis gilt als positive Leistung. Fehler werden als Versagen gewertet, als Nichtkönnen oder Nichtwollen oder als Unaufmerksamkeit interpretiert.*“ (1)

„*Die schulische Leistungsfeststellung erfasst in der Regel nicht das, was ein Schüler kann, welche Strategien er angewendet hat, welche grundsätzlichen oder situativen Schwierigkeiten er hatte, welche situativen Bereitschaften er mobilisierte und in welchem Maße ihm Verantwortung für sein Lernen und seine Lernziele bewusst sind und zugemutet wurden. Das, was im »lehrenden« Unterricht als Leistung gesehen und bewertet wird und auch zur Feststellung von Schulversagen führt, sind bloß Endergebnisse und deren Beurteilung.*“ (2)

Es ist hinzuzufügen, dass teilleistungsschwache Kinder in ihrer Schul-„Karriere“ alle möglichen Noten zustande bringen können. Von „gut“ bis „ungenügend“ sind oft alle Noten möglich, je nachdem, wie die Klassenarbeit konzipiert ist. An den folgenden Klassenarbeiten wird dies überdeutlich.

(1) (2) Aus Begemann 1997, zit. n. Gerster 2002e

Deborahs Klassenarbeit

Klassenarbeit Nr. 1 Datum: 20.10.00

Name: Deborah

1)	257 + 668 = 589 / 925	377 + 358 = 735	658 + 294 = 952	369 + 294 = 663	433 + 369 = 802	5
2)	354 + 128 = 482	438 + 465 = 903	276 + 198 = 474	552 + 377 = 929	420 + 583 = 1003	5
3)	880 − 630 = 250	528 − 216 = 312	789 − 543 = 246	658 − 305 = 353	872 − 761 = 811 / 2	5
4)	714 − 358 = 356	940 − 763 = 177	406 − 178 = 228	824 − 356 = 468	773 − 384 = 389	5

5) Rechne mit dem Malkreuz!

4 · 57 = 228

·	50	7	
4	200	28	
			228

6 · 36 = 86

·	30	6	
6	40 / 50	36	
			86 f

3 · 97 = 51

·	90	7	
3	30	21	
			51

8 · 42 = 66

·	40	2	
8	50	16	
			66

4 ½

6) Rechne auf deinem Weg!

2 · 47 = 34 f   5 · 28 = 50 f

10 · 35 = 8 f   10 · 74 = 110 f

7) Die Strecke von Hamburg nach Berlin ist 267 km lang, die Strecke von Berlin nach Dresden 151 km lang.

~~Frage: Wie lang ist die Strecke von Hamburg nach Dresten?~~ 2
~~Rechnung: Ich rechne 267 km + 151 km~~
~~Antwort: die strecke von Hamburg nach Dresten sind 418 km lang~~

Frage: Wie lang ist die strecke von Hamburg nach Dresten? 2
Rechnung: Ich rechne 267 km + 151 km = 418 km
Antwort: Die strecke von Hamburg nach Dresten sind 151 km

(1)

(1) Klassenarbeit aus der 3. Klasse - Grundschule

Deborah besucht zur Zeit die fünfte Klasse eines Gymnasiums. Ihre Leistungen in anderen Fächern sind gut, teilweise sogar sehr gut. Im Fach Mathematik kommt sie über „ungenügend“ nicht mehr hinaus. Die vorliegende Klassenarbeit ist aus dem dritten Schuljahr des Kindes.

Zur fehleranalytischen Interpretation

Aufgaben Nr. 1 bis Nr. 4

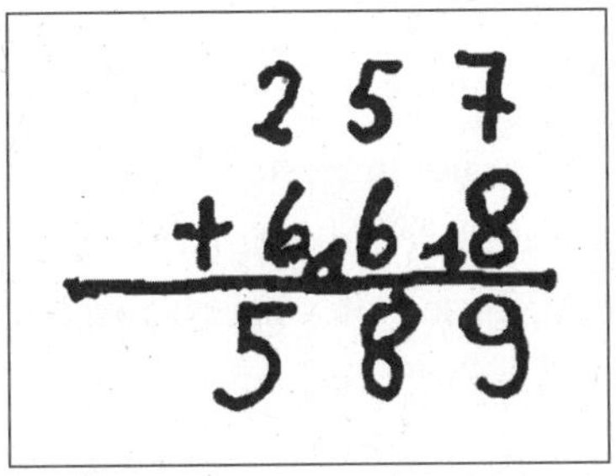

Die erste Aufgabe löst Deborah zunächst völlig falsch. Warum? Deborah weiß, dass man bei Plus- und Minusaufgaben, die untereinander gerechnet werden, immer von rechts nach links vorgehen muss. In den letzten Stunden in der Schule und auch bei den täglichen häuslichen Übungen wurde meistens „von-bis“ (Deborah meint damit das schriftliche Subtrahieren) gerechnet. Sie beginnt dementsprechend bei der Einer-Stelle und zählt mit Hilfe ihrer Finger jeden einzelnen Stellenwert durch, bis sie zur Hunderterstelle gelangt. Weil es die letzte Stelle ist, kann sie hier den „Trick“ mit der kleinen Eins nicht anwenden und rechnet deshalb 7 - 2 aus. Bezeichnend ist hier, dass Deborah offenbar überhaupt keinen Begriff von einer Subtraktion hat, denn sie bemerkt nicht im Mindesten, dass die Aufgabe 257 - 668 (die ganzen Zahlen nicht vorausgesetzt) nicht lösbar ist und das Ergebnis niemals 589 sein kann. Erst als die letzte Stelle fertig durchgezählt ist, sieht Deborah das Rechenzeichen.

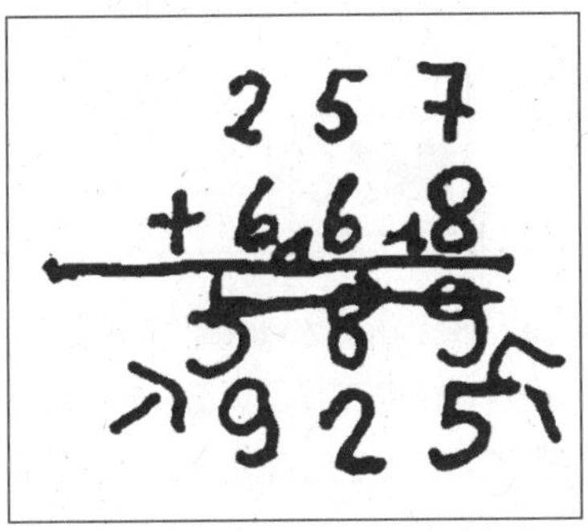

Das Kind korrigiert entsprechend seine Rechnung. Ein Interview mit dem Kind weist auf die angewandten Algorithmen hin, die ausnahmslos auf verschiedenen Zählstrategien und auswendig gelernten Schemata beruhen: *„Bei Plus muss ich immer hochzählen, und wenn das mehr als 10 sind, kommt da eine kleine Eins hin!“* Auf die Nachfrage, woher die „kleine 1“ denn kommt, kann das Kind zunächst keine Antwort geben. Es gibt schließlich an: *„Das ist so bei Plus, wenn das mehr als 10 sind!“* Danach erklärt Deborah, wie sie die anderen Aufgaben gelöst hat: *„Bei Minus muss man ‚von-bis‘ zählen. Aber zuerst muss man gucken, ob das geht. Wenn die Zahl oben kleiner ist als unten, dann muss man unten eine kleine 1 hinschreiben. Sonst kann man einfach sofort ‚von-bis‘ zählen!“* Auf die Frage, warum es bei manchen Aufgaben „nicht gehe“, schließlich könne man ja von 8 bis 4 abwärts zählen und es sei auch eine Minusaufgabe, gibt Deborah an: *„Das darf man bei Minus untereinander nicht!“*

Die Aussagen des Kindes selbst machen deutlich, dass Deborah rein schematische Zählverfahren auswendig gelernt hat. Sofern sie die verschiedenen Zählverfahren nicht verwechselt, kommt Deborah und mit ausreichendem Training fast immer zu richtigen Ergebnissen, obwohl sie weder ein Operationsverständnis für die Addition noch für die Subtraktion entwickelt hat und vom dekadischen Aufbau der Zahlen nichts weiß. So produziert Deborah 20 richtige Ergebnisse ohne jegliches inhaltliches Verständnis.

Aus dem Unverständnis des Kindes wurden jedoch keinerlei Konsequenzen gezogen, weil es erstens wegen der vielen richtigen Ergebnisse nicht auffiel und weil zweitens die Noten bei Klassenarbeiten und auch im Zeugnis weder den Eltern noch den Lehrern des Kindes Anlass zur Sorge gaben.

Ein Blick in Deborahs Zeugnis aus der dritten Klasse scheint diesem Standpunkt Recht zu geben:

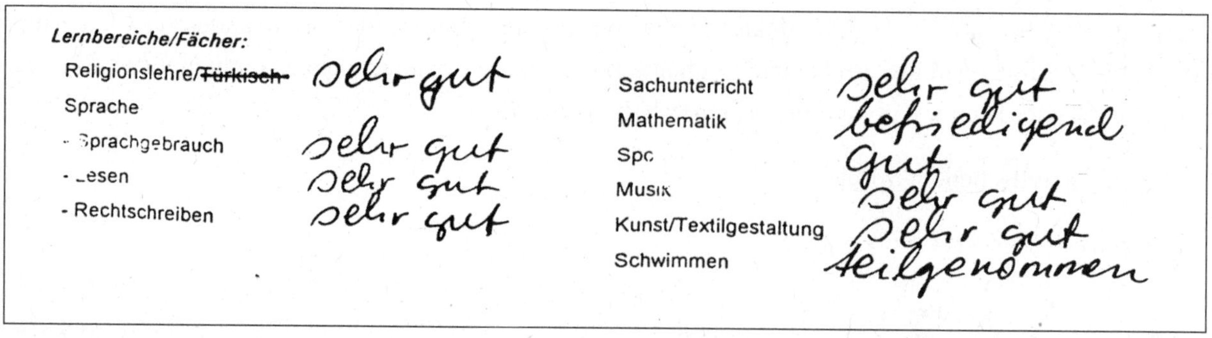

Lernbereiche/Fächer:			
Religionslehre/~~Türkisch~~	sehr gut	Sachunterricht	sehr gut
Sprache		Mathematik	befriedigend
- Sprachgebrauch	sehr gut	Spo	gut
- Lesen	sehr gut	Musik	sehr gut
- Rechtschreiben	sehr gut	Kunst/Textilgestaltung	sehr gut
		Schwimmen	teilgenommen

Ein schwerwiegender Irrtum, wie sich inzwischen auf dem Gymnasium herausgestellt hat. Die Kompensationstechniken teilleistungsschwacher Kinder sorgen zwar (insbesondere bei sehr lernstarken Kindern wie Deborah) für passable Noten in den ersten drei Grundschuljahren, diese Noten haben aber keinesfalls den Stellenwert einer Lernzielkontrolle in dem Sinne, dass das Kind den Stoff auch inhaltlich verstanden hat. Dringend notwendige Fördermaßnahmen blieben deshalb aus.

Aufgabe Nr. 5

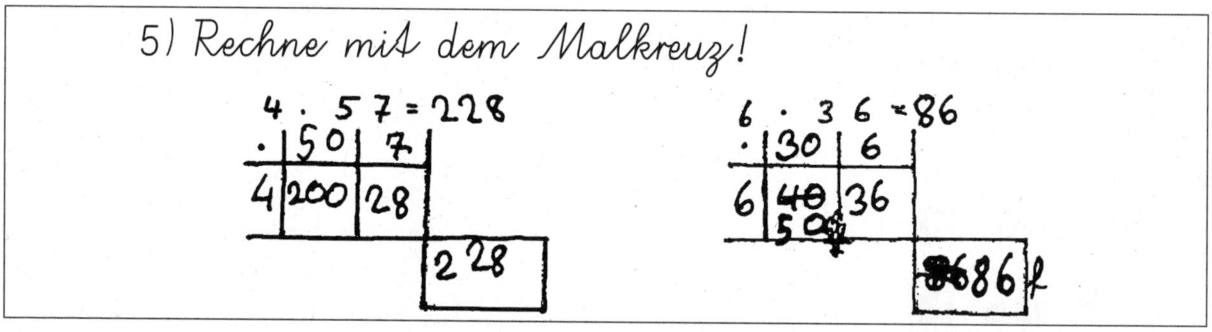

Ein richtiges und ein völlig falsches Ergebnis: Wie lässt sich das erklären? Bei der zweiten Aufgabe (6 mal 36) liegt die Vermutung nahe, dass das Kind beim ersten Rechenschritt (6 mal 30) dividiert (etwa 30 : 6 = 5) und dann die Null angehängt hat. Dagegen sprechen aber zwei Punkte: Erstens „mögen" rechenschwache Kinder keine Divisionen und würden deshalb niemals auf die Idee kommen, statt einer Multiplikation eine Division durchzuführen. Zweitens wird im zweiten Schritt (6 mal 6) korrekt multipliziert. Auch bei der ersten Aufgabe (4 mal 57) wurde die Multiplikation richtig durchgeführt (zumindest was die Ergebnisse betrifft).

Um den Fehler aufzudecken, wird zunächst die Lösungsstrategie der ersten Malkreuz-Aufgabe mit Hilfe der bereits bekannten Strategien des Kindes analysiert und ein kurzes Interview geführt.

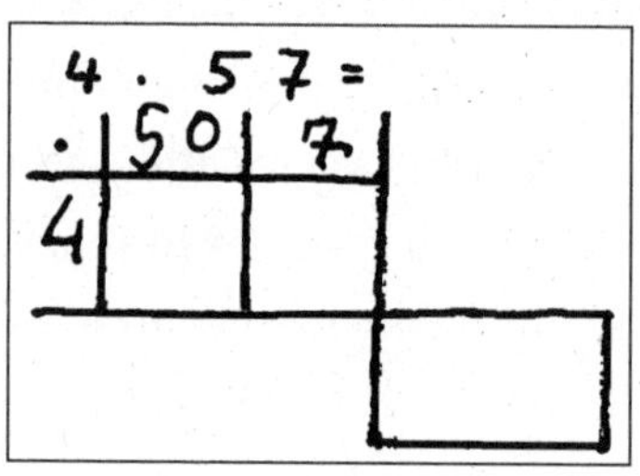

1. Laut Deborah hat sie diese Aufgaben vorher fleißig mit der Mutter geübt. Sie hat sich das folgende Schema gemerkt: „*Die erste Zahl vor dem Malpunkt kommt unter den Malpunkt. Die 57 schreibe ich als eine 5 und hänge da eine Null ran, weil es Zehner sind. Daneben kommt dann die 7.*" Das rein mechanische Zerlegen zwei- und dreistelliger Zahlen ist Deborah geläufig.

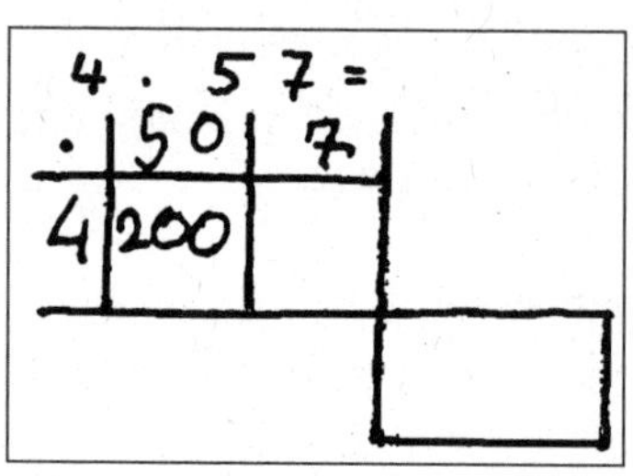

2. Die Fünfer-Reihe können viele rechenschwache Kinder nahezu fließend auswendig. Sie zählt also vier Zahlen aus der 5er-Reihe hoch (5, 10, 15, 20), klappt dabei jeweils einen Finger auf und flüstert dann: „*Das sind viermal!*" Anschließend hängt sie die Null der Zahl 50 an ihr Ergebnis.

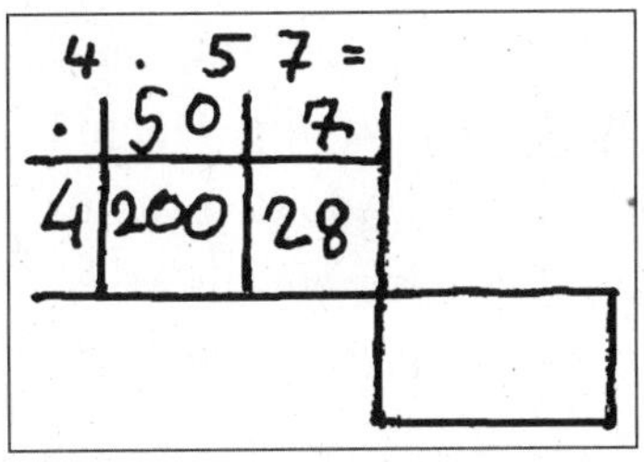

3. In gleicher Weise, wie Deborah die 5er-Reihe hochgezählt hat, tut sie dies nun (wiederum mit Hilfe ihrer Finger) mit der 7er-Reihe. Wie bereits dargestellt, handelt es sich bei beiden Rechnungen um auswendig gelernte Zahlwortreihen, die das Kind, ohne ein entsprechendes Operationsverständnis reproduziert.

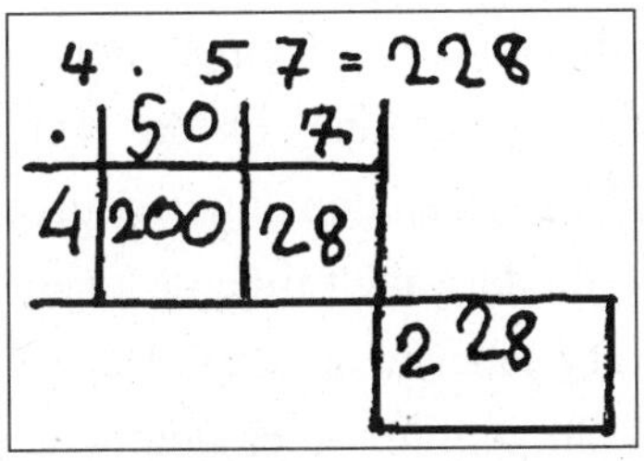

4. Sie stellt sich nun beide Zahlen im Kopf untereinander vor und addiert die Ziffern stellenweise. Dieser letzte Rechenschritt gibt nochmals Aufschluss darüber, dass Deborah bei der Zerlegung der Zahl 57 tatsächlich nicht an die Gleichung 57 = 50 + 7 gedacht hat, da sie dann im umgekehrten Verfahren die Aufgabe 200 + 28 hätte spontan lösen können, und zwar als die Zusammensetzung der Zahl 228.

Stattdessen „rechnet" sie die Aufgabe mit Hilfe des schriftlichen Verfahrens aus. Vollzogen wurde also keine Multiplikation mit Hilfe des Distributivgesetzes, sondern vier ganz andere Rechenschritte:

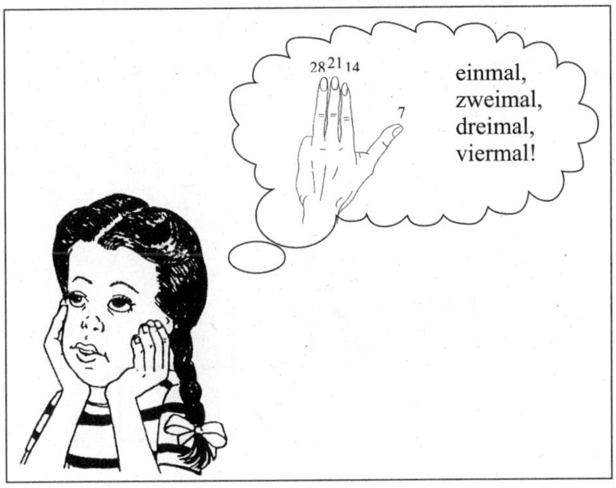

- rein mechanische Zerlegung der Zahl 57
- Zählprozedur der 5er-Reihe
- Zählprozedur der 7er-Reihe
- Abzählen beim schriftlichen Addieren

Analog zur letzten Aufgabe wird nun die nächste Aufgabe analysiert:

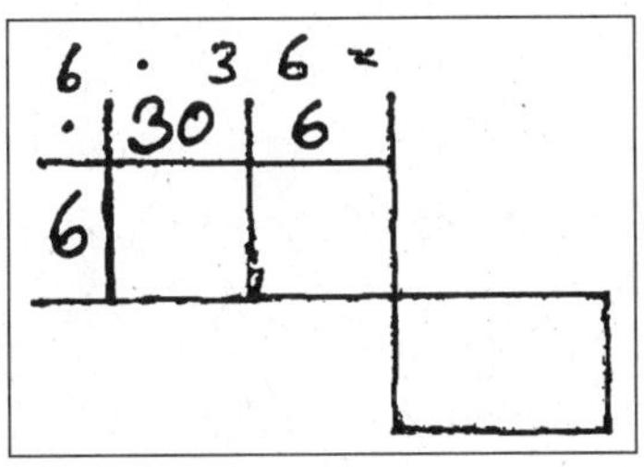

1. Die Zahl 36 wird in ihre Stellenwerte aufgeteilt.

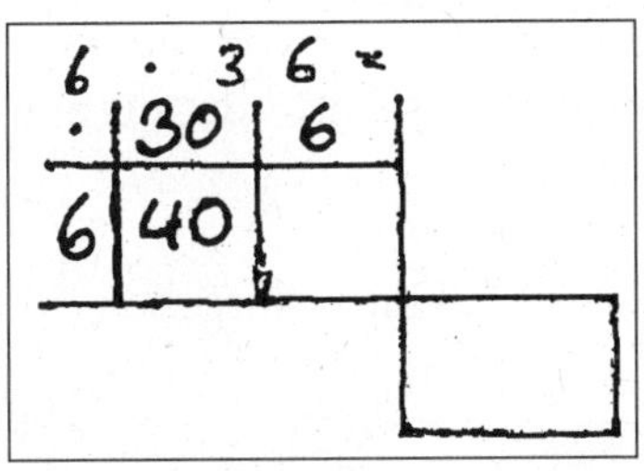

2. Nun kommt es zu einem folgenschweren Fehler: Weil Deborah mit 6 malnehmen muss, zählt sie die 6er-Reihe auf. Da die Zahl 30 auch vorkommen muss, zählt sie die Reihe bis 30 hoch, vergisst aber eine Zahl (ein Fehler, der häufig zu beobachten ist). Deborah zählt 6, 12, 24, 30, klappt für jede Zahl einen Finger auf und gelangt zur Lösung 4. Da Zehner berechnet werden, hängt sie eine Null an. Die Lösung lautet 40.

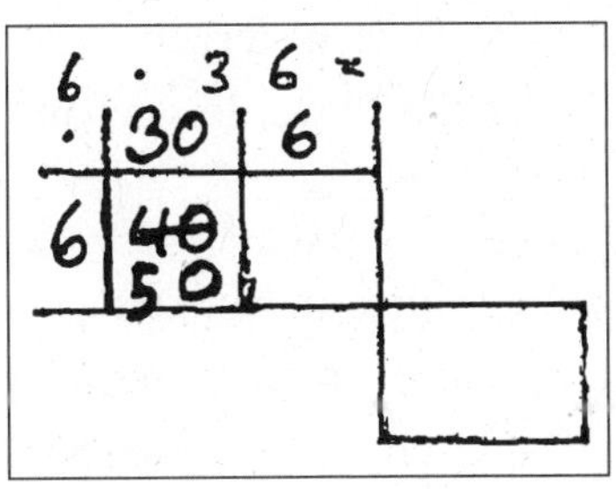

3. Im weiteren Verlauf rechnet Deborah noch mal nach. Sie zählt: 6, 12, 18, 24, 30, hat nun 5 Finger aufgeklappt. Sie korrigiert ihr Ergebnis und hängt an die 5 wieder die Null an. Die Lösung lautet nun 50.

De facto hat Deborah mit dieser Strategie ausprobiert, wie oft die Zahl 6 in der Zahl 30 enthalten ist - also dividiert (sieht man von dem Schematismus des „Nullenanhängens" ab).

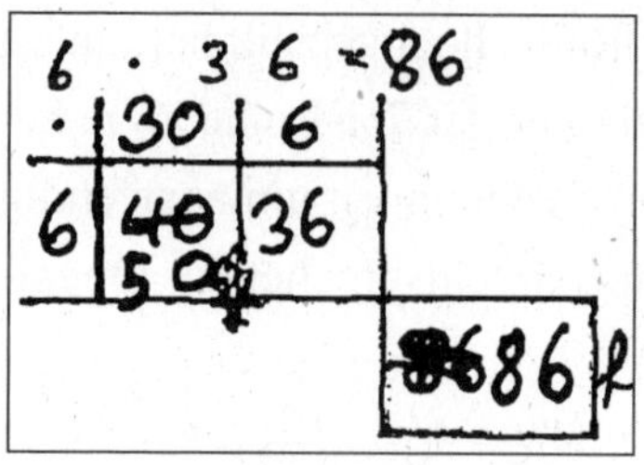

4. Die übrigen „Rechen“-Schritte sind aus der vorherigen Aufgabe bekannt: 6 mal 6 kennt Deborah als Doppleraufgabe auswendig (Dopplungen sind bei rechenschwachen Kindern beliebt), die Addition stellt sie sich im Kopf untereinander vor und zählt die Stellen einzeln zusammen.Die Lösung lautet 86.

In Verbindung mit reinen Auszählstrategien, auswendig gelernten Zahlenreihen und einem einstudierten Schema (Malkreuz) können so richtige, aber auch vollkommen falsche Lösungen entstehen, die das Kind nicht bemerkt. Dieses Nichtbemerken unrealistischer Ergebnisse deutet (zusätzlich zu den angewandten „Rechenstrategien“) nicht nur auf das mangelnde Operationsverständnis hin, sondern auch auf eine unzureichend entwickelte Zahlenraumvorstellung. Überschlagsrechnungen finden daher nicht statt, was zur Folge hat, dass Deborah keine Strategien zur Lösungsüberprüfung entwickeln konnte. (noch deutlicher wird dies in der Aufgabe Nr. 6)

Die beiden folgenden Malkreuz-Aufgaben werden nach dem gleichen Algorithmus durchgeführt, wie die zweite Aufgabe.

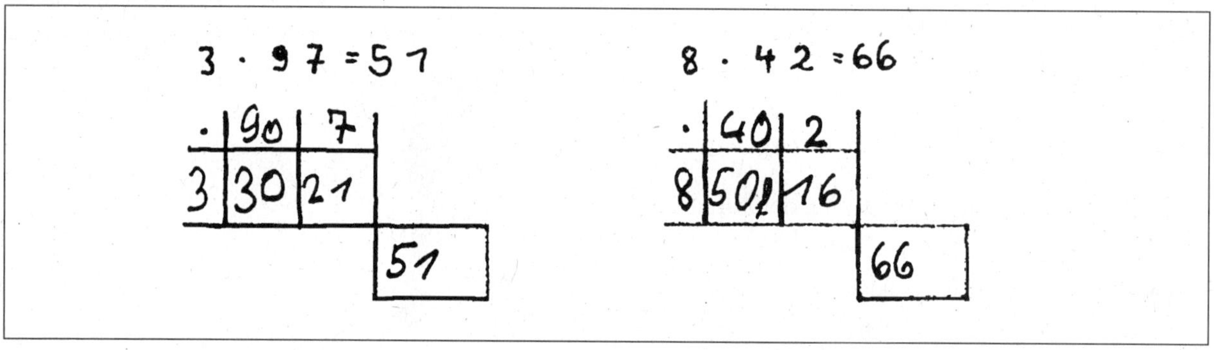

Aufgabe Nr. 6 lautet:

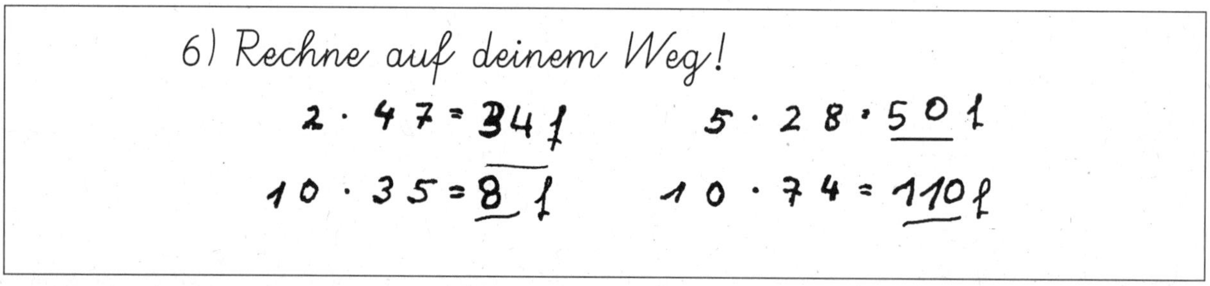

Mit ein wenig Ironie kann man mit Fug und Recht behaupten, dass Deborah von dieser Aufforderung ausgiebig Gebrauch macht!

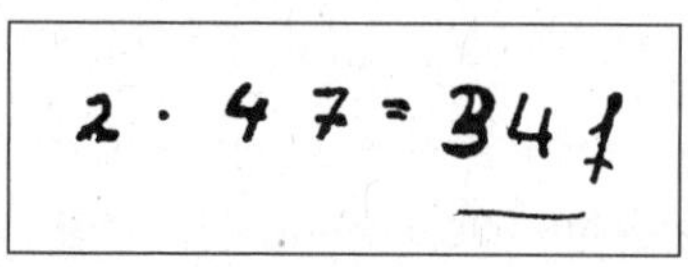

Die erste Aufgabe löst sie wie die vorherigen Malkreuz-Aufgaben. Sie stellt sich die Aufgabe am Malkreuz vor, zerlegt die 47 in 40 und 7, zählt dann die 2er-Reihe bis 4 hoch und hat nun zwei Finger aufgeklappt. Als Nächstes hängt sie (wegen der 40) an die 2 eine Null an und merkt sich das erste Zwischenergebnis 20. Dann zählt sie zwei Zahlen aus der 7er-Reihe hoch und gelangt zur 14. Die 20 und die 14 werden sich untereinander vorgestellt und schriftlich Stelle für Stelle zählend addiert. Die Lösung lautet 34.

Dieser Lösungsweg erfordert eine immense Konzentrationsleistung, weil sich Zahlen im Malkreuz im Kopf vorgestellt werden müssen; verschiedene Einmaleins-Reihen müssen aufgesagt werden, wobei man beim Abzählen der Reihen nicht mit den Fingern durcheinander kommen darf; Zwischenergebnisse müssen sich bildlich gemerkt und dann untereinander vorgestellt werden, um sie einzeln abzählen zu können. Ein Aufwand an Aufmerksamkeit und Merkleistung, der schließlich nicht nur zum falschen Ergebnis führt, sondern vernünftig eingesetzt (im Sinne eines korrekten Operationsverständnisses) für die ganze Klassenarbeit ausreichend wäre.

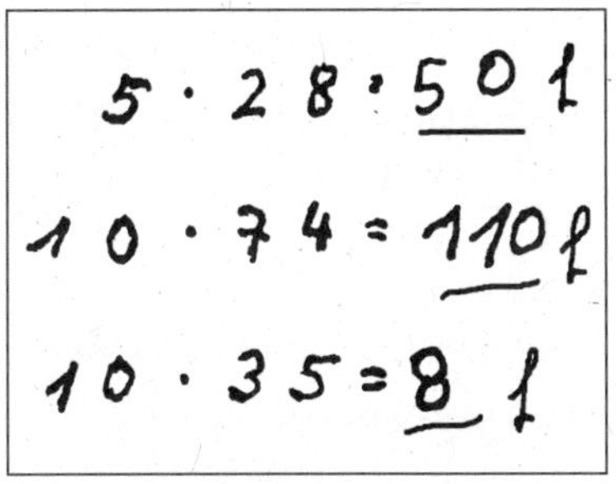

Die folgenden Aufgaben löst Deborah nun auf ihrem Weg, da ihr die Lösung mit dem Malkreuz zu schwer ist und vor allen Dingen viel Zeit kostet. In allen drei Produkten bildet sie zunächst die Quersumme des 2. Faktors (2 + 8 = 10; 7 + 4 = 11; 3 + 5 = 8). Die 10er-Reihe kann Deborah auswendig und zählt mit Hilfe der Finger fünf Zehner hoch (10, 20, 30, 40, 50). Das erste Ergebnis lautet 50. Bei der nächsten Aufgabe rechnet sie als zweiten Schritt 1 mal 11 = 11 und hängt dann die Null an ihr Ergebnis an - Lösung 110. Bei der letzten Aufgabe multipliziert sie zunächst auch die 8 mit der Zahl 1, lässt nun aber die Null weg. Unaufmerksamkeit? Deborah gibt hierzu an: *„Ich wusste nicht mehr, ob hier der Trick mit der Null geht. Da habe ich beides versucht.“*

Zum Operationsverständnis des Kindes wurde weiter oben schon ausführlich Stellung genommen. Im Übrigen sprechen die Fehler des Kindes nahezu für sich selbst. Die Lehrerin hingegen sah die Sachlage Ende der zweiten Klasse ganz anders. Im Zeugnis stand zu lesen:

> Im Zahlenraum von 100 addiert und subtrahiert Deborah in letzter Zeit ohne Hilfsmittel, allerdings vor allem zehnerüberschreitend meist noch langsam. Das kleine Einmaleins beherrscht sie zunehmend sicherer. Das Dividieren hat sie verstanden.

Wie kommt es zu einer solchen Diskrepanz im Urteil über die Mathematikleistungen des Kindes? Im Gespräch gab die Lehrerin an, dass Deborah schon immer gelegentliche „Totalausraster“ bei Klassenarbeiten gehabt habe und in Mathematik immer etwas langsamer gewesen sei. Jedoch hätten ihre Leistungen immer im Bereich „befriedigend“ gelegen.

„Der einzelne Schüler wird nicht in seinem individuell spezifischen Wahrnehmen und Lösungsversuchen erkannt. Ihm werden Aufgaben vorgegeben und von ihm werden »richtige« Lösungsversuche verlangt bzw. mit ihm eingeübt.“ (1)

„Es kommt dann zu Feststellungen wie solchen: Rechnet im Zahlenraum bis 20. Kann die Einmaleinsreihen noch nicht sicher.“ (2)

„Fazit: Leistungsfeststellungen durch lehrende Lehrer sagen in der Regel zu wenig aus über das Lernen, die Strategien und Einstellungen der Schüler und lassen keine weiteren Lernziele bzw. Lernaufgaben ableiten, die dem Einzelnen angemessen sind.“ (3)

Wie dargestellt, sind Deborahs Fehlergebnisse nicht das Resultat von „Totalausrastern“ oder „Blackouts“, auch wenn das Ergebnis danach aussehen mag. Ihre richtigen Lösungen entspringen aus den gleichen Fehlüberlegungen wie die falschen. Die Zeugnisnote sagt also nichts über Deborahs eigentlichen Leistungsstand in der Mathematik aus. Genauso wenig tut dies die Note bei den Klassenarbeiten. Eine inhaltliche Analyse der Rechenwege des Kindes käme dem Begriff einer Klassenarbeit als Lernzielkontrolle schon wesentlich näher.

(1) (2) (3) Aus Begemann 1997, zit. n. Gerster 2002e

Ohne diese Analyse bleibt die Note nur als quantitative Bewertung von richtigen und falschen Ergebnissen übrig.

Aufgabe Nr. 7

soll an dieser Stelle nicht weiter analysiert werden, da sie sich nach den eigenen Angaben des Kindes auf „stillen Wegen“ auf das Blatt von Deborah geschmuggelt hat (siehe Kapitel 9.3 „Deborahs Klassenarbeit aus der Sicht des Kindes“).

Eines hat Deborah aber wieder einmal geschafft: Die Note stimmt - jedenfalls noch zu diesem Zeitpunkt. Nicht so, wie sie es sich vorstellt, aber eben auch nicht schlimmer. Und Mama sagt immer: „Man kann ja nicht alles gut können!“

Das hat Deborah seither nie wieder geschafft.

Angeliques Klassenarbeit

Auch Angelique wird als ein so genanntes Zählkind bezeichnet. Genauso wie Deborah verfügt sie über einen nur mangelhaft ausgeprägten Zahlbegriff und rechnet alle Aufgaben nach einem auswendig gelernten Schema. Anhand eines Beispiels aus einer Klassenarbeit des Kindes wird dies sehr deutlich.

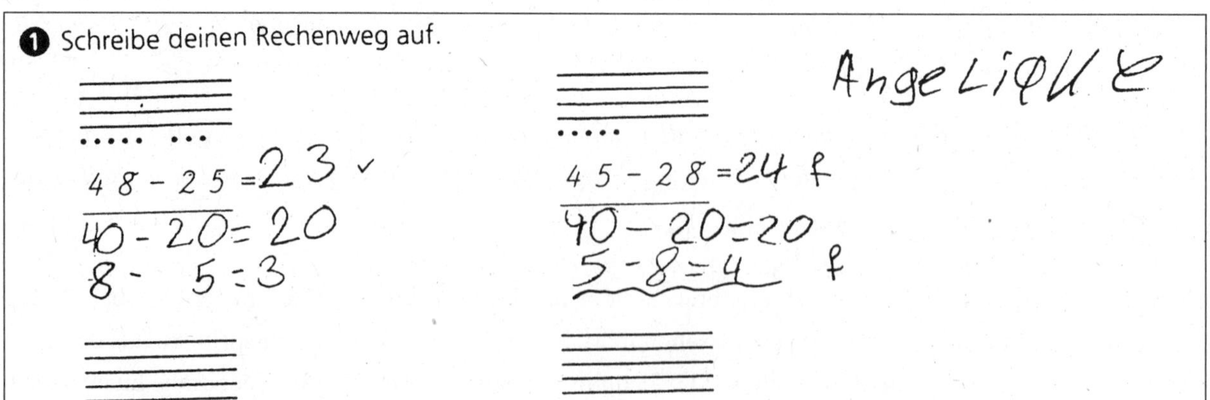

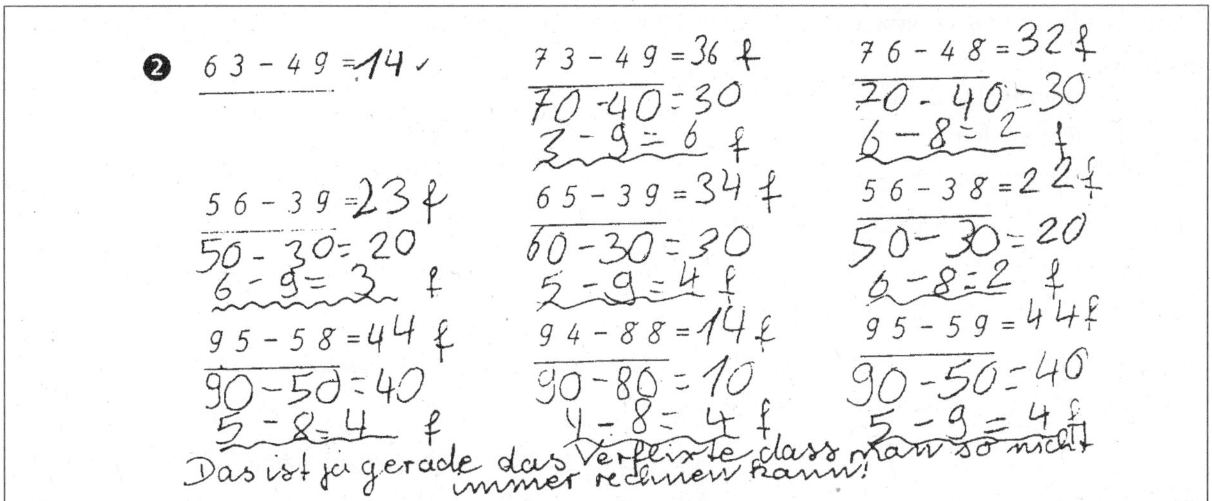

(1)

Angelique besucht die 2. Klasse einer Grundschule. Ihre übrigen Leistungen liegen im Mittelfeld; lesen kann sie nach Angaben der Lehrerin schon recht flüssig und sinnerfassend.

In ihrer Klassenarbeit produziert sie viele falsche Lösungen - aber sie macht im Prinzip nur einen Fehler. Ist das so richtig? Einige Aufgabenstellungen sollen genauer untersucht werden.

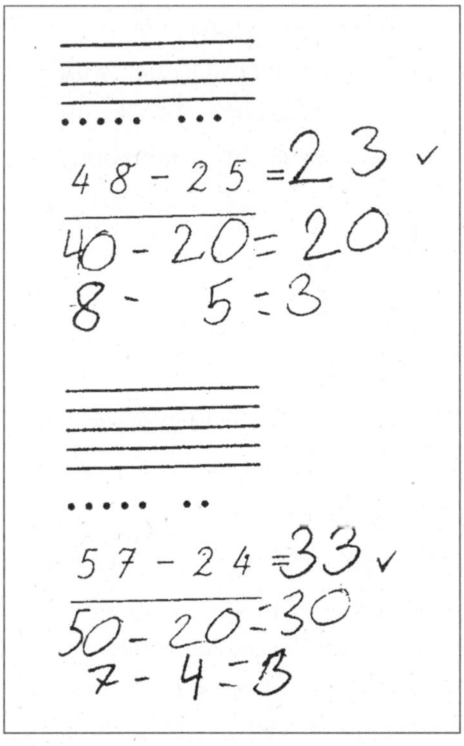

Angelique hat in der Schule die Subtraktion von zwei zweistelligen Zahlen gelernt. Wie die beiden Aufgaben zeigen, anscheinend mit Erfolg. Das Interview mit dem Kind und die fehleranalytische Untersuchung kommen aber zu einem ganz anderen Ergebnis. Das Kind hat gelernt, dass es zweistellige Zahlen nach ihren Stellenwerten trennen soll. Das Zerlegen zweistelliger Zahlen beherrscht es wie Deborah nur rein schematisch, was bereits auf einen nur mangelhaft entwickelten Zahlaufbau im erweiterten Zahlenraum bis 100 hindeutet. In Einer-Schritten kann Angelique inzwischen sicher zählen (laut Auskunft der Mutter bereits bei der Einschulung). Sie beherrscht auch zählend die Zehner-Schritte. (2)

Auf die Frage, was denn die Striche und die Pünktchen über den Aufgaben bedeuten, kann das Kind keine Antwort geben. Aber es kann erklären, wie es die Aufgaben gerechnet hat. *„Ich habe zuerst von 40 zwei“* (das Kind meint Zehner-Zahlen) *„runtergezählt. Das sind dann 20. Dann habe ich von der 8 fünf runtergezählt. Das sind 3. Dann habe ich von 20 drei hochgezählt, das sind dann 23!“* Die Frage, warum sie denn zum Schluss drei hochgezählt habe, obwohl es doch eine Minus-Aufgabe ist, kann Angelique nicht beantworten.

Festzuhalten ist das Folgende: Das Ergebnis ist richtig, alle „Rechnungen“ und Begründungen jedoch

(1) Klassenarbeit aus der 2. Klasse - Grundschule
(2) Wenn in diesem Buch immer wieder darauf eingegangen wird, dass rechenschwache Kinder in vielen Fällen nur zählend operieren können, so ist damit gemeint, dass sie das zählende Rechnen als Kompensationsstrategie für einen nicht vorhandenen kardinalen Zahlbegriff als auch für ein nicht vorhandenes Operationsverständnis der Grundrechenarten und deren Zusammenhänge benötigen. Ferner sind im Basiszahlenraum bis 10 keine Zahlbeziehungen entwickelt.

völlig unzulänglich. Das Kind hat massive Probleme

- beim kardinalen Zahlaspekt
- mit dem Stellenwertsystem
- beim Operationsverständnis
- mit dem vorgegebenen Anschauungsmaterial
- mit der „Kraft der Fünf" (8 - 5 nicht spontan gelöst).

Bei den beiden nächsten Aufgabenstellungen handelt es sich um Subtraktionen mit Zehnerüberschreitungen.

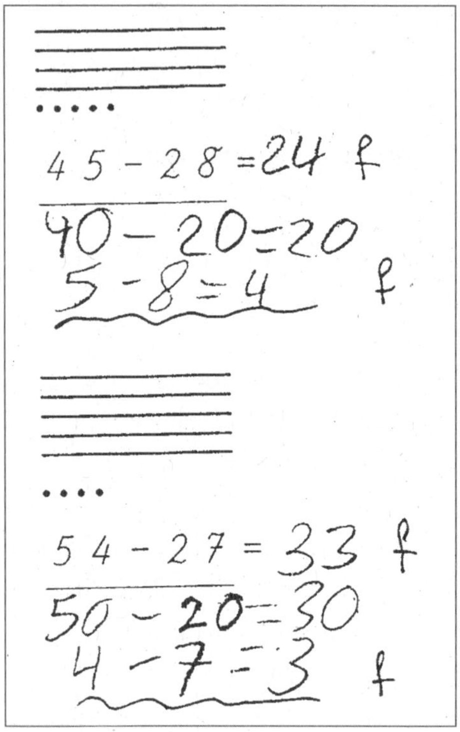

Angelique verfährt nach dem gleichen Schema wie in den Aufgaben zuvor. Die Trennung von zwei- bzw. mehrstelligen Zahlen in ihre Stellenwerte sorgt bei Überschreitungsaufgaben dann für ein Problem: Bei Subtraktionen erhält man Differenzen, die (die ganzen Zahlen vorausgesetzt) nicht lösbar sind. So schreibt das Kind zwar die Aufgabe 5 - 8 auf, „rechnet" aber 8 - 5, da es bemerkt, dass man von der Zahl fünf keine acht Zahlen abwärts zählen kann.

Sein Ergebnis lautet schließlich 4. Der Hinweis an das Kind, dass es doch wisse, dass 4 + 4 = 8 sind, löst keine Zweifel an seiner Rechnung aus. Auch dass direkt nebenan die Aufgabe 8 - 5 mit der Zahl 3 gelöst wurde, verunsichert das Kind nicht. Es gibt dazu an: *„Hier steht ja 5 - 8!"*

„Beim zählenden Rechnen ist das Ergebnis oft um 1 zu groß oder zu klein, weil die Rolle des Anfangs- oder Endgliedes der Zählsequenz unklar ist." (1)

Dies ist ein weiteres Problem des zählenden Rechnens. Angelique begann beim Abwärtszählen mit der Zahl 8 und zählte mit Hilfe ihrer Finger fünf Zahlen ab (8, 7, 6, 5, 4). Die zuletzt gezählte Zahl ist dann das Ergebnis. Dieser Verzählfehler, bei der Subtraktion meist um 1 zu hoch, bei der Addition umgekehrt 1 zu niedrig, tritt bei rechenschwachen Kinder wegen des ziffernweisen Abzählens der Stellenwerte bei mehrstelligen Zahlen auch in erweiterten Zahlenräumen auf (+/- 10; +/- 100 etc.). Der Begriff der Subtraktion als Zerlegung einer Menge in zwei Teilmengen (Teile-Ganze-Beziehung) ist völlig unklar. Angelique weiß nicht, dass die Zahl 8 aus der Zahl 5 und der Zahl 3 besteht. Deshalb bemerkt auch sie (ähnlich wie Deborah) nicht die Unmöglichkeit ihres Ergebnisses.

Die fehleranalytische Untersuchung zeigt, dass das Kind eben nicht nur einen Fehler gemacht hat, sondern mit sehr vielen basalen Einsichten des numerischen Rechnens erhebliche Probleme hat. Aber auch dies sieht die Lehrerin etwas anders:

(1) Gerster 1996, S. 140

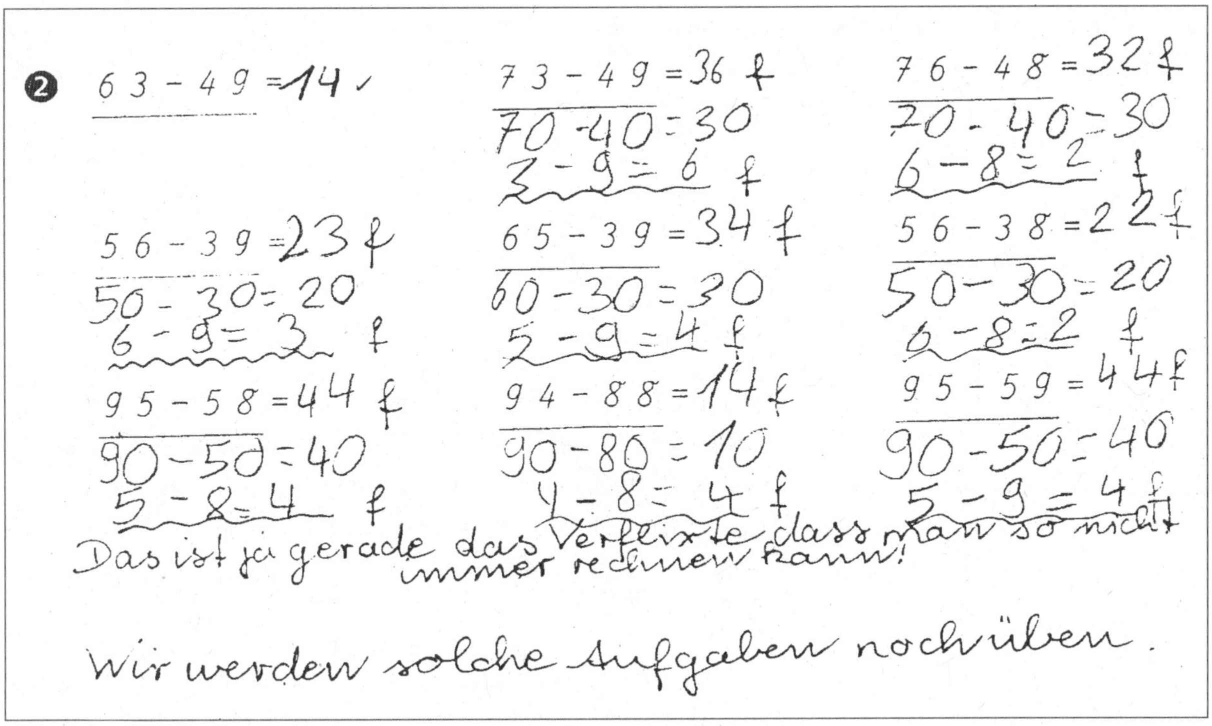
❷ 63 - 49 = 14 ✓ | 73 - 49 = 36 f | 76 - 48 = 32 f
70 - 40 = 30 | 70 - 40 = 30
3 - 9 = 6 f | 6 - 8 = 2 f
56 - 39 = 23 f | 65 - 39 = 34 f | 56 - 38 = 22 f
50 - 30 = 20 | 60 - 30 = 30 | 50 - 30 = 20
6 - 9 = 3 f | 5 - 9 = 4 f | 6 - 8 = 2 f
95 - 58 = 44 f | 94 - 88 = 14 f | 95 - 59 = 44 f
90 - 50 = 40 | 90 - 80 = 10 | 90 - 50 = 40
5 - 8 = 4 f | 4 - 8 = 4 f | 5 - 9 = 4 f
Das ist ja gerade das Verflixte dass man so nicht immer rechnen kann!
Wir werden solche Aufgaben noch üben.

Es ist zunächst einmal festzuhalten, dass Angelique ihre Rechenstrategie (wie bei vielen rechenschwachen Kindern üblich) bei allen Aufgaben durchhält. Die Aufgabe 63 - 49 = 14 ist ein „Ausreißer", den man dabei ruhig übersehen kann. Angelique versicherte sich bei der ersten Aufgabe von Nr. 2 bei ihrer Nachbarin, „*wie die denn gehen*". Deshalb fehlen auch die Rechenschritte.

Interessant ist hier folgende Aufgaben-Kette in der letzten Aufgaben-Spalte:

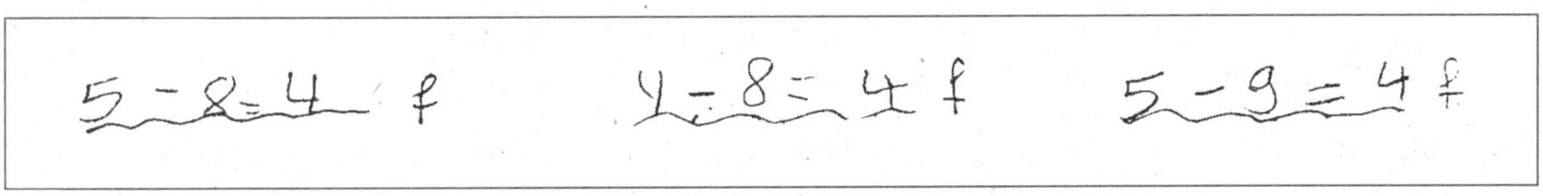
5 - 8 = 4 f | 4 - 8 = 4 f | 5 - 9 = 4 f

Ebenfalls ein typisches Phänomen bei rechenschwachen Kindern: Ein und dieselbe Aufgabe kann verschiedene Ergebnisse haben; umgekehrt gilt dies auch: Verschiedene Aufgaben, die unmöglich das gleiche Ergebnis haben können, werden trotz allem mit der gleichen Zahl gelöst, ohne dass das Kind etwas bemerkt.

Der Zeugniskommentar der Lehrkraft am Ende der 1. Klasse widerspricht sich dementsprechend nicht nur selbst,

> In der Mathematik findet sich Angelique im Zahlenraum bis 20 zurecht, benötigt aber noch anschauliche Hilfe, um Additions- und Subtraktionsaufgaben mit einigen Fehlern lösen zu können. (1)

sondern die Aufgaben zeigen auch, dass von einem „Zurechtfinden" im Zahlenraum bis 20 nicht die Rede sein kann, obwohl die Lehrkraft durchaus bemerkt hat, dass es Probleme gibt. So fallen dann auch die gut gemeinten Kommentare in der Klassenarbeit des Kindes aus:

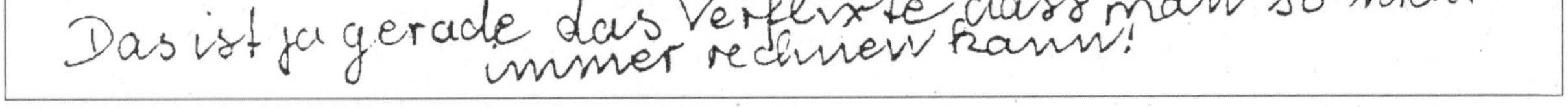
Das ist ja gerade das Verflixte dass man so nicht immer rechnen kann!

(1) Zeugnis 2. Halbjahr, 1. Klasse - Grundschule

Die Schwierigkeiten des Kindes werden nicht in basalen mathematischen Problemen gesucht, sondern als eine reine Verfahrensangelegenheit betrachtet. Damit diese Verfahren dann auch zum nötigen Erfolg führen (gemeint sind hier richtige Ergebnisse), folgt sofort der nächste gut gemeinte Ratschlag:

> Wir werden solche Aufgaben noch üben.

Ob hier allerdings Übung den Kern des Problems trifft, muss stark angezweifelt werden.

In jedem Fall kann am Beispiel von Deborahs Klassenarbeit festgehalten werden: Die Klassenarbeit als Lernzielkontrolle hat nur dann einen Sinn, wenn sie fehleranalytisch untersucht wird. Ein kurzes Interview mit dem Kind und die Analyse seiner Rechenwege auch im Unterricht ist dabei unabdingbar. Nur so kann ein individuelles Förderkonzept, das sich auf den Stand des Kindes bezieht, greifen. Übung macht nur dann den Meister, wenn etwas geübt wird, was man vorher auch durchdrungen und verstanden hat!

Die Lernzielkontrolle Klassenarbeit in der Form des quantitativen Auszählens von richtigen und falschen Lösungen ist dagegen weitgehend sinnlos. Bei Deborah wie bei Angelique führte dieses Vorgehen zu eindeutigen Fehlinterpretationen: Im ersten Fall wurden Fördermaßnahmen gar nicht für nötig erachtet, im zweiten wurden die Probleme des Kindes als Verfahrensfragen und mangelnde Übung erörtert.

Desires Klassenarbeiten

Eine umfassende Analyse der Klassenarbeiten des Kindes würde den Rahmen dieses Kapitels sprengen. Das Interesse soll auf einen anderen Aspekt gelegt werden. Es wurde bereits erwähnt, dass rechenschwache Kinder in Klassenarbeiten durchaus dazu in der Lage sind, das ganze Spektrum an Noten abzudecken. Zur Analyse sollen die Zeugniskommentare hinzugezogen werden, mit denen hier bei Desire begonnen wird.

- Grundschule

Städtische Gemeinschaftsschule

ZEUGNIS

für: **Desire**

geboren am: 1991 Klasse: *01* Schuljahr: 1997/98 2. Halbjahr

Desire hat noch keinen guten Überblick über den Zahlenraum bis 20 gewonnen. Sie rechnet Plus- und Minusaufgaben mit Hilfsmitteln schon ziemlich schnell, aber noch mit einigen Fehlern. Bei verschiedenen Aufgabenformen braucht sie noch Hilfen.

(1)

(1) Zeugnis 2. Halbjahr, 1. Klasse - Grundschule

Grundschule
Städtische Gemeinschaftsschule

ZEUGNIS

für: Desire

geboren am: 91 Klasse: 2 Schuljahr: 1998 / 99

In Mathematik hat Desire den logischen Aufbau des Hunderterraums noch nicht begriffen, und so ist sie nur selten in der Lage, Rechnungen ohne Hilfsmittel zu lösen. Auswendig gelernte Einmaleinsreihen kann sie aufsagen, aber es ist ihr kaum möglich, die Problemstellung von Sachaufgaben in Rechnungen umzusetzen.

(1)

Grundschule
Städtische Gemeinschaftsschule
Name und amtliche Bezeichnung der Schule

ZEUGNIS

für: Desire

geb. am: 1991 Klasse: 3 Schuljahr: 1999/2000 1. Halbjahr

In Mathematik ist Desires Zahlvorstellung noch nicht ausgeprägt, so dass sie kaum in der Lage ist, auch einfache Aufgaben im Tausenderraum durchzuführen. Die Zehner- und Hunderterüberschreitung beherrscht sie noch nicht, und bei Textaufgaben erkennt sie selten die Sachverhalte und ihre mathematischen Beziehungen.

Lernbereiche/Fächer:

Religionslehre	befriedigend	Sachunterricht	ausreichend
Sprache		Mathematik	ungenügend
-Sprachgebrauch	ausreichend	Sport	gut
-Lesen	gut	Musik	gut
-Rechtschreiben	befriedigend	Kunst / Textilgestaltung	gut

Bemerkungen:
Ihre Versetzung ist gefährdet

(2)

In diesen Zeugnissen sind die Probleme des Kindes schon etwas genauer dargestellt. Auch werden sie bereits frühzeitig (Ende der 1. Klasse) erkannt. Fördermaßnahmen wurden bereits Mitte der 1. Klasse ergriffen. Das Kind besuchte ab diesem Zeitpunkt durchgehend den Förderunterricht, ohne dass sich eine Besserung einstellen wollte. Im Gegenteil: Die Probleme des Kindes nahmen proportional mit der Erweiterung des Zahlenraums zu. Erkannt wurde auch, dass Desire die Einmaleins-Reihen lediglich auswendig aufsagen konnte. Wieso hatte die Förderung des Kindes keinen Erfolg? Bei ansonsten durchschnittlichen Noten ist mit nur ungenügenden Leistungen im Fach Mathematik die Versetzung Mitte der 3. Klasse gefährdet. Ein Blick auf eine Klassenarbeit aus dieser Zeit bestätigt die großen Probleme des Kindes.

(1) Zeugnis 2. Halbjahr, 2. Klasse - Grundschule
(2) Zeugnis 1. Halbjahr, 3. Klasse - Grundschule

1.2.00

Desire

Übungsarbeit 6 A

Zehner-Einmaleins

1. a)

·	30	70
4	120 ✓	280 ✓
6	180 ✓	420 ✓

b)

·	7	9
20	140 ✓	810 f
90	640 f	180 f

2. a) 280 = 7 · 40 ✓ b) 450 = 9 · 50 ✓ c) 180 = 9 · 20 ✓

180 = 6 · 30 ✓ 480 = 7 · 60 f 540 = 6 · 90

3. a) 240 : 30 = 180 f b) 350 : 50 = 170 f c) 360 : 90 = 140 f

360 : 60 = 160 f 280 : 40 = 160 f 180 : 60 = 160 f

480 : 80 = 150 f 140 : 20 = 170 f 350 : 70 = 150 f

4. a) 4 · 60 + 30 = 540 f b) 9 · 50 – 60 = ___ c) 5 · 70 + 80 = ___

7 · 40 + 60 = 280 f 6 · 30 – 40 = ___ 6 · 60 + 50 = ___

7 · 20 + 70 = ___ 6 · 90 – 60 = ___ 4 · 80 + 50 = ___

5. a) 200 = __ · 60 + __ b) 370 = __ · 50 + __ c) 480 = __ · 50 + __

400 = __ · 70 + __ 420 = __ · 80 + __ 310 = __ · 70 + __

600 = __ · 80 + __ 520 = __ · 70 + __ 250 = __ · 30 + __

6. Annas Vater fährt täglich 70 km mit dem Auto zur Arbeit. In einer Woche fährt er die Strecke fünfmal.

Frage: Wie lange fährt er: f

Rechnung: 5 · 70 = 420 f

Antwort: Er fährt 420 km. f

Du hast 8 von 44 Punkten erreicht.

ungenügend

(1)

(1) Klassenarbeit 2. Halbjahr, 3. Klasse - Grundschule

Die Aufgabenstellungen, die Desire mit Hilfe der Einmaleins-Reihen lösen kann, hat sie zu einem großen Teil korrekt bewältigt (Aufgabe Nr. 1 und Nr. 2). Bei den Divisionsaufgaben (Aufgabe Nr. 3) kommt es zu zahlreichen Fehlern (auf die kurz eingegangen werden soll). Bei Aufgabenstellungen, die ein gewisses Maß an Operationsverständnis verlangen (Aufgabe Nr. 3 bis Nr. 6), findet sie zum großen Teil keinen Lösungsansatz. **Rechenschwache Kinder haben aufgrund ihrer weit zurückreichenden Defizite auch mit viel gutem Willen bei analytischen Problemstellungen kaum eine Chance!**

Die Aufgabenstellung Nr. 3 ist fehleranalytisch gesehen von großem Interesse, weil die „Phantasie“-Ergeb-nisse des Kindes nicht von ungefähr kommen.

3.

a) 240 : 30 = 180 f	b) 350 : 50 = 170 f	c) 360 : 90 = 140 f
360 : 60 = 160 f	280 : 40 = 160 f	180 : 60 = 160 f
480 : 80 = 150 f	140 : 20 = 170 f	350 : 70 = 150 f

Zur fehleranalytischen Interpretation

Bei allen Aufgaben denkt sich Desire zunächst die Nullen weg. Sie weiß, dass sie bei Divisionen nun die Reihe der zweiten Zahl (des Divisors) hochzählen muss, bis sie zur ersten Zahl (dem Dividenden) gelangt. Dabei klappt sie pro aufgezähltem Zahlwort einen Finger auf (so wie Deborah und Angelique dies auch machen). Desire hat schließlich acht Finger aufgeklappt (erste Aufgabe 240 : 30), was dann auch die Lösung sein muss. Nun wird sie unsicher: Sie schreibt zunächst eine Null an die Acht, streicht sie aber wieder durch. Sie entschließt sich dann aber doch, die Null anzuhängen, weil sie sich diese vorher ja weggedacht hat und sie „deshalb“ wieder angehängt werden muss.

Es folgt ein zweites Problem: Die erste Zahl (der Dividend) hat einen Hunderter, ihr Ergebnis aber nicht; es ist lediglich zweistellig. Sie entschließt sich deshalb, vor jedes ihrer Ergebnisse eine 1 zu schreiben, um auch eine dreistellige Zahl als Lösung zu erhalten. Alle anderen Aufgaben löst sie nach dem gleichen Verfahren (sogenannte subjektive Algorithmen). Bei den Aufgaben 480 : 80 und 280 : 40 vergisst sie jeweils eine Zahl der entsprechenden Einmaleins-Reihe (wie dies schon bei Deborah beobachtet wurde).

Bei der Aufgabe 180 : 60 = 160 kann sich zusätzlich ein Nachwirken von Ziffern und Zahlen eingeschlichen haben. Möglich ist, dass Desire die Aufgabe 3 mal 6 = 18 eingefallen ist und sie deshalb die 3er-Reihe bis 18 hochgezählt hat - und das sind dann 6; danach verfährt sie wie in den anderen Aufgaben.

Es wird immer wieder deutlich, dass sich rechenschwache Kinder gerade bei „Phantasie"-Ergebnissen - wie die in dieser Arbeit exemplarisch besprochenen - nicht etwa „nichts" denken, sondern sehr wohl mit den ihnen zur Verfügung stehenden Mitteln und mit Hilfe subjektiver Algorithmen, die sie nicht selten konsequent „durchrechnen", höchst eigen entdeckte Strategien verfolgen, die in aller Regel ein hohes Maß an Konzentration und Aufmerksamkeit erfordern. Ihre falschen Ergebnisse entdecken sie dabei in aller Regel nicht. Ohne ein korrektes Operationsverständnis ist dies auch gar nicht möglich.

Ende der 3. Klasse fällt der Zeugniskommentar bezüglich der Leistungen im Fach Mathematik sehr seltsam aus. Angesichts der katastrophalen Leistungen des Kindes und der großen Schwierigkeiten, die in den letzten Zeugnissen festgehalten wurden, steht nun Folgendes zu lesen:

Grundschule

Städtische Gemeinschaftsschule

ZEUGNIS

für: ***Desire***

geb. am: ***1991*** ***Klasse: 3*** ***Schuljahr: 1999/2000*** ***2. Halbjahr***

In Mathematik ist Desires Zahlvorstellung jetzt besser ausgeprägt, so dass sie in der Lage ist, einfache geübte Aufgaben im Tausenderraum durchzuführen.

Lernbereiche/Fächer:

Religionslehre	befriedigend	Sachunterricht	ausreichend
Sprache		Mathematik	ausreichend
-Sprachgebrauch	ausreichend	Sport	befriedigend
-Lesen	gut	Musik	befriedigend
-Rechtschreiben	befriedigend	Kunst / Textilgestaltung	befriedigend

(1)

Wie kommt das Kind so plötzlich zu einer „besser ausgeprägten Zahlvorstellung" - und dies auch noch im erweiterten Zahlenraum bis 1000? Auch die Note im Fach Mathematik hat sich erheblich verbessert. Die Lösung dieses „Geheimnisses" ist leider nur ein Trugbild, wie es die beiden folgenden Klassenarbeiten deutlich zeigen:

(1) Zeugnis 2. Halbjahr, 3. Klasse - Grundschule

Name: Desire Datum: 10.3.00

Übungsarbeit 5 A **Schriftliches Addieren**

1.

534	473	484	605	437	588
+ 264	+ 318	+ 465	+ 286	+ 286	+ 397
798 ✓	791 ✓	949 ✓	891 ✓	723 ✓	985 ✓

2. Schreibe untereinander und addiere.

358 + 401 536 + 261 408 + 74 53 + 486 356 + 58

358	536	408	53	356
+ 401	+ 261	+ 74	+ 486	+ 58
759 ✓	797 ✓	482 ✓	539 ✓	414 ✓

3. Mutter ist am Montag mit dem Auto 285 km gefahren, am Dienstag waren es 196 km.

Wie viel Kilometer waren es an beiden Tagen?

Rechnung:
+ 285 €
195 €
4,80 €

Antwort: Sie färt 480 Km.

4.

143	325	464	505	5,34 €	2,08 €
+ 206	+ 84	+ 286	+ 286	+ 1,97 €	+ 1,73 €
+ 376	+ 563	+ 90	+ 75	+ 1,96 €	+ 3,42 €
725 ✓	972 ✓	739	866 ✓	927 €	723 €

5. Anna und ihre zwei Geschwister wollen für Mutter ein Geschenk kaufen. Anna hat 3,40 €, Tim hat 3,80 € und Lars hat 4,20 €. Vater gibt noch einmal die gleiche Summe dazu. Wie teuer ist das Geschenk?

Rechnung:
+ 3,40 €
3,80 €
4,20 €
1,40 €

Antwort: Sie haben 1,40 € 11,40 €

Du hast 18 von 23 Punkten erreicht.

befriedigend Prima!

(1)

(1) Klassenarbeit 2. Halbjahr, 3. Klasse - Grundschule

Nr. 7

Name: Desire Datum: 6. 4. 00

(1) 694 − 352 = 342 v	(2) 738 − 406 = 332 v	(3) 576 − 31 = 545 v	(4) 367 − 40 = 327 v	(5) 456 − 316 = 140 v
(6) 807 − 502 = 305 v	(7) 429 − 264 = 165 v	(8) 605 − 382 = 223 v	(9) 257 − 93 = 164 v	(10) 704 − 53 = 651 v
(11) 835 − 565 = 270 v	(12) 516 − 484 = 32 v	(13) 853 − 217 = 636 v	(14) 590 − 264 = 326 v	(15) 763 − 49 = 714 v
(16) 960 − 37 = 923 v	(17) 643 − 349 = 294 v	(18) 432 − 127 = 305 v	(19) 824 − 367 = 457 v	(20) 605 − 438 = 267 f
(21) 736 − 89 = 647 v	(22) 402 − 76 = 326 v	(23) 577 − 378 = 199 v	(24) 613 − 108 = 405 f	(25) 534 − 298 = 236 v
(26) 653 − 309 = 344 v	(27) 225 − 97 = 128 v	(28) 800 − 92 = 708 v	(29) 705 − 309 = 396 v	(30) 1000 − 92 = 908 v

Du hast von 30 Punkten 28 Punkte erreicht

gut

(1)

(1) Klassenarbeit 2. Halbjahr, 3. Klasse - Grundschule

Die besseren Noten unter diesen Arbeiten sind trügerisch: Was in den Klassenarbeiten vom 10.03.00 und 06.04.00 lediglich verlangt war, sind die schriftlichen Rechenarten der Addition und bei Subtraktion. Hier erbringen nahezu alle rechenschwachen Kinder bessere, teilweise auch (insbesondere die teilleistungsschwachen Kinder) gute Leistungen. Verlangt ist ein reines Schema und das Abzählen von Ziffern getrennt nach den einzelnen Stellenwerten. Wenn sich also keine Verzählfehler einschleichen, sind die Lösungen zu einem großen Teil richtig - und die werden schlussendlich ja bewertet.

Auch wenn es dem Kind natürlich zu gönnen ist, einmal eine gute Note zu erhalten - von einem Verständnis des sachlichen Inhalts ist es nach wie vor weit entfernt. Und von einer „besser ausgeprägten Zahlvorstellung“ kann ebenfalls keine Rede sein. Es wurde lediglich der Zahlenraum auf 20 komprimiert und das Zählen bis 20 beherrschen viele rechenschwache Kinder perfekt, da es eine ihrer zentralen „Rechenstrategien“ ist.

Eine solche „Besserung“ wird häufig mit Kommentaren wie „Der Knoten ist geplatzt!“ oder „Der Groschen ist endlich gefallen!“ begleitet. Dass dem nicht so ist, zeigt die erste Klassenarbeit im 4. Schuljahr. Sobald ein gewisses analytisches Verständnis des Sachinhalts verlangt ist, sacken die Leistungen des Kindes ab. Stehen im 4. Schuljahr schriftliche Multiplikationen auf dem Stundenplan, werden die Leistungen wieder besser werden. So entsteht ein stetes Auf und Ab der Leistungsbewertungen, die dann am Ende der Grundschulzeit im Durchschnitt mit einem Ausreichend oder gar Befriedigend bewertet werden. Über das Verständnis von Mathematik sagt dies allerdings nichts aus.

Name: Desire   Nr. 1   Datum: 5.9.00

1.

423	658	369	284	647
+ 246	+ 203	+ 486	+ 576	+ 258
669 ✓	861 ✓	843 f	800 f	905 ✓

2. Schreibe untereinander und subtrahiere

875 – 323   936 – 485   706 – 387   910 – 516

875	936	706	910
– 323	– 485	– 387	– 516
198	451	113	394 ✓

3. 3 · 29 = 60 + 27 = 87 ✓   5 · 48 = ______ = ______

7 · 51 = 35 + 7 = 42   9 · 72 = ______ = ______

4 · 92 = ______ = ______   6 · 55 = ______ = ______

6 · 15 = ______ = 90 ✓   8 · 44 = ______ = ______

4. 6 · 12 + 5 = 72 + 5 = 77 ✓   8 · 11 – 9 = ______ = ______

7 · 11 + 8 = ______ = 857   7 · 12 – 8 = ______ = ______

5 · 20 + 9 = ______ = 109   6 · 12 – 5 = ______ = ______

5. 328 : 8 =
~~300 : 3 = 240~~
~~28 : 3 = 27~~

495 : 5 = 225
400 : 5 = 200
5 : 5 = 25
9 : 5 =

354 : 6 = 104
300 : 6 = 180
4 : 6 = 24
5 : 6 =

6. Die Hefte im Dreierpack kosten 3,60€
Nils kauft nur 1 Heft.
Frage: Wieviel bezahlt er.
Antwort: er bezahlt 1,02€

Rechnung:
360 : 3 = 102 €
300 : 3 = 100 €
60 : 3 = 2 €

7. Nina kauft 5 Tintenkiller für 6,50 €
Maik kauft ihr 2 Stück ab.
Frage: Wieviel bezahlt sie
Antwort: Sie bezahlt 3,25€

Rechnungen
650 : 5 = 325 €
600 : 5 = 300 €
5 : 5 = 25 €

Du hast von 32 Punkten [10] Punkte erreicht!

mangelhaft   (1)

(1) Klassenarbeit 4. Klasse, 1. Halbjahr - Grundschule

Ein Fazit

Eines ist sicherlich richtig: Wenn ein Schüler ständig gute Zensuren nach Hause bringt, so ist an dem inhaltlichen Kenntnisstand des Kindes wohl nicht zu zweifeln. Und auch der umgekehrte Fall trifft zu: Fallen die in Noten ausgedrückten Leistungen des Kindes konstant schlecht aus, kann kaum ein Zweifel an den Schwierigkeiten des Kindes im Fach Mathematik bestehen. Insofern ist die Klassenarbeit tatsächlich eine Lernzielkontrolle.

Geht man ausschließlich von der Bewertung in Form einer Note aus, indem richtige und falsche Ergebnisse zusammengezählt werden, weiß man aber nicht mehr als: Der eine kann es und der andere eben nicht! Warum dies so ist, bleibt bei einer solchen Betrachtungsweise außen vor. Während dies im ersten Fall wahrscheinlich keine negativen Konsequenzen zeitigt (auch hier lohnt es sich immer nachzuschauen, wie das Kind rechnet - gerade im Anfangsunterricht), sieht dies im zweiten Fall ganz anders aus. Oftmals wird mangelnde Übung, Begabung, Aufmerksamkeit oder Konzentration für das eklatante Versagen als Ursache angenommen. Was in aller Regel einsetzt, sind stundenlange Übungen zu Hause; in der Schule erhalten die Kinder über Jahre Förderunterricht und wiederholen den aktuellen Schulstoff, ohne dass sich eine Besserung einstellt. Wie kann hier die Lernzielkontrolle Klassenarbeit Hilfestellungen leisten?

Sicherlich nicht durch die Betrachtung der Leistung als Note selbst. Es ist eine inhaltliche fehleranalytische Untersuchung der Rechenwege des Kindes notwendig - bei den richtigen wie auch bei den falschen Ergebnissen! Nur diese verschafft dem Lehrenden ein Bild über die Denk- und Rechenstrategien des Schülers und somit auch über die Ursachen der Fehler. Dazu ist es dringend erforderlich, mit dem Schüler zusammen ein diagnostisches Interview zu führen, insbesondere dann, wenn man als Lehrkraft wenig Erfahrung mit fehleranalytischen Untersuchungen hat. Vielen Fehlern sieht man nicht an, wie sie entstanden sind (und den richtigen Ergebnissen erst recht nicht). Erst wenn die Rechenstrategien des Kindes klar erkannt worden sind und somit auch die möglichen Ursachen für das Versagen in der Mathematik, kann sinnvoll überlegt werden, wo und wie eine Förderung konstruktiv ansetzen kann.

Zu bedenken ist auch, dass rechenschwache Kinder in ihren Noten stark schwanken können. Ebenso ist es möglich, dass sie mit einem Befriedigend nahezu die gesamte Grundschulzeit durchlaufen können. In beiden Fällen muss die Klassenarbeit als fehleranalytisches Instrument begleitend zum Unterricht genutzt werden.

Des Weiteren wurde dargestellt, wie es dazu kommt, dass Schule und Elternhaus über dasselbe Kind zu gegensätzlichen Urteilen gelangen. Es ist u.a. das Engagement der Eltern, das lange Zeit dafür sorgen kann, dass grundlegende Defizite jahrelang „notenunauffällig“ bleiben, weil das Kind - mit den notwendigen Tipps und Tricks von zu Hause ausgestattet - ausreichende oder wie in Desires Fall befriedigende Ergebnisse produziert.

Nur eine förderdiagnostische Betrachtung kann hier mögliche Defizite aufdecken.

9.3 Deborahs Klassenarbeit aus der Sicht des Kindes

20. Oktober 2000, die dritte Stunde einer Dortmunder Grundschule hat soeben begonnen. Deborah hat gerade von ihrer Lehrerin das Arbeitsblatt für die seit einigen Tagen angekündigte Klassenarbeit erhalten. Deborah ist eine neunjährige Drittklässlerin, mit deren schulischen Leistungen alle - Eltern wie Lehrer - hochzufrieden sind. Ein Blick in das Halbjahreszeugnis des Mädchens bestätigt diesen Eindruck:

Lernbereiche/Fächer:

Religionslehre/~~Türkisch~~	sehr gut	Sachunterricht	sehr gut
Sprache		Mathematik	befriedigend
- Sprachgebrauch	sehr gut	Sport	gut
- Lesen	sehr gut	Musik	sehr gut
- Rechtschreiben	sehr gut	Kunst/Textilgestaltung	sehr gut
		Schwimmen	teilgenommen

Es besteht nicht der geringste Grund zur Besorgnis: Die Gymnasialkarriere der Neunjährigen scheint bereits in trockenen Tüchern zu sein. Und im Fach Mathematik ein Befriedigend, das ist auch in Ordnung! Man kann ja schließlich nicht alles sehr gut können und eine „Begabung“ für's Rechnen ist eben nicht jedem in die Wiege gelegt worden. In Erinnerung an die eigene Schulzeit hält die Mutter eine Drei für eine absolut passable Note. Niemand denkt an diesem Morgen auch nur im Entferntesten daran, dass es schulisch einmal Probleme geben könnte - Deborah selbst auch nicht! Erst viel später, Mitte der 4. Klasse wurde eine Referendarin auf die massive Rechenschwäche des Kindes aufmerksam.

Wie an fast allen Tagen ist Deborah auch heute frohgemut und recht hoffnungsvoll in die Schule gegangen. Sie hat zwei Tage vorher für den Test fleißig geübt und fühlt sich für die kommenden Anforderungen gut gerüstet. Angst vor Klassenarbeiten, Bauchweh und Kopfschmerzen kennt sie (noch) nicht.

So beginnt sie mit dem Test. Zunächst Name und Datum notieren:

Klassenarbeit Nr. 1 Datum: 20.10.00

Name: Deborah

„So, und jetzt die erste Aufgabe. Toll, alles schriftlich untereinander! Die kann ich gut!“

Bei der ersten Addition unterläuft dem Kind ein Fehler:

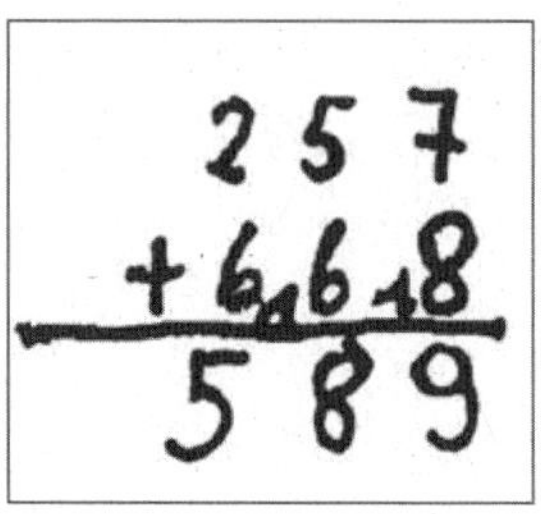

„Hups“, fällt ihr gerade noch auf, „da darf ich ja nicht ‚von-bis' rechnen, das ist ja nur bei Minus so!“ Schnell streicht Deborah das falsche Ergebnis durch und zählt mit den Fingern jeden einzelnen Stellenwert durch: „Bei 9 anfangen und 7 hoch zählen; 9, 10, 11, 12, 13, 14, 15“, denkt sich Deborah. Jetzt kontrolliert sie, ob sie auch 7 Finger aufgeklappt hat: „Ja, richtig!“, entscheidet das Mädchen.

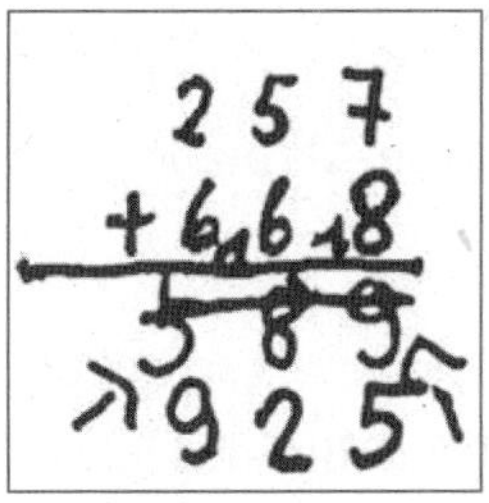

„Und jetzt da unten die 5 hinschreiben und da die kleine 1, weil ich mehr als 10 gezählt habe!“ Das gleiche Verfahren nun noch auf der Zehner- und der Hunderterstelle und das Ergebnis passt. „Jetzt gucke ich mal, ob die anderen Aufgaben genauso gehen.“ Erfreut kann Deborah diese Frage mit „ja“ beantworten und dank ihrer sehr guten Gedächtnisleistungen und ihrer durch fleißiges Üben ausgefeilten Zählfertigkeiten ist der erste Aufgabenblock nach knapp fünf Minuten erledigt. Zur vollen Zufriedenheit von Deborahs Lehrerin. Die ersten fünf Punkte sind einkassiert!

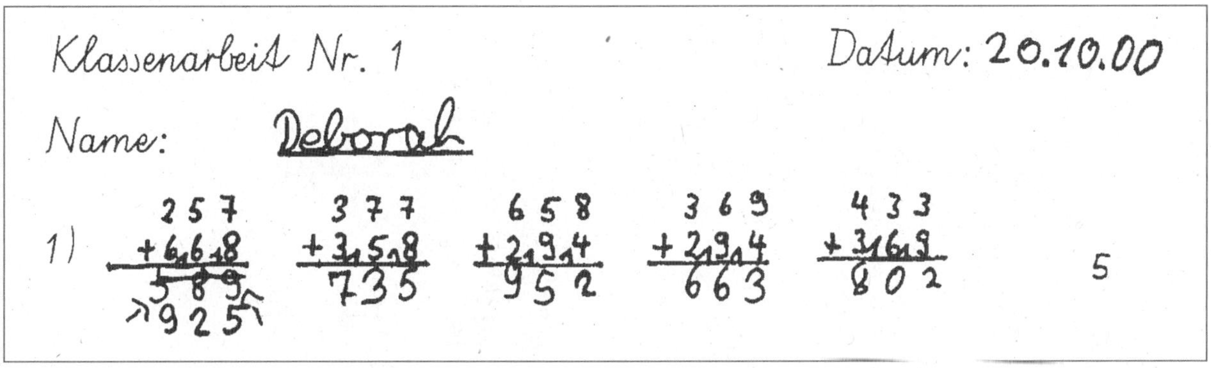

Das mit dem „Untereinander-Rechnen“ kann Deborah schon seit der 2. Klasse. Mama hat ihr den „Trick“ gezeigt, als es beim Addieren und Subtrahieren von zweistelligen Zahlen plötzlich und vollkommen unerwartet zu nahezu unüberwindbaren Schwierigkeiten kam. Mit dem neuen „Trick“ klappte dann aber alles wieder wie geschmiert. Nur ein bisschen langsamer als die anderen war Deborah immer - was für ein Wunder! Für ein Befriedigend hat es aber immer gelangt!

„Jetzt die Nummer zwei. Super, das sind die gleichen wie oben!“, denkt sich Deborah und legt kurz den Stift zur Seite; nun verschwinden die Finger unter dem Tisch und Stelle für Stelle wird jede einzelne Aufgabe durchgezählt. Nach neun Minuten sind weitere fünf Punkte eingefahren.

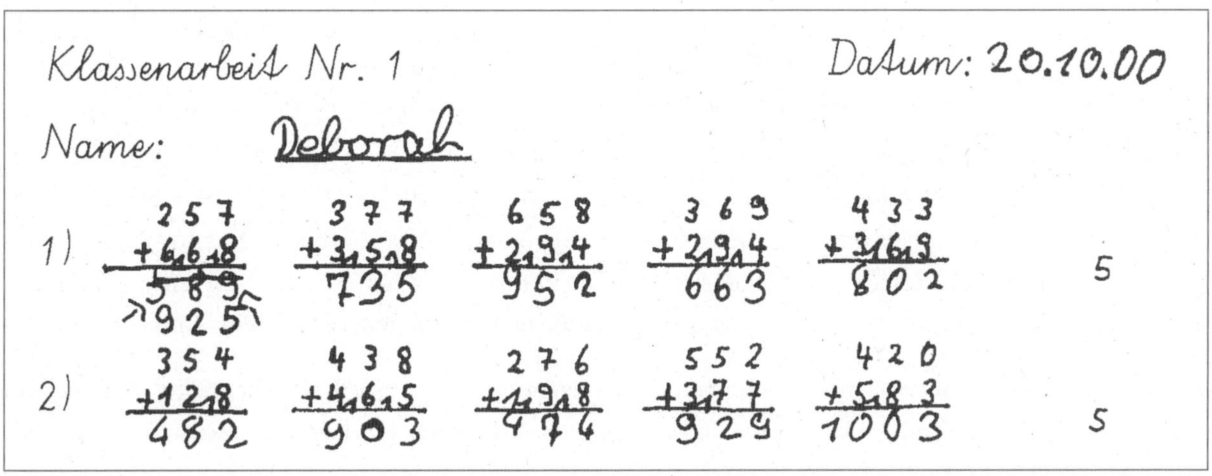

Schnell macht sich das Kind an die Lösung der dritten Aufgabe. Schließlich kommen weiter unten noch Mal-Aufgaben aus dem großen Einmaleins - die kann sie noch nicht so gut. Und am Schluss ist da wie immer noch eine Textaufgabe: „Dafür brauche ich bestimmt wieder viel Zeit!“ In der Aufgabe Nummer drei ist das schriftliche Subtraktionsverfahren angesagt. Deborah überlegt: „Zuerst muss ich wissen, ob das geht. Wenn es geht, kann ich minus rechnen; wenn es nicht geht, muss ich ‚von-bis‘ rechnen.“

Deborah kontrolliert die erste Aufgabe: „0 minus 0, das ist komisch, da muss man gar nichts rechnen, aber das geht, das sind 0; 8 minus 3, das geht auch - das sind ... 7, 6, 5. Und 8 minus 6 geht auch - da brauche ich die Finger, das sind ... 7, 6, 5, 4, 3, 2 - fertig, das sind 250.“

Erfreut stellt das Mädchen fest, dass die restlichen vier Aufgaben auch alle „gehen“. Da ihr das Rückwärtszählen etwas schwerer fällt, benötigt sie für die dritte Aufgabe mehr Zeit. Bei der letzten Aufgabe verzählt sie sich, merkt es aber noch früh genug und korrigiert ihre „Rechnung“ - leider falsch, was die Lehrerin glücklicherweise übersieht. Der Test sieht nun so aus:

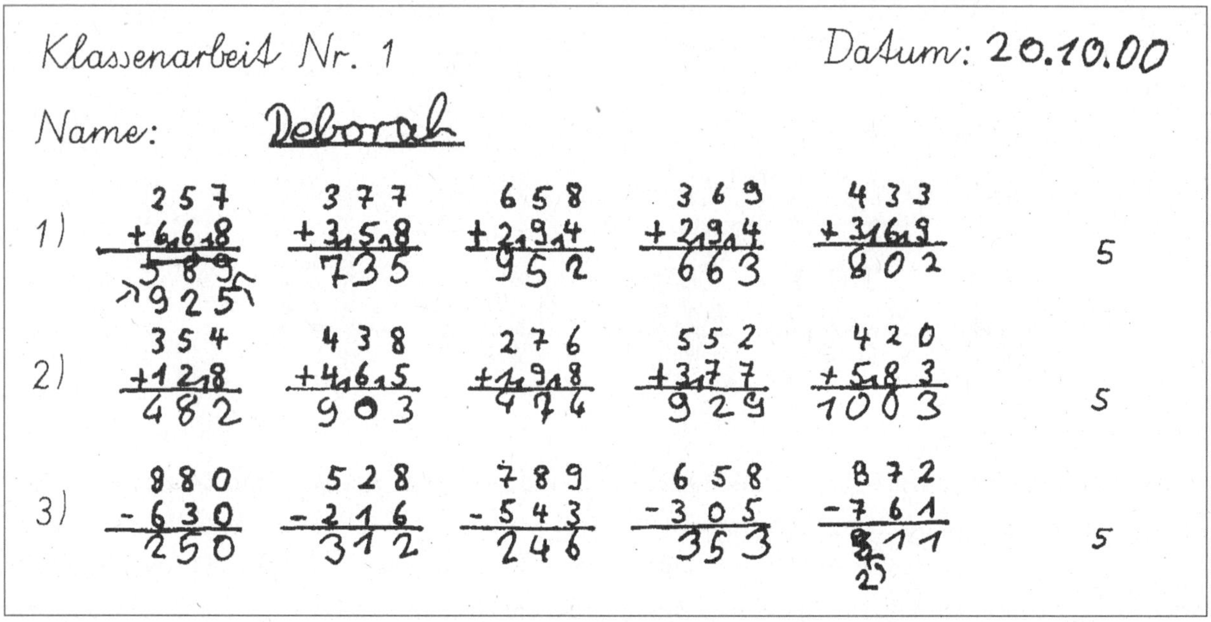

15 von 33 möglichen Punkten sind erreicht, notiert die Lehrerin zufrieden bei der Korrektur von Deborahs Klassenarbeit. Vielleicht wird es für ihre Lieblingsschülerin ja diesmal endlich eine Zwei - und so richtig kann sie es sich auch nicht erklären, warum ihre ansonsten klassenbeste Schülerin in Mathematik partout nicht über ein Befriedigend hinauskommt.

Deborah macht sich an die Lösung von Aufgabe Nummer vier: „Das ist wieder Minus. Ich muss gucken, ob die auch ‚gehen'!“ Sie schaut sich die Ziffern auf der Einer-Stelle an: „4 minus 8, das geht nicht!“ Das fleißige Üben tags zuvor zahlt sich nun aus: „Wenn das nicht geht, dann muss ich ‚von-bis' zählen und weil das von 8 bis 4 nicht geht, muss man von 8 bis 14 zählen, weil das dann geht.“ Und schon verschwinden die Finger erneut unter dem Tisch, und Deborah zählt ‚von-bis': „9, 10, 11, 12, 13, 14 - das sind 1, 2, 3, 4, 5, 6 Finger - also kommt da die 6 hin.“ Jetzt heißt es aufgepasst: „Beim von-bis-Trick muss ich unten immer eine kleine 1 hinschreiben, sonst ist das falsch! Die kommt dann zur 5 dazu.“ Und jetzt: „1 minus 6, das geht auch nicht. Da muss ich wieder von 6 bis 11 zählen und unten wieder eine kleine 1 hinschreiben!“

Nach 20 Minuten ist auch Aufgabe Nummer vier vollständig gelöst. Die Lehrerin notiert weitere fünf Punkte; das macht zusammen bereits zwanzig Punkte bei bisher nur einer (glücklicherweise nicht entdeckten) falschen Lösung.

Soweit zum „Lieblingsthema“ unserer Drittklässlerin (schriftliche Rechenverfahren) - jedenfalls, was Mathematik betrifft (was bei sehr vielen rechenschwachen Kindern zu beobachten ist). Jetzt wird die Sache etwas kniffeliger: Das große Einmaleins steht an. Hier ist zumindest ein gewisses analytisches Verständnis der Sache verlangt (Distributivgesetz und die Kenntnis des Stellenwertsystems).

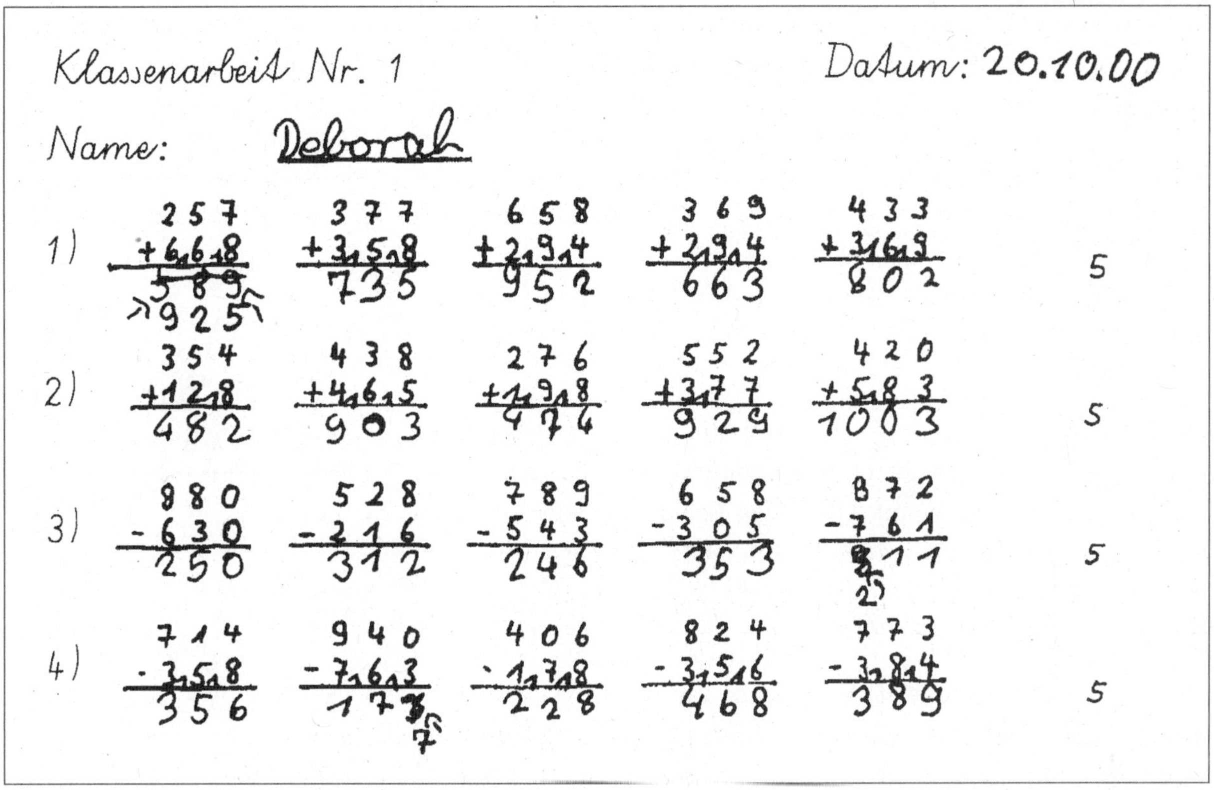
Klassenarbeit Nr. 1 Datum: 20.10.00

Name: Deborah

1)	257 + 668 = 925	377 + 358 = 735	658 + 294 = 952	369 + 294 = 663	433 + 369 = 802	5
2)	354 + 128 = 482	438 + 465 = 903	276 + 198 = 474	552 + 377 = 929	420 + 583 = 1003	5
3)	880 − 630 = 250	528 − 216 = 312	789 − 543 = 246	658 − 305 = 353	872 − 761 = 811	5
4)	714 − 358 = 356	940 − 763 = 177	406 − 178 = 228	824 − 356 = 468	773 − 384 = 389	5

Deborah kommt gewaltig ins Schleudern, denn zu beiden Sachen hat sie mangels entsprechender Fertigkeiten ein äußerst distanziertes Verhältnis.

Bei Aufgabe Nummer fünf steht:

5) Rechne mit dem Malkreuz!

Auch wenn Deborah eine sehr gute Auswendiglernerin ist, vergisst sie doch immer wieder die Reihen des kleinen Einmaleins. Nur die 2er-, die 5er- und die 10er-Reihe kann sie sich gut merken.

Das erste Malkreuz sieht so aus (Abb. 1):

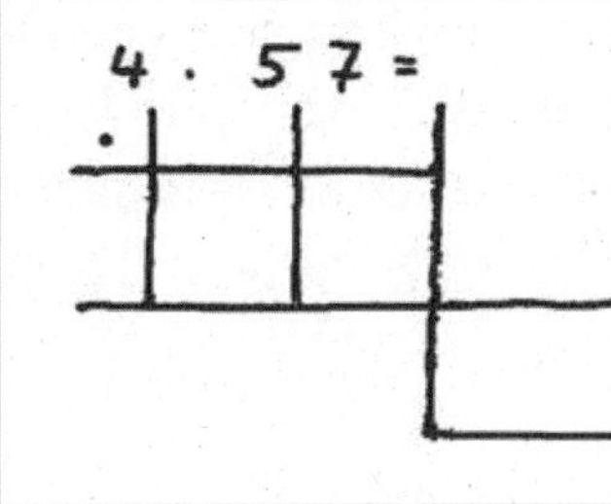

Abb. 1

Deborah versucht sich an den gestrigen Nachmittag zu erinnern: „Wie war das noch? Was hat Mama mir gesagt, wie das geht?" Dann fällt es ihr wieder ein: „Wegen der 57 kommt oben die 50 und die 7 hin, weil da ja zwei Kästchen frei sind, und dann bleibt nur noch die 4 übrig und die kommt in das eine Kästchen links hin, weil ich sonst ja keine Kästchen zum Rechnen mehr frei habe!"

Die Aufgabe bietet nun folgendes Bild (Abb. 2):

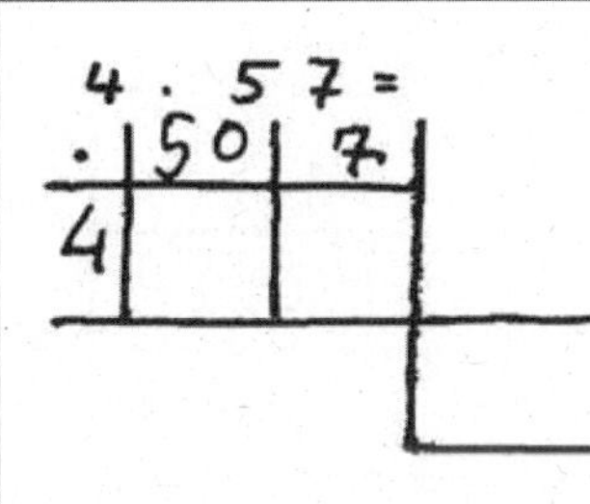

Abb. 2

„Jetzt muss ich Mal rechnen!" Deborah zählt die ersten vier Zahlen der Fünferreihe hoch: „5, 10, 15, 20, also 20 und jetzt noch der Trick mit dem Null dranhängen, das sind dann 200!" Jetzt muss sie 4 mal 7 rechnen. Ausgerechnet die 7er-Reihe, die hasst Deborah am Allermeisten. Sie beginnt: „7, 14 ...?" Sie weiß nicht weiter und das schon bei der ersten Mal-Aufgabe! Erneut ver-

Verschwinden die Finger unter dem Tisch. Deborah zählt hoch: „15, 16, 17, 18, 19, 20, 21 - das sind dreimal; 22, 23, 24, 25, 26, 27, 28, - das sind dann viermal, also 28!"

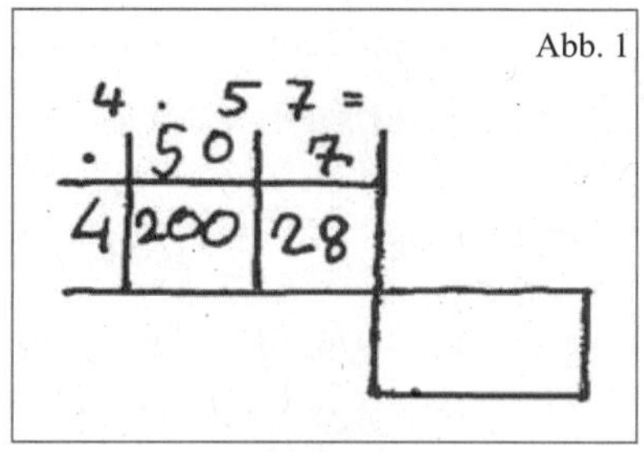

Abb. 1

Jetzt sieht die Aufgabe so aus (Abb. 1):

„Was kommt denn jetzt dran?", fragt sich Deborah kurz, „Ach ja, plus rechnen!" Sie stellt sich die Zahlen 200 und 28 im Kopf untereinander vor und addiert sie Stelle für Stelle. Die erste Aufgabe ist bewältigt! (Abb. 2)

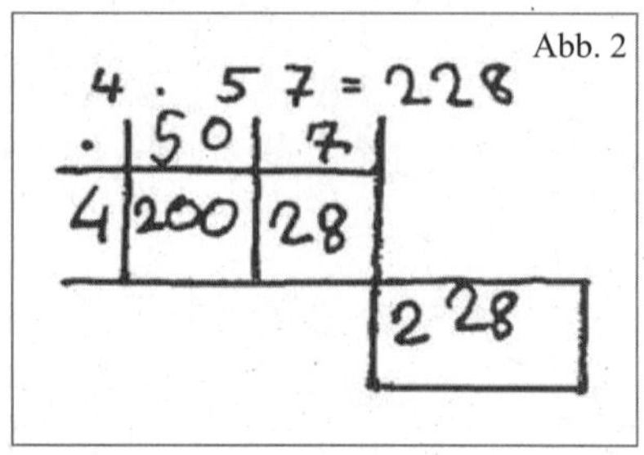

Abb. 2

Das hat gedauert! 25 Minuten sind nun um, und auch Deborah merkt, dass die ganze Sache zeitlich ziemlich eng wird, wenn sie nicht schneller vorankommt. Die ersten Fehler schleichen sich ein.

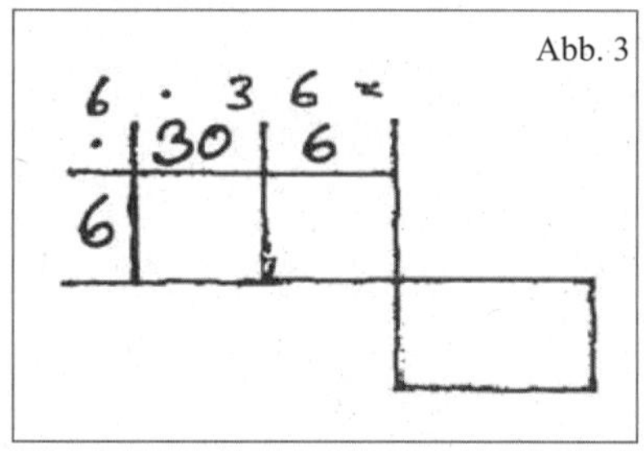

Abb. 3

Die nächste Aufgabe steht an (Abb. 3):

Deborah überlegt: „Die 6er-Reihe 6, 12, 18, 30 - also viermal und wegen der 30 kommt da an die Vier die Null dran, also sind das 40, wegen den 4-mal!" Irgend etwas kommt ihr komisch vor. Nicht selten verzählt sich Deborah. Sie „kontrolliert" deshalb ihr Ergebnis noch einmal: „6, 12, 18, 24, 30 - ach ja, fünfmal, dann sind das 50 und nicht 40!"

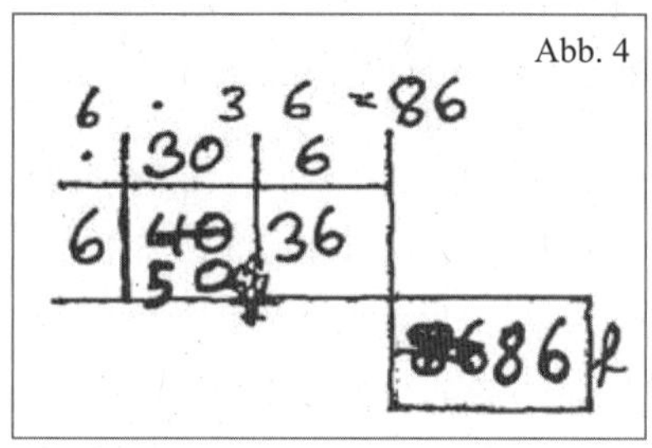

Abb. 4

„Und jetzt nochmal die 6er-Reihe. 6, 12, 18, 24, 30, 36." Die beiden Ergebnisse werden abermals im Kopf untereinander vorgestellt und Stelle für Stelle addiert. Die Lösung schaut nun so aus (Abb. 4):

Die zwei folgenden Aufgaben löst sie nach dem gleichen Algorithmus wie die letzte. Wegen einiger richtiger Zwischenergebnisse gibt's 4 ½ Punkte, macht zusammen 24 ½ von 33 möglichen Punkten. Deborahs Klassenarbeit mausert sich:

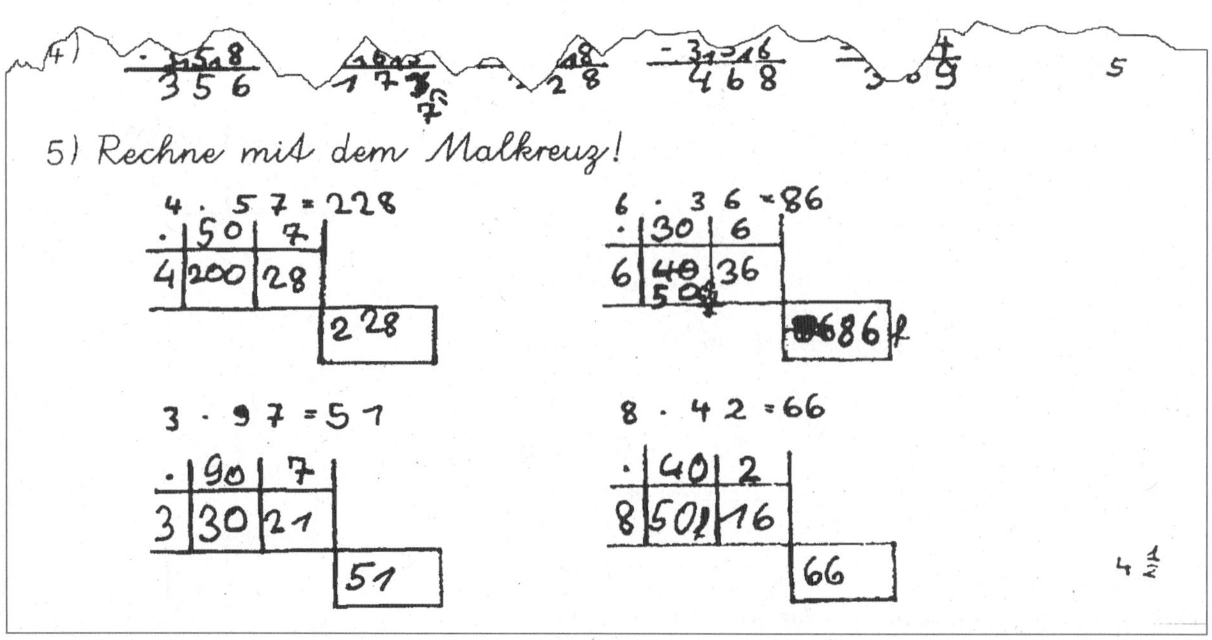

Aufgabe Nr. 6. Hier steht:

6) Rechne auf deinem Weg!

Angesichts des mittlerweile eingetretenen erheblichen Zeitmangels lässt sich das Deborah nicht zweimal sagen. Doch dann hält sie inne: „Mein Weg? Mama findet meinen Weg immer falsch. Sie fragt immer: ‚Was rechnest du denn da?'" Und auch Deborahs Lehrerin ist von den eigenen Rechenwegen ihrer Schülerin keineswegs begeistert. Deborah mag es gar nicht, wenn die ganze Klasse lacht - immer dann, wenn sie nach „ihrem Weg" rechnet. Und falsch sind die Aufgaben dann meistens auch: „Obwohl ich mir doch was aussuchen darf!"

Deborah schiebt ihre Zweifel zur Seite: „Ich soll mir was aussuchen und das tue ich jetzt auch!"(Abb. 1)

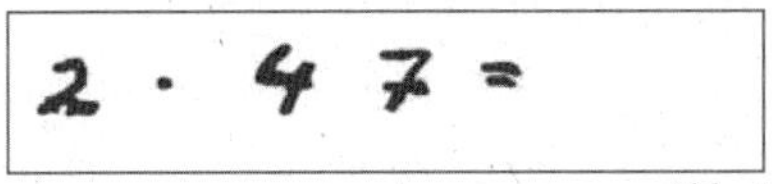

Abb. 1

Sie beginnt: „2, 4 - also 2mal und wegen der Null bei der 40 muss die dran, und wegen dem 2mal sind das dann 20! Und jetzt 7, 14 und dann noch plus rechnen!" Die Lösung lautet (Abb. 2):

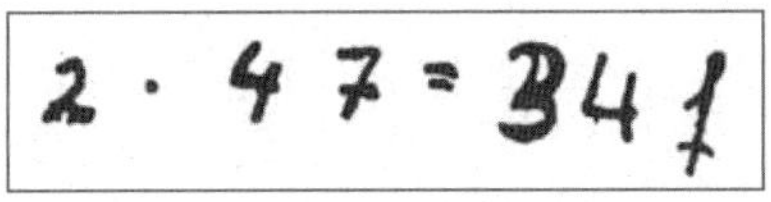

Abb. 2

Die nächste Aufgabe (Abb. 3); Deborah beeilt sich:

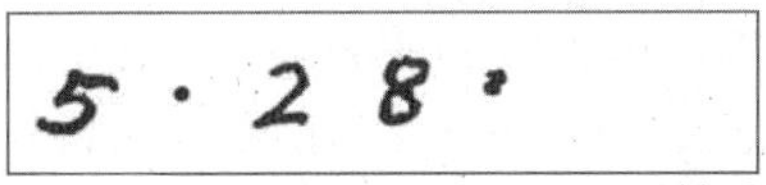

Abb. 3

Sie erinnert sich an die Überschrift „Rechne auf deinem Weg!": „Also, 2 + 8, das sind 10; dann 5mal die 10, das sind ... 10, 20, 30, 40, 50 - also kommt da 50 raus!" (Abb. 4)

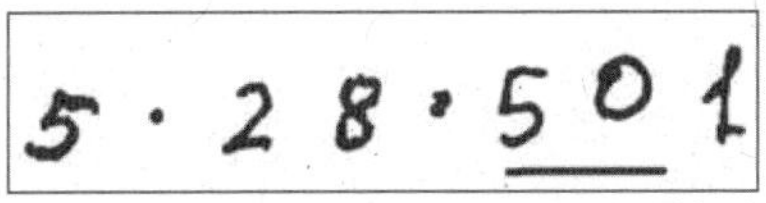

Abb. 4

Und nun die nächste: „10 mal 35 = ? 3 + 5 = 8 und einmal 8 ist 8, plus die Null sind immer noch 8!" „10 mal 74 = ? 7 + 4 = 11 und einmal 11 ist wieder 11; und hier probiere ich mal den Trick mit der Null - das sind dann 110!" Wenige Minuten vor dem Ende der Stunde sehen Deborahs Ergebnisse aufgrund höchst eigen entdeckter Rechenwege nun so aus - und dies war nun wirklich nicht im Sinne des Erfinders. „Rechne auf deinem Weg!" bietet nun folgendes, eher trauriges Bild:

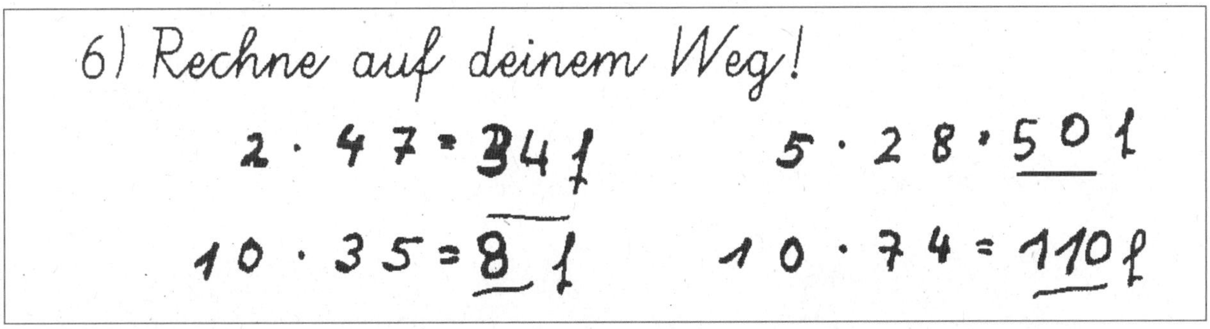

„Warum hat das Kind bei Klassenarbeiten immer solche ‚Black-outs'?" fragt sich die Lehrerin bei der Korrektur von Deborahs Arbeit. Für die letzte Aufgabe kann sie selbst bei bestem Willen keinen Punkt verteilen. Recht fassungslos schaut sie sich die scheinbar unerklärlichen Ergebnisse an. Auf dem Zeugnis der 2. Klasse hatte sie noch vermerkt:

<u>Das kleine Einmaleins beherrscht sie zunehmend sicherer. Das Dividieren hat sie verstanden.</u>

„Und nun schon wieder so was!", schließt die Lehrerin ihren Gedanken kopfschüttelnd ab.

Wenn Deborah das Dividieren verstanden hätte, müsste sie auch das Multiplizieren verständig durchführen können, wovon sie allerdings Lichtjahre entfernt ist! Richtige Ergebnisse kommen bei rechenschwachen Kindern gerade beim kleinen Einmaleins und Eins-geteilt-durch-Eins immer wieder vor - vorausgesetzt, sie lernen die Reihen durch fleißiges Üben auswendig. Mit einem Verständnis der Rechenart hat dies jedoch nichts zu tun!

Die letzten Minuten sind angebrochen - Endspurt! Nr. 7 ist eine Textaufgabe, wie immer: Die mag Deborah überhaupt nicht.

> 7) Die Strecke von Hamburg nach Berlin ist 267 km lang,
> die Strecke von Berlin nach Dresden 151 km lang.

Der erste Versuch führt dann auch tatsächlich zur richtigen Lösung - das kommt dem Mädchen komisch vor: „Sonst sind die doch immer so schwer und meistens habe ich sie falsch!" Deborah ist sich extrem unsicher; sie streicht alles durch und entschließt sich mit leisem Grummeln im Bauch zu einer neuen Strategie - die Nachbarin muss herhalten. Eigentlich mag Deborah Abgucken nicht, aber sie möchte endlich auch einmal mit einer Mathe-Arbeit fix und fertig werden. Das ist ihr in diesem Schuljahr noch nie gelungen; zudem drängt die Zeit. Damit ist das schlechte Gewissen vorerst beruhigt.

Deborah löst ihr Haarband. Ihr Kopf neigt sich nach unten und verstohlen fällt ihr Blick durch ihre langen Haare auf das Blatt der Nachbarin. „Laura ist gut in Mathe, fast die Beste - dann wird das bestimmt richtig sein", denkt sich Deborah, schreibt die Frage und die Rechnung ab, ohne dass sie bemerkt, dass es das gleiche ist, was sie Minuten zuvor selbst zu Papier gebracht hat. „Jetzt noch die Antwort", und plötzlich ist das rettende Ufer weiter weg als je zuvor - das Blatt ist weg, Laura hat ihre Arbeit abgegeben. „Ich brauche eine Antwort!", flüstert Deborah leise vor sich hin, liest sich dann nochmals die Frage durch und schreibt die Antwort auf - dann: „Jetzt kommt die Zahl! Welche nehm' ich nur? Da sind drei Stück; die 267, die 151 und die 418?" Die Lehrerin steht bereits neben ihr und möchte ihr Blatt einsammeln. „Die 151! Schließlich habe ich die ja auch „Plus" gerechnet. Die muss richtig sein!"

Geschafft! In der nächsten Stunde steht Sachkunde an - das managt Deborah mit links!

Die Lehrerin korrigiert Deborahs letzte Aufgabe. Diese bietet ein reichlich chaotisches Bild:

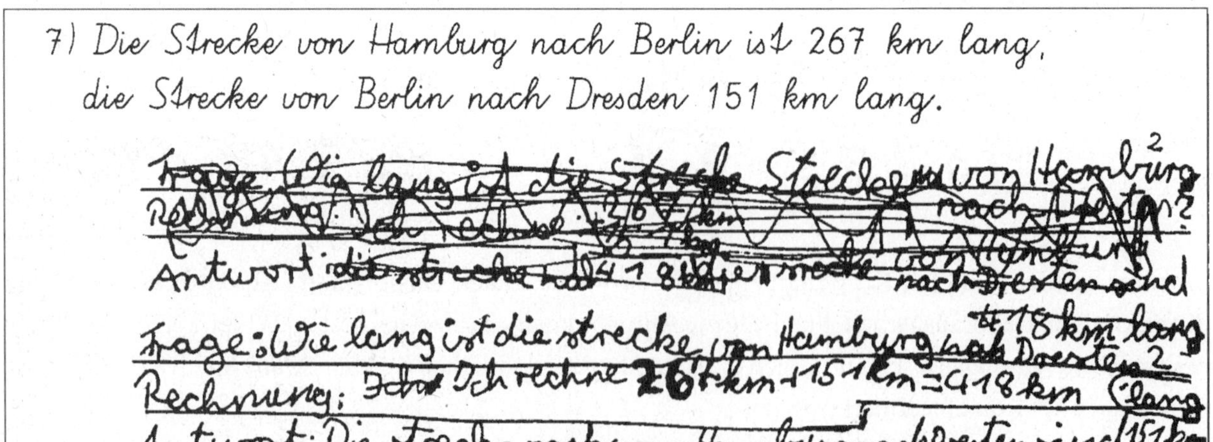
7) Die Strecke von Hamburg nach Berlin ist 267 km lang,
die Strecke von Berlin nach Dresden 151 km lang.

Frage: Wie lang ist die strecke von Hamburg nach Dresten? 2
Rechnung: Ich rechne 267 km + 151 km = 418 km 2
Antwort: Die strecke von Hamburg nach Dresten sind 151 km

Für die richtige Frage und die richtige Rechnung gibt's nochmals 2 Punkte. Die Lehrerin überdenkt nochmals ihren Notenschlüssel, weil die Arbeit diesmal sehr gut ausgefallen ist, was wegen der schriftlichen Rechenverfahren auch nicht verwundert, das kennt die erfahrene Lehrerin schon aus vielen Jahrgängen zuvor. Dann folgt die Bewertung:

befriedigend (3)

Von 33 Punkten hast du $26\frac{1}{2}$ Punkte erreicht

Schon am nächsten Tag erhält Deborah ihre Klassenarbeit zurück. Während sich die Lehrerin zu Deborah runterbeugt und ihr das Blatt in die Hand drückt, macht sie dem Kind Mut: „Schade Debbi! Du hast so gut angefangen! Übe weiter fleißig das kleine Einmaleins, dann wird es das nächste Mal bestimmt eine Zwei!“

Hier hat sich die Lehrerin allerdings gründlich geirrt! Das war die letzte Drei, die Deborah bis heute in einer Mathematikarbeit zu Wege gebracht hat. Im 4. Schuljahr sackten die Leistungen des Kindes auf ein Ausreichend ab. Eine Referendarin hatte die Klasse übernommen. Im Lehrerseminar hatte sie einen dreistündigen Vortrag über das Phänomen einer Dyskalkulie gehört. Schon nach 2 Wochen stand für sie fest: Deborah ist eine rechenschwache Schülerin! Eltern, die vorherige Lehrerin und auch die Direktorin waren in höchstem Maße erstaunt, obwohl auch sie sich das Abrutschen einer ihrer ansonsten besten Schülerinnen in Mathematik einfach nicht erklären konnten.

Bei Deborah wurde eine förderdiagnostische Untersuchung eingeleitet. Diagnose: Rechenschwäche schweren Ausprägungsgrades. Deborah hatte bereits beim Zahlbegriffsaufbau große Lücken. Dieser entwickelt sich bereits in der Vorschulzeit. Selbst Aufgabenstellungen wie 8 - 5 konnte Deborah nur an den Fingern einzeln abzählend lösen.

Heute besucht Deborah die 5. Klasse eines Gymnasiums. In allen Fächern außer der Mathematik weist sie nach wie vor gute und sehr gute Leistungen auf. Mit ihren Rechentricks war aber von Anfang an Schluss! Auch mit Hilfe ihrer Therapeutin war es für Deborah sehr schwierig, sich auf ihre neue Standardnote einzustellen: Ungenügend! Das war Deborah nicht gewohnt und kostete sie in der Schule und zu Hause viele Tränen. Bauch- und Kopfschmerzen hat sie mittlerweile auch - immer dann, wenn eine der verhassten Mathearbeiten ansteht!

Deborahs neuer Mathematiklehrer ist hoffnungslos überfordert. „Eigentlich müsste ich den gesamten Grundschulstoff noch einmal von vorne durchmachen“, berichtet er in einem Telefonat mit der Therapeutin. „Deborahs derzeitige Bewertung ist ernst genommen eher noch geschmeichelt. Das ist nicht „ungenügend" - da ist gar nichts! Das Kind stand doch in der Grundschule auf einem einigermaßen sicheren Befriedigend bis Ausreichend. Ich kann mir das einfach nicht erklären.“

Das geht auch nicht, wenn man immer nur auf die Note schaut!

Nun ja! Das Abitur hatte er bereits in der Tasche! Richtig ist auch, dass Mathe nicht alles im Leben ist. Aber so einfach sollte man es sich auch nicht machen!

10 Qualitative Förderdiagnostik an Beispielen

10.1 Fördergrundsatz VIII

Qualitative Förderdiagnostik erfordert viel Erfahrung und Fingerspitzengefühl. Es ist unerlässlich, die verschiedenen Fehlertypologien rechenschwacher Kinder genau zu kennen und sie aus dem Ergebnis der Rechenaufgaben (falls dieses falsch ist) „herauslesen" zu können. Dies trifft insbesondere dann zu, wenn es dem Kind sehr schwer fällt, seine Rechenwege von sich aus zu beschreiben. Häufig bekommt man auf die Frage: „Wie hast du das gerechnet?" lediglich die Antwort: „Im Kopf!" Um ein diagnostisches Interview sinnvoll führen zu können, muss das Kind zum „lauten Denken" und Beschreiben seiner Lösungswege angeregt werden, ohne dass Suggestivfragen gestellt werden. Zu beachten ist auch, dass verschiedene Fehlertypen in Kombination auftauchen können (z. B. Klappfehler und Verzähler um 1 bei Subtraktionen mit Zehnerübergang: 63 - 5 = 61).

Es gilt ferner zu bedenken: Keine förderdiagnostische Untersuchung gleicht genau einer anderen. Die relevanten Aufgabentypen sowie der Wechsel von verschiedenen Aufgaben und deren Schwierigkeitsgrad werden während der Untersuchung immer auf die individuellen Rechenstrategien eines Kindes hin ausgewählt. Das bedeutet, dass der Diagnostiker bereits im Verlauf der Untersuchung ein zunehmend genauer werdendes Bild von den Problemen des Kindes entwerfen muss. Die Hypothesen, die sich aus der Beobachtung ergeben, müssen durch die entsprechende Wahl von Aufgaben entweder verifiziert oder verworfen werden können. Zu den vielen anderen notwendigen Aspekten (die wir hier nicht alle aufführen können - diese sind Teil einer Ausbildung zum integrativen Lern- und Dyskalkulietherapeuten) gehört beispielsweise auch, ob dem Kind die Aufgaben nur vorgelesen oder schriftlich vorgegeben werden. Dabei ist genau zu analysieren, warum das Kind die Aufgaben nur dann bearbeiten kann, wenn es sie in schriftlicher Form vor sich liegen hat.

Daher haben wir uns entschlossen, den Charakter einer förderdiagnostischen Untersuchung hier an einigen Beispielen zu demonstrieren. Eine darüber hinaus gehende Darstellung förderdiagnostischer Vorgehensweisen erfordert als Minimalvoraussetzung eine intensive Fort- und Weiterbildung, wie sie die Facheinrichtungen des Arbeitskreises anbieten. Weitere gute Ausführungen zu diesem Themenkomplex findet man auch bei Gerster oder Wehrmann (siehe Anhang - Literaturempfehlungen).

Und zum Schluss ein wichtiger Tipp: Rechenschwache Kinder können nicht rechnen! Denken Sie daran, wenn sie Fehler analysieren wollen. Mit Ihrem richtigen mathematischen Wissen kommen Sie vielfach nicht hinter die Strategie des Kindes. Zählen Sie - dann klappt es besser!

10.2 Fünf Beispiele aus einer qualitativen Förderdiagnostik

Förderdiagnostik mit rechenschwachen Kindern muss einem hohen Anspruch gerecht werden: Sie ermittelt nicht, *wie viel* richtig ist, sondern auf welcher *kognitiven Grundlage* die Leistungen erbracht werden. Ziel ist daher nicht die Rangwertung der Leistungen, sondern das Darlegen des begrifflich Verinnerlichten beim Schüler. Daher gilt für diese Art der Untersuchung:

- Es werden charakteristische Fragen ausgewählt, mit denen festgestellt werden kann, welche Ergebnisse aus Einsichten produziert wurden und welche Ergebnisse Resultate unverstandener Reproduktion sind. Letztere stammen dabei häufig aus weit zurückliegenden Klassenstufen.

- Das Lösungsvorgehen des Schülers wird *während des Gesprächs* vom Interviewer festgehalten. Er fragt stets nach dem individuellen Lösungsweg. *Nach dem Gespräch* werden die subjektiven Strategien vom Interviewer analysiert und qualitativ ausgewertet.

Der Mangel klassischer Schulleistungstests

Klassische standardisierte Schulleistungstests sind bei Rechenschwäche ungeeignet. Sie haben den Mangel, dass sie rein ergebnisorientiert sind, d. h. sie schränken die Fehleranalyse in hohem Maße ein, indem sie nur richtige von falschen Ergebnissen scheiden, anschließend quantifizieren und die so gewonnene Quote einem festen Auswertungsschlüssel unterwerfen. Diese Tests sind im Kern wie Klassenarbeiten konzipiert und genügen den Anforderungen einer auf lerntherapeutische Intervention ausgerichteten Förderdiagnostik nicht. Diese Art der Testung trägt zum Verständnis der Schwierigkeiten, die Kinder beim Rechnen haben, wenig bei!

Was ist qualitative Fehleranalyse?

Überwinden lässt sich dieser Mangel durch eine *qualitative Fehleranalyse*. Diese zielt darauf ab, den Grad der begrifflichen Verinnerlichung mathematischer Inhalte zu ermitteln – eine quantitative Vergleichbarkeit der Probanden wird hierbei nicht angestrebt. Die qualitative Diagnostik ist immer eine *Differenzial-* und *Förderdiagnostik*. Sie untersucht die konkreten Schwierigkeiten im mathematischen Grundlagenbereich daraufhin, welche inhaltlichen Stoffgebiete davon betroffen sind, sowie deren individuelles Ausmaß und konkrete Erscheinungsformen. Die Zielsetzung liegt darin, aus der Art und Weise der Bearbeitung der Aufgaben, aus den Lösungen und den Lösungsbegründungen auf den aktuellen Lernstand der Probanden zu schließen. Die Analyse der subjektiven Bewältigungsstrategien, also der individuellen Algorithmen der Probanden beim Lösen mathematischer Aufgaben und Problemstellungen, soll hierzu das Mittel darstellen. Eine so ermittelte Standortbestimmung der Kinder im „mathematischen Gebäude“, die Konstatierung ihrer jeweiligen Lernausgangslage, ist die zentrale Grundlage für eine im Anschluss daran zu entwickelnde lerntherapeutische Förderkonzeption.

Was muss eine qualitative Untersuchung leisten?

Das Ergebnis einer qualitativen Diagnostik von Rechenschwäche bei Kindern besteht konsequenterweise nicht in einem Noten- oder Punkteergebnis, d. h. die untersuchten Leistungen der Probanden werden nicht auf einer Skala quantitativ vergleichbar gemacht. Eine Auswertung soll vielmehr die Lernausgangslage des untersuchten Probanden so genau wie möglich wiedergeben und angeben, in welchem Grade elementare Schwierigkeiten vorliegen. Es wird dargelegt, welche Aspekte der Arithmetik sich der Proband nicht erschlossen hat und an welcher Stelle seine begrifflichen Defizite zu orten sind. Um eine adäquate Förderung zu gewährleisten, muss eine anschließende Lerninterventionsplanung auf dieser Analyse aufbauen.

Fünf charakteristische Fragestellungen

Auf den folgenden Seiten werden fünf typische Fragestellungen vorgestellt, die Bestandteil einer förderdiagnostischen Sitzung sein können. Falls Sie diese Fragen selbst einsetzen: Unterscheiden Sie bitte die Ergebnisse nicht nach richtig und falsch! Versuchen Sie in jedem Fall die Begründung und subjektiven Vorgehensweisen der Schüler zu erfassen, um auf diese Weise die Lernausgangslage Ihrer Schüler möglichst genau ermitteln zu können.

Untersuchungsblatt 1: Sortieren und Vergleichen

Stoffgegenstand:

Es soll u. a. ermittelt werden, ob der Proband mit den Begriffen „größer als“ oder „kleiner als“ sicher umgehen kann. Dies bezieht sich hier auf die Größe von Tieren (erst im späteren Verlauf der Diagnostik wird die Projektion dieser Begriffe auf Anzahlen und Zahlen überprüft).

Anweisung:

„Schau dir auf diesem Blatt einmal die Tiere an. Kennst du sie? Welche Tiere sind es? Einige Tiere sind größer als die anderen, einige sind kleiner. Du sollst nun die Tiere vergleichen. Schau her, wie du es machen sollst!“ - Interviewer führt ein Beispiel vor - *„Ich male jetzt einen Pfeil vom Schmetterling zum Elefanten. Der bedeutet jetzt: Der Schmetterling ist kleiner als der Elefant. Zwischen welchen Tieren kannst du noch so einen Pfeil malen, der auch bedeutet ‚ist kleiner als'?“*

Untersuchungsblatt 1: Kommentierung & Analyse

Lösungsvorgehen:

Schülerkommentare:

Verhaltensbeobachtung:

Aufgetretene Fehler:

Fehleranalyse:

Sonstige Anmerkungen:

Untersuchungsblatt 2: Invarianz - pränumerische Abstraktionen nach Piaget

Stoffgegenstand:

In diesem Fragenkomplex soll ermittelt werden, ob der Schüler einen Begriff der sog. „reinen Anzahl" entwickelt hat, ob er also für eine Aussage bzgl. „mehr" oder „weniger" von den mächtigkeitsirrelevanten Eigenschaften einer Menge abstrahieren kann und für diese Aussage das Wesentliche, nur Repräsentant der Menge zu sein, festhalten kann.

Anweisung:

Ein weißes Blatt Papier wird mit einem Strich längs halbiert. Es werden an jede Seite der Linie genau gegenüber je sechs gleichgroße farbige Kunststoffchips mit einem Abstand, der etwa ihrem Durchmesser entspricht, gelegt (siehe Abb. 1).

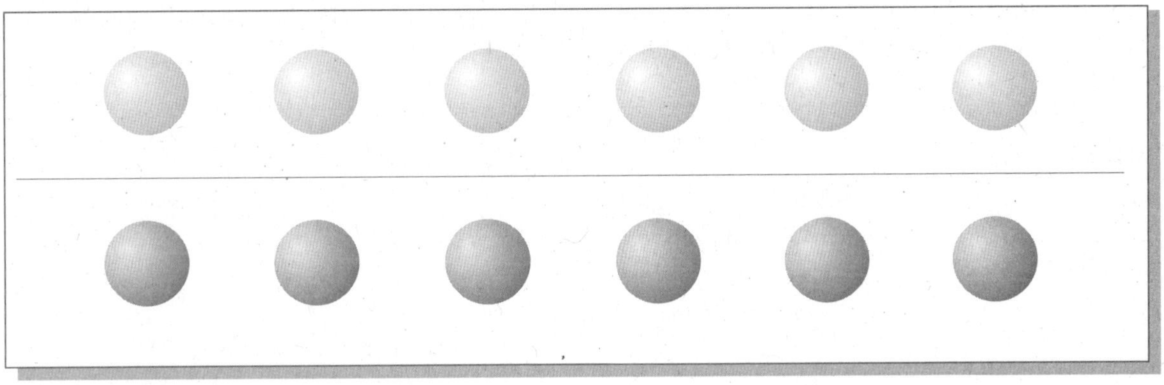

Abb. 1: Initiale Objektanordnung

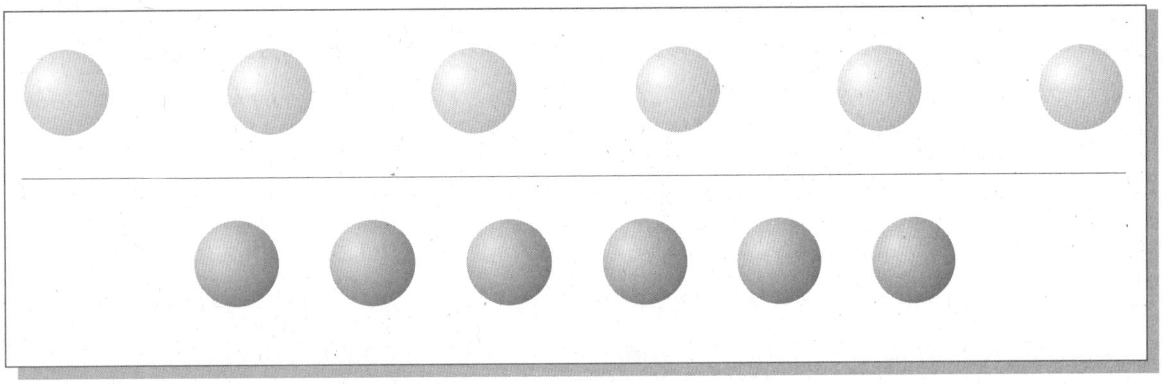

Abb. 2: Lineare Ortsveränderung

Der Proband wird zu Anfang gefragt, ob in beiden Reihen gleich viele Chips sind. Wird vom Schüler keine Gleichheit festgestellt, wird er gebeten, diese Gleichheit durch Veränderung der Anordnung herzustellen. Vor den Augen des Schülers werden dann die Chips in ihrer Anordnung verändert (siehe Abb. 2).

Frage:

„Sind es immer noch gleich viele?"

Begründete Antwort:

Wir haben immer noch gleich viele Chips, die Anzahl hat sich nicht verändert. Nur die Anordnung hat sich geändert, was für die Anzahl keine Bedeutung hat.

Untersuchungsblatt 2: Kommentierung & Analyse

Schwerpunkte:

Wird die Mengenkonstanz erkannt? Wie wird die Mengenkonstanz begründet („Es kam nichts dazu und nichts weg"; werden die Reihen abgezählt und die Zählergebnisse verglichen etc.)? Kann eine 1:1-Zuordnung der zu vergleichenden Seiten hergestellt werden? Welches Vergleichs-Kriterium wird herangezogen: Unveränderlichkeit der Anzahl, die Anzahl in den beiden Reihen, die Größe oder Anordnung der Objekte? Wie wird ein „Mehr" resp. „Weniger" begründet: Größere Ausdehnung der Reihe, Gedrängtheit der engeren Chips etc.?

Variationen:

Kumulierung der Chips einer Seite auf einen Haufen. Ersetzen der einen Reihe durch gleich viele kleinere Chips, die sich zunächst gegenüber liegen.

Reduktion:

Verminderung der Anzahl der Chips. Vergrößerung der Abstandsunterschiede. Einsatz von Chips der gleichen Farbe auf beiden Seiten. Verwendung anderer Objekte.

Eine Kommentierung könnte dann z. B. so aussehen:

Lösungsvorgehen und Schülerkommentar: *Nachdem eine Reihe von Chips zusammen geschoben worden war, wurde Patrick, neun Jahre, 3. Klasse, gefragt, ob es nun in der einen oder anderen Reihe mehr Plättchen gäbe, oder ob es beiden Reihen gleich viele seien. Patrick überlegte einige Sekunden und meinte, das könne er nicht sagen ohne nachzuzählen. Nachdem er nochmals einige Sekunden überlegt hatte, deutete Patrick auf die kürzere Reihe und meinte, dort seien es jetzt weniger. Auf die Frage, woran er das erkenne, erklärte Patrick, das sehe man doch.*

Verhaltensbeobachtung: *Patrick wirkte stark verunsichert. Dennoch gab er sich große Mühe, die Aufgabe richtig zu lösen. Allerdings merkte man dem Kind seine deutliche Ratlosigkeit an. Seine motorische Unruhe nahm zu. (Mutter und Lehrerin bestätigten im Vorabgespräch, dass Patrick immer „zappelig" werde, wenn Probleme auftreten. Er lenke dann ab, was während des Tests nicht der Fall war.)*

Untersuchungsblatt 2: Kommentierung & Analyse

Fehleranalyse: *Patrick hat typische Probleme bereits im pränumerischen Bereich. Er konnte sich noch nicht davon lösen, dass die Ausdehnung (Länge einer Reihe von Gegenständen, Höhe eines Turmes, Größe von Tieren etc.) kein entscheidendes Kriterium für die Anzahl darstellt.*

Hinweise zur Förderkonzeption:

Erarbeitung des Prinzips der Mengenkonstanz

- *an nicht abzählbaren Massen (Knete)*
- *an einer Menge gleichartiger Gegenstände (Länge, Höhe)*
- *an einer Menge unterschiedlich großer Gegenstände*
- *an zwei Mengen in Relation zueinander mit funktionellem Zusammenhang (Kaninchen/Möhren)*
- *an zwei Mengen in Relation zueinander mit abstrakten Gegenständen, wobei auf die Problematik der Länge, Höhe und Masse eingegangen wird*

Erörterung von Vergleichswörtern

- *mehr/weniger - größer/kleiner - höher/niedriger - schwerer/leichter (z. B.: Der Elefant ist größer als der Hase; die Anzahl der Elefanten ist kleiner als die der Hasen usw.).*

Sonstige Anmerkungen:

Patrick ist bereits sehr misserfolgsorientiert. Ein sehr behutsames und äußerst kleinschrittiges Vorgehen ist deshalb unbedingt von Nöten.

Untersuchungsblatt 3: Arithmetische Transferleistungen

Stoffgegenstand:

Operationsverständnis im Kontext kardinaler/dekadischer Transferleistungen

Aufgaben:

7 + 8 = ?	
7 + 8 = 15	7 + 9 = ?
7 + 8 = 15	15 − 8 = ?
7 + 8 = 15	17 + 8 = ?
7 + 8 = 15	70 + 80 = ?

Anweisung:

In diesem wichtigen Aufgabenkomplex werden viele grundlegende Zahl- und Operationsaspekte in Kombination mit Stellenüberschreitungen angesprochen. Zunächst wird dem Probanden die Kopfrechenaufgabe 7 + 8 (die sog. Initialaufgabe) gestellt. Wird nicht 15 als Ergebnis ermittelt, sollte dies gemeinsam erarbeitet werden. Im Anschluss werden die Transferaufgaben gestellt, wobei vor *jede* neue Frage das erste Ergebnis „15" vorangestellt wird, um auf den möglichen Transfer hinzuweisen: „7 + 8 = 15. Was ist *dann*...?"

Begründete Antworten:

7 + 9 ist 16, *eins mehr* als 7 + 8. 15 – 8 ist 7, da das, was vorhin dazu kam, *wieder weg* genommen wird (Umkehrung). 17 + 8 ist 25, es ist *zehn mehr* als 7 + 8 (Transfer um +10). 70 + 80 ist 150, *das Zehnfache* von 7 + 8 (Transfer mit mal 10).

Reduktion:

Man verwendet als Ausgangspunkt eine Aufgabe ohne Zehnerübergang wie 5 + 3.

Schwerpunkte der Beobachtung:

Ist die Grundaufgabe bekannt? Wie wird die Grundaufgabe berechnet? Wird über 10 gezählt oder kann eine Zehnerergänzung mit Restbenennung durchgeführt werden? Kommt ein anderer Transfer ohne dekadischen Bezug zum Einsatz (z. B. über eine Verdopplung: 8 + 8 – 1)? Gelingen die einzelnen Transfers oder muss stets neu berechnet/abgezählt werden? Gelingt der kardinale Transfer um +1? Wird der operationale Transfer auf die Umkehraufgabe vollzogen? Kann ein dekadischer Transfer um +10 durchgeführt werden, d. h. ist 17 als 10 + 7 verinnerlicht? Ist der dekadische Transfer mit mal 10 leistbar, d. h. wird 70 als 10 mal 7 gedacht? Werden mechanisch Nullen an- und abgehängt? Was wird ggf. mit dem „Nullanhängen" gedanklich verknüpft?

Untersuchungsblatt 3: Kommentierung & Analyse

Lösungsvorgehen: ______________________

____

____

Schülerkommentare: ______________________

____

____

Verhaltensbeobachtung: ______________________

____

____

Umgang mit Material: ______________________

____

____

Fehleranalyse: ______________________

____

____

Transferleistungen: ______________________

____

____

____

____

____

Untersuchungsblatt 4: Gleichungen mit Platzhaltern

Stoffgegenstand:

Operationen, Zusammenhang der Grundrechenarten, Gleichungsbegriff

Aufgaben:

? + 6 = 9	? - 4 = 5
10 = 8 + ?	3 = 7 - ?

Aufgabenstellung:

Hier sind Zahlen gesucht. Fülle die Lücken bitte aus und erkläre, wie du die Zahlen findest!

Anweisung:

Die verständige Lösung von Platzhalteraufgaben erfordert eine Analyse der Rolle der gesuchten Zahl im operationalen Kontext. Neben dem operationalen Verständnis ist hierfür ein Gleichungsbegriff notwendig, d. h. die Bedeutung des Symbols „=“ als Aussage über die Gleichheit der Anzahl auf beiden Seiten muss vom Schüler erarbeitet sein.

Begründete Antworten:

Am Beispiel ? – 4 = 5: „Subtrahiert man von einer gesuchten Zahl vier, so erhält man fünf. Für die gesuchte Zahl muss ich diese vier wieder addieren und erhalte so neun.“

Vertiefung:

Aufgaben mit Zehnerübergang; Zahlenrätsel („Ich denke mir eine Zahl ...“)

? - 18 = 23	27 = 32 - ?

Schwerpunkte der Beobachtung:

Kann die Gleichung erfasst werden, ist eine Wiedergabe der Aussage möglich? Wird der Notation eine Rechenvorschrift entnommen? Wie ermittelt der Schüler die Lösung? Wird ausprobiert? Wird ein erfolgloser Versuch kompensatorisch korrigiert? Kann die entsprechende Umkehrung bzw. Tauschrechnung als Lösungsschritt benannt werden? Wie wird die Probe vollzogen? Kommen Mechanismen, z. B. Invertierung der Rechenart zum Einsatz? Welche Bedeutung wird dem „= “ zugeschrieben: Gleichheit oder die Aufforderung zum Berechnen?

Untersuchungsblatt 4: Kommentierung & Analyse

Lösungsvorgehen:

Schülerkommentare:

Verhaltensbeobachtung:

Transferleistungen:

Fehleranalyse:

Sonstige Anmerkungen:

Untersuchungsblatt 5:
Grundverständnis des dekadischen Positionssystems

Stoffgegenstand:

Stellenwertveranschaulichung von Zahlen über 10

Aufgaben:

(mit vorbereiteten Steckwürfelstangen)

10 + 8 = ?	18 - 8 = ?

Anweisung:

Der Interviewer stellt vor dem Schüler eine vorbereitete Steckwürfelstange aus zehn Würfeln auf und fragt nach der Anzahl der Würfel. Der Zählvorgang sollte wiederholt werden, falls nicht zehn ermittelt wurde. Danach stellt der Interviewer eine zweite vorbereitete Steckwürfelstange aus acht Würfeln direkt neben die erste und bedeckt den unteren Teil mit seinen Händen, so dass nur der obere Teil der beiden Stangen sichtbar ist.

Die erste Frage lautet *„Wie viele Würfel sind in der zweiten Stange?“*

Ist der Schüler nicht in der Lage, die Anzahl aus der sichtbaren Differenz zu ermitteln, erhält er die Gelegenheit, auch die zweite Stange zu zählen.

Die zweite Frage lautet: *„Zeige mit diesen beiden Stangen: Was ergibt 10 + 8?“*

Sofern 18 als Ergebnis ermittelt werden kann, folgt die dritte Frage: *„Zeige mit diesen Stangen 18 – 8!“*

Vertiefung:

Zwei zusätzliche Aufgabenpaare unter denselben Fragestellungen: 10 + 6/16-6 und/oder 20+7/27-7

Schwerpunkte der Beobachtung:

Diese Aufgabenstellung zielt darauf ab, zu untersuchen, ob der Schüler die Zahl 18 als „zehn und acht“ denken kann. Erstes Augenmerk sollte darauf gerichtet werden, ob die Anzahl acht aus dem Unterschied zu zehn ermittelt wird (8 = 10 – 2). Die Beobachtungskriterien zum dekadischen Verständnis beziehen sich darauf, ob die Teile zehn und acht *unmittelbar* zur Zahl 18 zusammengefasst werden können oder ob dabei ein expliziter Berechnungsvorgang notwendig wird, z. B. durch Abzählen der einzelnen Würfel. Werden die beiden Stangen als Repräsentanten der Stellenwerte angesehen? Wird bei der Subtraktion die Achterstange weg genommen, die veranschaulichte Zahl so in ihre Stellenwerte zerlegt und die andere als Ergebnis benannt? Müssen die beiden Stangen erst zusammengesteckt werden? Werden die acht Würfel einzeln abgezählt? Werden die verbleibenden Würfel abgezählt?

Untersuchungsblatt 5: Kommentierung & Analyse

Lösungsvorgehen:

Schülerkommentare:

Verhaltensbeobachtung:

Umgang mit Material:

Fehleranalyse:

Transferleistungen:

11 Wer hat den „Schwarzen Peter“?

11.1 Fördergrundsatz IX

Die Frage nach dem Schuldigen ist schier unausrottbar. Helfen wird sie keinem - ganz im Gegenteil. Wenn ein Kind Schwierigkeiten in der Schule hat, sind alle Beteiligten gefragt, und zwar nicht als Schuldige, sondern als ein Personenkreis, der sich gemeinsam und in sachlicher Absprache miteinander um Hilfestellungen für das Kind bemüht. Lehrer und Eltern müssen an einem Strang ziehen und sich nicht gegenseitig bezichtigen, wer nun verantwortlich ist für die Probleme des Kindes.

Streitigkeiten zwischen Schule und Elternhaus sind zwar nicht die Regel, aber sie kommen immer wieder vor, gelegentlich sogar im Beisein des Kindes. Dies ist für die Förderung eines Kindes äußerst kontraproduktiv, da sich das Kind hin- und hergerissen fühlt. Man sollte sich deshalb auf die Sache konzentrieren, sich mit den spezifischen Problemen des Kindes in Ruhe auseinander setzen, um so zu Lösungsansätzen zu gelangen.

Mithin der beliebteste Schuldige ist nach wie vor die Lehrkraft. Läuft die Schulkarriere des eigenen Sprösslings nicht wie geplant - wer ist schuld? Der Lehrer!

Und nun ein Versuch, die Frage nach dem Schuldigen im Falle einer Rechenschwäche aus der Welt zu räumen.

11.2 Auf der Suche nach dem Schuldigen

Ist das Kind in den Brunnen gefallen, kommt es in aller Regel zur angeblich spannendsten Frage der Welt: **Wer ist schuld?** Diese grundsätzlich „dumme“ Frage hilft nicht nur keinem weiter, sondern sie sorgt in allen Fällen für noch mehr Verdruss und Streit und damit für zusätzliche Probleme; als ob die Schwierigkeiten des Kindes beim Rechnen nicht schon ausreichen würden.

Einmal angenommen, dass man einer der beteiligten Personen ein Fehlverhalten oder einen Fehler nachweisen kann - was hat man damit eigentlich geleistet? Mit Absicht macht niemand Fehler! Dem Kind ist damit auch nicht geholfen. Also bleibt nur die Genugtuung, dass man es erstens nicht selber war und man nun zweitens mit dem Finger auf jemanden zeigen kann - ein reichlich albernes, unnützes und wie wir meinen für das Kind sehr schädliches „Vergnügen“, von dem man schleunigst die Finger lassen sollte. Insbesondere dann, wenn eine gedeihliche Kooperation aller Beteiligten gefragt ist, die dem Kind bei seinen Problemen helfen soll. Es kommt vor, dass Streitigkeiten zwischen Schule und Elternhaus offen in Gegenwart des Kindes ausgetragen werden, was häufig zur Folge hat, dass das Kind zwischen die Fronten gerät und dort zerrieben wird, weil es in aller Regel beide Beteiligten mag und keine Partei enttäuschen will. Neben Selbstvorwürfen, die sich dann die Kinder machen, kann es aber auch zur umgekehrten Reaktion kommen: Das Kind spielt die Erwachsenen gegeneinander aus - auch nicht gerade ein wünschenswerter Verlauf.

Drei Personenkreise geraten dabei regelmäßig ins Visier der Kritik:

- die Kinder selbst
- die Eltern
- aber insbesondere die Lehrer

Allen Schuldzuweisungen ist aus unseren Erfahrungen heraus eine klare und deutliche Absage zu erteilen.

Das Kind ist schuld!

Es will nicht, es konzentriert sich nicht, es blockt ab, wird aggressiv und benimmt sich gegenüber allen Erklärungsversuchen fortwährend „wie vernagelt“. Dies ist nur ein kleiner Ausschnitt aus der Sammlung elterlicher Beschwerden.

Es mag durchaus sein, dass Kinder mit Schulproblemen so reagieren. Eines möchten wir hier zu bedenken geben: Kein Kind versagt in der Schule freiwillig oder gar extra. Jedes Kind möchte in der Schule gut sein, weil damit auch Erfolge und Anerkennung seiner eigenen Person seitens der Mitschüler, Eltern und Lehrer verknüpft sind. Außerdem gilt es zu bedenken: Vielleicht ist es genau umgekehrt! Das Kind will nicht, weil es nicht kann, im Gegensatz zu: Es kann nicht, weil es nicht will. Man stelle sich selbst einmal vor, dass man ein wirklich mäßiger Kartenspieler ist und so ziemlich jeden Samstagabend beim Doppelkopf verliert, weil man das Spiel schlicht und einfach nicht beherrscht. Wie lange würde Ihr Wille das mitmachen? Das Kartenspielen kann man an den Nagel hängen - mit der Schule geht das allerdings nicht.

Warum reagiert das Kind auf die vielen gut gemeinten Erklärungsversuche so bockig und konzentriert sich nicht auf das, was man ihm sagt? Vielleicht taugen die aus lauter Not geborenen Erklärungen nicht. Man versetze sich in die Situation eines solchen Kindes: Je nachdem, an welchem Küchentisch sich Nachmittag für Nachmittag die endlosen Paukereien abspielen, wechseln nicht nur die Erklärungsversuche und Eselsbrücken, sondern auch das Anschauungsmaterial, mit dem rechenschwache Kinder bombardiert werden. Das Kind hat sich einiges zu merken, um den „Übungsleiter“ in ausreichendem Maße zufrieden zu stellen: Bei Tante Frieda sind Zehner Eier-Kartons. Bei Mama im Herbst meistens Kastanien. Papa meint, Zehner sind Geld. Omi ist überzeugt, mit einem Gummi gebündelte Streichhölzer wären des Pudels Kern und in der Schule sind es entweder Striche im Mathebuch oder Stangen. Wir können hier mit Sicherheit eins sagen: Was von Elternseite aus der Not geboren - wohlgemerkt, in bester Absicht - so alles an haarsträubenden Erklärungsversuchen und Ungereimtheiten auf die Kinder einprasselt, sucht wirklich seinesgleichen.

Zu guter Letzt findet das Kind an Weihnachten auch noch allerlei Spiele unterm Weihnachtsbaum, bei denen gerechnet werden muss - na dann: *Frohe Weihnachten!*

Tja, die Antwort 24 war wohl etwas viel verlangt. (Originalbericht einer verzweifelten Mutter.)

Dabei kommt es immer wieder zum gleichen falschen Gedanken: Nur weil man selber etwas beherrscht und es womöglich sogar für „total einfach“ hält, kann man sich beim besten Willen nicht vorstellen, warum das Kind die Sache einfach nicht begreift oder begreifen will. Dass dann das Kind oftmals überhaupt nicht mehr weiß, auf was es denn nun seine Konzentration lenken soll, es nach all seinen Bemühungen und Überlegungen zu den elterlichen Erklärungsversuchen doch immer wieder scheitert und schließlich aufgibt oder total blockiert, ist wahrlich kein Wunder. So weit zur Frage des Schuldigen, was das Kind betrifft.

Die Eltern sind schuld!

Eltern üben mit ihren rechenschwachen Kinder nicht zu wenig, sondern in aller Regel viel zu viel. Was sollen sie auch anderes machen, wenn unter nahezu jeder Klassenarbeit „Übe fleißig weiter!“ steht? Es kann zutreffen, dass Eltern oft falsche oder für rechenschwache Kinder unverständliche Erklärungen anbringen. Wer kann ihnen das übel nehmen? Sie sind auf diesem Gebiet nicht ausgebildet, haben aber die Notlage ihres Kindes jeden Nachmittag vor Augen. Welcher Elternteil würde nicht alles daran setzen, seinem Kind irgendwie „zu helfen“? Es kommt auch vor, dass Eltern ungeduldig werden, schimpfen, ausrasten, mit Fernsehverbot, Stubenarrest oder sonstigen „erzieherischen“ Maßnahmen drohen, die das Problem nur weiter verschärfen. „Was haben wir nur falsch gemacht?“, so lautet nicht selten die Frage nach der Schuldzuweisung an sich selbst. Dazu geben wir Folgendes zu bedenken: Der Geduldsfaden von Eltern rechenschwacher Kinder ist meist über lange Zeit einer harten Probe unterworfen und leidet in aller Regel unter erheblicher Materialermüdung. „1000-mal erklärt und am nächsten Tag ist alles wie weggeblasen.“ Zudem sind sie emotional sehr stark involviert - das kann man keinem Elternteil zum Vorwurf machen.

Also gilt auch hier: Eltern als Schuldige zu identifizieren ist falsch. Hier tut Aufklärung Not!

Die Lehrer sind schuld!

Der mit Abstand beliebteste Personenkreis, wenn es bei auftretenden Schulproblemen um die Frage des Schuldigen geht, sind die Lehrer. Auch hier mag es durchaus sein, dass Lehrer rechenschwache Kinder zu spät erkennen. Gut gemeinte Tipps wie „Übe fleißig weiter!“ oder Hoffnungen wie „Der Knoten wird schon platzen!“ bzw. „Das kommt noch!“ sind bei rechenschwachen Kindern nicht angebracht.

Aber: Viele Lehrer haben von dem Phänomen einer Rechenschwäche/Dyskalkulie in ihrer Ausbildung noch nie etwas gehört und wissen deshalb nicht, worauf sie genau achten müssen - hier soll dieses Buch Abhilfe schaffen!

Die meisten Lehrer sind bemüht, Schülern mit Problemen (gleich welcher Natur) zu helfen. Sie haben nicht nur ein Kind zu betreuen, sondern oft 30 Schüler/innen in der Klasse mit unterschiedlichen Problematiken. Deshalb ist auch hier die Frage des Schuldigen zurückzuweisen. Weil Lehrer aber heutzutage nahezu für alles verantwortlich gemacht werden, sei ihnen zum Zwecke der Aufklärung das nächste Kapitel gewidmet.

11.3 Beruf(ung) Lehrer - der neue „Super“-Therapeut?

Wer gerät bei diesem Cartoon nicht ins Schmunzeln? Es gibt bei jedem Erwachsenen Erinnerungen an seine Schulzeit, bei denen er sich die Frage gestellt hat: „Wofür brauche ich das überhaupt?“ Und wen verfolgt des nachts nicht auch der Spruch seines Geschichtslehrers: „333 - bei Issus Keilerei!“, ohne zu wissen, wer da wo mit wem gekeilt hat? Der Mathematik-Lehrer „belästigt“ einen mit quadratischen Gleichungssystemen, von denen man heute (gelegentlich auch damals) keinen blassen

Schimmer mehr hat. Zum Arsenal des alltäglichen notwendigen Wissens gehört die Lösung solcher Systeme bei einem Großteil der Bevölkerung nun wirklich nicht. Trotz allem ist diese Frage schnell geklärt; sie ist eigentlich gar nicht ernsthaft als Frage gemeint, sondern eher eine Replik darauf, dass einem mit 15 oder 16 Jahren wahrlich andere Dinge im Kopf herumgeistern, als das Lösen von Gleichungssystemen. Wäre dies (wie im oben abgedruckten Cartoon) das einzige Problem - das wurde schon immer schnell in den Griff bekommen. Die heutige Schulrealität sieht jedoch etwas anders aus.

Zur Einführung ein kurzes Beispiel aus unseren kombinierten Eltern-/Lehrerseminaren:

Ein Vater einer rechenschwachen Tochter beklagte sich massiv darüber, dass auf die Probleme seiner Tochter in der Schule nicht individuell eingegangen werde. Daraufhin meldete sich eine Grundschullehrerin zu Wort (Lehrkraft einer integrativen Grundschule in einem sozialen Brennpunkt) und stellte ihre schulische Situation dar:

„Ich bin Grundschullehrerin und unterrichte zur Zeit eine zweite Klasse mit insgesamt 29 Kindern. Ungefähr 70% sind ausländische Schülerinnen und Schüler. 14 Kinder sind türkischer Nationalität und sprechen auch jetzt noch sehr schlecht Deutsch. Vier Kinder kommen aus Syrien und beherrschen die deutsche Sprache so gut wie gar nicht. Drei Kinder kommen aus russischen Aussiedlerfamilien und wiederholen zur Zeit alle die zweite Klasse. Nicht weil es ihnen an Intelligenz mangeln würde, in Mathematik bringen sie teils sehr gute Leistungen. Aber zum Zeitpunkt der Einschulung sprachen sie nur Russisch und haben deshalb in nahezu allen anderen Fächern große Probleme. Die restlichen acht Kinder sind Deutsche. Zwei von ihnen sind lernbehindert, die an unserer Schule integrativ beschult werden. Zwei weitere Kinder haben eine Lese-/Rechtschreibschwäche; eines von ihnen ist zudem hyperaktiv und bringt deshalb ständig den Unterrichtsablauf durcheinander.

Unsere Schulen sind längst mehrsprachig

Lehrende nutzen den Reichtum kaum

ohne Kommentar (1)

Unter den restlichen vier Kindern ist auch der Junge, wegen dem ich heute an diesem Seminar teilnehme und mir Hilfestellungen erhoffe. Er hat massive Probleme beim Rechnen, die ich mit meinen Mitteln nicht in den Griff bekomme. Bei ihm habe ich bereits Mitte der ersten Klasse bemerkt, dass da etwas nicht stimmt. Eher durch Zufall habe ich in einem Zeitungsartikel vom Thema Dyskalkulie und diesem Zentrum erfahren und die Eltern darauf hingewiesen.

Zeichnung: G. Mester

(2)

Während meiner Ausbildung, die im übrigen erst sechs Jahre zurückliegt, habe ich von diesem Thema nie etwas erfahren. Deshalb bin ich, und soweit ich das übersehe auch andere Kollegen, heute hier, um zu erfahren, wie ich diesen Kindern fachgerecht helfen kann.

(1) Aus Erziehung und Wissenschaft. Zeitschrift der Bildungsgewerkschaft GEW, 54. Jg., H. 2/2002
(2) Aus neue deutsche schule. nds, 54. Jg., H. Februar/2002

Aber um auf Ihre (die Lehrerin wendet sich zum Vater) *Bemerkung zurückzukommen: Ich bin durchaus willens und bereit, Kinder mit den mir zur Verfügung stehenden Mitteln zu fördern. Aber: Ich spreche kein Russisch, kein Türkisch und auch kein Arabisch. Bei Lese-/Rechtschreibschwierigkeiten habe ich mich privat weitergebildet und traue mir unterstützende Maßnahmen zu. Von der Dyskalkulie weiß ich gar nichts. In meinem Förderunterricht sitzt die gesamte Klasse, weil nach den Vorschriften alle Kinder, auch die begabten Schüler, Anspruch auf Förderung haben, was ich im Prinzip auch richtig finde. Für eine individuelle Förderung der oft sehr verschiedenen Probleme der Kinder bleibt da nur wenig Raum. Es handelt sich meist nur um eine zusätzliche Schulstunde. Bitte versuchen Sie* (die Lehrerin wendet sich wiederum zum Vater) *mir doch einmal zu sagen, wie ich unter solchen Bedingungen einen vernünftigen Unterricht machen, geschweige eine individuelle Förderung aufbauen soll, wie sie nahezu jedes Kind in meiner Klasse benötigt!*“ (1)

Eine Antwort blieb aus. Vielmehr machte sich ein betretenes Schweigen breit.

Auch wenn es sich hier um ein extremes Beispiel handeln mag, sind Berichte in dieser oder ähnlicher Form auf unseren Fortbildungsveranstaltungen keine Seltenheit. Heute dem Beruf des Lehrers nachzugehen bedeutet weit mehr, als erworbene didaktische Kenntnisse in den einzelnen Fächern gezielt und sicher zur Anwendung zu bringen. Immer wieder berichten uns Lehrkräfte, dass sie sich mit Problemen und Schwierigkeiten herumzuschlagen haben, für die sie gar nicht ausgebildet sind. Neben den fachspezifischen Inhalten, also der Vermittlung von Lese- und Rechtschreibfertigkeiten, Rechenfertigkeiten etc. kommen in den letzten Jahren zunehmend weitere Aufgaben auf die Lehrkräfte zu. Ein Beispiel: Fernseher, Videorecorder und Computerspiele fehlen inzwischen in kaum einem Kinderzimmer.

Der „alte“ Teddy fristet im wahrsten Sinne des Wortes ein Schattendasein - und dies nicht erst in der Schulzeit, sondern schon während der Vorschulzeit eines Kindes. Es kommt nicht selten vor, dass bereits Erst- und Zweitklässler über mannigfache Erfahrungen mit den härtesten Horrorstreifen verfügen, bei denen selbst Erwachsene den Blick auf die Mattscheibe scheuen. In Soap-Serien kennt sich die heutige Kinderwelt besser aus als in traditionellen Märchen. Klassische Kinderspiele (Kartenspiele, Murmeln, im Sandkasten Burgen konstruieren und bauen etc.) sind Reaktionsspielchen auf kleinen LCD-Bildschirmen gewichen (und das ist noch die mildere Variante). Auch sogenannte pädagogisch wertvolle Computerspiele können konkrete Handlungen nicht ersetzen! Der Computer ist und bleibt eine virtuelle Welt. Eigenschaften von Dingen zu erkennen, zu benennen, sie zu beschreiben erfordert manuelle Handlungen - das kann kein PC leisten. Zudem verkümmert die Vorstellungswelt der Kinder: Sich zu einer vorgelesenen Geschichte Bilder zu entwerfen entfällt, weil der Computer, das Video, der Fernseher diese Aufgabe übernimmt. Von morgens bis abends wird die Kinder- und Jugendlichenwelt mit entsprechenden Angeboten förmlich bombardiert (im Radio, im Fernsehen, auf der Straße, im Internet, in Zeitschriften etc. etc.), so dass genervte Eltern schließlich dem immer stärkeren Drängen ihrer Sprösslinge nachgeben, damit der Haussegen wieder ins Lot gerät. Die neueste Variante von Computerspielen zu besitzen ist eben „voll krass“, wer

(1) Bericht einer Grundschullehrerin

die falsche Jeans trägt, ist „mega out" - und das macht sich im Bekanntenkreis von Kindern und Jugendlichen „voll heftig" bemerkbar. Das ist leider bitter ernst zu nehmen: Ein Achtjähriger, der sich lieber mit Mama die Märchenwelt der Gebrüder Grimm vornimmt, statt mit dem Joy-Stick sämtliche ETs des Universums in möglichst kurzer Zeit „abzuballern", hat heutzutage „schlechte Karten" im altersentsprechenden Bekanntenkreis.

Mit den Konsequenzen hat sich dann die Lehrkraft zu beschäftigen. Auf dieser Seite nur einige exemplarische Beispiele aus dem Anforderungskatalog einer Lehrerin/eines Lehrers:

… oder sind die Lehrer mal wieder schuld? (1)

„Kellerkinder" brauchen besondere Förderung

PISA-Konsequenzen für Berufliche Bildung und Weiterbildung

(4)

„Integrationsoffensive Nordrhein-Westfalen"

Schule in der Einwanderungsgesellschaft

(5)

Alle Jahre wieder: 5 vor Zwölf! (2)

Laut(h) und deutlich Nein zu bildungspolitischem Täuschungsmanöver

Ja zum Gemeinsamen Unterricht

(6)

Lehren sollte nur, wer selbst lernt

(7)

(3)

ADS - Schul-, Erziehungsproblem, Krankheit?

(1) Titelseite aus: DER SPIEGEL Nr. 50/10.12.2001 - Immer wieder dieselbe Frage: Wer ist schuld? (d. A.)
(2) Titelseite aus: Erziehung und Wissenschaft. Zeitschrift der Bildungsgewerkschaft GEW, 54. Jg., H. 5/2002
(3) Titelseite aus: DER SPIEGEL Nr. 29/15.07.2002
(4) Aus: Erziehung und Wissenschaft. Zeitschrift der Bildungsgewerkschaft GEW, 54 Jg., H. 3/2002
(5) Aus: neue deutsche schule. nds, 53 Jg., H. Dezember/2001
(6) Aus: neue deutsche schule. nds, 54 Jg., H. Juni/2002
(7) Aus: Erziehung und Wissenschaft. Zeitschrift der Bildungsgewerkschaft GEW, 54 Jg., H. 6/2002

Mit den fortschreitenden Problemen von Schulkindern eröffnet sich für die Lehrkraft ein enormer Leistungskatalog:

- Lateralitätsprobleme, Probleme mit dem Körperschema, Raum-Lage-Beziehungs-Probleme
  Die Lehrkraft ist gefragt als **Ergotherapeut**

- Probleme in der Grob- und Feinmotorik
  Die Lehrkraft ist gefragt als **Motopäde**

- Probleme in der akustischen und visuellen Wahrnehmung
  Die Lehrkraft ist gefragt als **(Wahrnehmungs-) Psychologe**

- Probleme im Verhalten
  Die Lehrkraft ist gefragt als **Kinder- und Jugendlichenpsychotherapeut**

- Hyperkinetisches Syndrom (HKS) oder ADS
  Die Lehrkraft ist gefragt als **Kinderpsychiater**

- Lern„behinderung"
  Die Lehrkraft ist gefragt als **Sonderpädagoge**

- „Ausländer"starke Klassen
  Die Lehrkraft ist gefragt als **Fremdsprachenkorrespondent**, am besten gleich in mehreren Sprachen (vorzugsweise in Russisch, Türkisch, Arabisch; Englisch spielt da in vielen Schulen eine eher eine untergeordnete Rolle)

- Sprachstörungen
  Die Lehrkraft ist gefragt als **Logopäde**

- Probleme im Familienleben und in der Erziehung des Kindes
  Die Lehrkraft ist gefragt als **Psychologe** und **Familientherapeut**

- Legasthenie, Lese- Rechtschreibschwäche
  Die Lehrkraft ist gefragt als **Lerntherapeut**

„Und jetzt auch das noch!" wird sich vielleicht so manche Lehrkraft sagen:

- Rechenschwäche/Dyskalkulie
  Die Lehrkraft ist gefragt als **integrativer Lern- und Dyskalkulietherapeut**

Wir können es Ihnen nicht einmal verdenken! Und die zukünftige Erlasslage wird das Problem in die Hände der Schule legen wollen (siehe einschlägige Kapitel dieses Buches, u. a. auch Kapitel 6). Wir möchten hier jedoch einige Überlegungen zu bedenken geben:

1. Das Thema Rechenschwäche/Dyskalkulie ist kein neues Thema. Es gibt universitäre Aufsätze über die in diesem Buch beschriebenen Schwierigkeiten von Kindern, die Jahrzehnte in den entsprechenden Bibliotheken verstaubt sind. In unserer Schulzeit verlief die Schul„karriere" dieser Kinder meist

so, dass sie sich auf dem damals so genannten „Brettergymnasium“ wiederfanden, weil ihnen wegen ihrer katastrophalen mathematischen Leistungen jeglicher logische Verstand abgesprochen wurde. Von daher war es allerhöchste Zeit, sich dieser Kinder und Jugendlichen anzunehmen, Vorurteile aus der Welt zu räumen und ihnen Hilfen zu geben.

2. Es wird bestimmt nicht das letzte Problem sein, mit dem sich Schule zu beschäftigen hat. Eines steht aber fest:

Fazit

Dass der Beruf Lehrer der neue Supertherapeut **ist**, ziehen wir generell in Zweifel. Die an die Lehrkraft heutzutage gestellten Ansprüche sind in der Praxis nicht leistbar. Vom **Ideal** her (wer es auch immer formulieren mag) **sollen sie es** aber **sein**. Und wenn es dann im Einzelfall doch nicht klappt:

Wer ist dann wieder einmal Schuld? Der/die Lehrer(in)! Vielleicht hilft ja dieses Kapitel, einen solchen Unsinn endgültig aus der Welt zu räumen.

12 Anschauungsmaterial

12.1 Einleitende Bemerkungen zu einem großen Irrtum

Immer wieder erweist sich auf unseren Fortbildungsveranstaltungen die eine Frage als die angeblich spannendste: „Welches Anschauungsmaterial verwenden Sie für rechenschwache Kinder?“ Hier die Antwort:

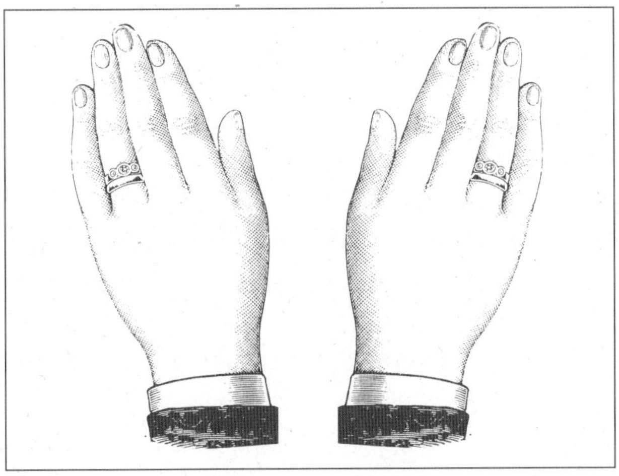

Das beste Anschauungsmaterial hat man immer dabei; es kostet nichts, es ist praktisch sortiert (in fünf und fünf) und insgesamt sind's zehn; weiter kann sowieso kein Mensch rechnen! Die Kinder nutzen sie von Beginn an; also lohnt es sich nachzuschauen wie. Statt das Rechnen mit den Fingern zu verbieten, gilt es vielmehr, den rationellen Gebrauch derselben zu erarbeiten, damit sie nicht nur Zählhilfe sind, sondern als kardinales Anschauungsmaterial dienen.

Mit Fingern zu rechnen muss trotz allem ein Übergangsstadium sein. Schafft man ein kardinales Denken, lösen sich auch rechenschwache Kindern von diesem Anschauungsmaterial fast wie von selbst.

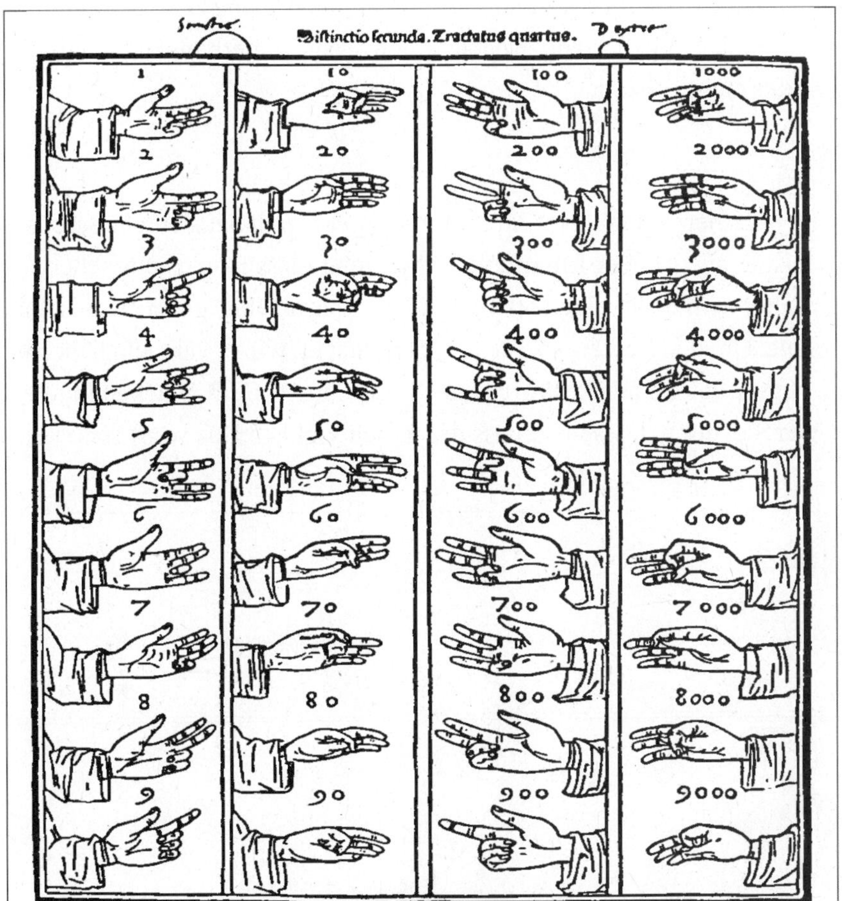

Alt bewährt - und immer noch gut! Rechnen mit Fingern

Eltern rechenschwacher Kinder investieren viel Geld in allerlei Spiele und anderes Material, um ihren Kindern beim Rechnen zu helfen. So bekommt der Sprössling alljährlich zum Geburtstag und zu Weihnachten gleich eine ganze Galerie von Brettspielen. Die Freude indes ist meist nur von kurzer Dauer, da das Kind schnell bemerkt, dass hier gerechnet werden muss. Die gut gemeinten Geschenke werden dann meist in die letzte Ecke des Kinderzimmers verbannt. In der Schule werden rechenschwache Kinder nicht selten mit Anschauungsmaterial förmlich bombardiert: Es gibt kaum ein anderes Schulkind, das mehr Anschauungsmaterial gesehen hat als rechenschwache Kinder. Zum Zahlenstrahl, den Rechen-Schiffchen, der

Punktetafel, dem Hunderterfeld, Abakus und Perlenketten gesellen sich im Laufe der Jahre die Anschauungsmaterialien, die Eltern noch zusätzlich auf den Tisch des Hauses packen. Nicht selten erhält man in der Diagnostik ganz erstaunliche Auskünfte von den Kindern, wenn man ihnen die Frage stellt, was denn wohl ein Zehner ist. „Ein Eierkarton!" (es ist Ostern), „eine Muschel!" (nach dem Urlaub an der Ostsee), „eine Kastanie!" (es ist Herbst). Dass das Kind den Wald vor lauter Bäumen nicht mehr sieht, leuchtet - so meinen wir - unmittelbar ein. Kein Wunder, dass Kinder gelegentlich auch zu reichlich unkonventionellen Antworten greifen: „Vom Fünfer habe ich mich schon getraut; vom Zehner noch nie!"

Die Liste von Materialien ließe sich endlos fortsetzen. Unter den Vätern ist das Geld der absolute Renner. Wohl in der Hoffnung, dass der Sohnemann damit nicht nur endlich das Rechnen lernt, sondern gleichzeitig auch den Umgang mit Geld - ein fataler Irrtum!

Alle diesbezüglichen Versuche scheitern in den meisten Fällen; häufig macht es die Sache sogar schlimmer: Das Kind wirkt noch verwirrter als vorher, weil es das Anschauungsmaterial mit dem damit zu erklärenden Sachverhalt in eins setzt. War ein Zehner gestern noch die große Milchtüte und ein Einer die kleine Tüte, dann ist morgen der Zehner ein Eierkarton und die Einer sind die Eier. In der Schule sind Zehner aber Stangen, und Einer sind kleine Würfelchen. Dass ein rechenschwaches Kind schlussendlich zu einer ziemlich schwierigen Frage gelangt, verwundert nicht: „Wie merke ich mir bloß, was ein Zehner ist und was hat das überhaupt mit der Zahl 10 zu tun?"

Das manchmal unbändige Bedürfnis von Eltern, wissen zu wollen, mit welchem Anschauungsmaterial sie nun mit ihrem Kind arbeiten sollen, speist sich aus der Hoffnung, dass es ein Material geben muss, das dem Kind - quasi aus heiterem Himmel - plötzlich alles klar macht. Sowohl diese Hoffnung, aber auch die Enttäuschung, dass es wieder einmal nicht geklappt hat, liegt meist daran, dass man selbst den mit dem Material demonstrierten Sachverhalt schon lange verstanden hat und sich deshalb überhaupt nicht vorstellen kann (will?), dass das eigene Kind es nicht versteht.

<u>Aus einem Beratungsgespräch:</u>

Der Vater (Rektor einer Hauptschule, Mathematiklehrer) führt vor, wie er versucht hat, seinem Sohn das Rechnen beizubringen. Wie immer ist er als übender Elternteil der Meinung, dass man es einfacher nun wirklich nicht erklären kann, dass aber sein Sohn sich fortwährend und hartnäckig gegen jede seiner Erklärungen „wie vernagelt" benehme. Um den Beweis anzutreten, berichtet er, wie er versucht habe, mit allen Mitteln dem Kind die Sache begreiflich zu machen: „Ich habe ihm zehn 10-Cent-Stücke hingelegt und dann ein Eurostück. Na, glauben Sie, der hat gesehen, dass das gleich viel ist? Das weiß doch jedes Kind!"

Die Tatsache, dass es sein Kind ganz offensichtlich nicht weiß, schien ihn im Gespräch nicht zu beeindrucken. Auch der Hinweis darauf, dass er selbst vor einer halben Stunde berichtet habe, wie schwer es gewesen sei, dem Jungen begreiflich zu machen, dass 10 mehr sind als 1, obwohl „die Null nichts ist“, konnte den Vater nicht davon überzeugen. Er war der Meinung, dass man die Sache doch spätestens am Geld lernen müsste. „Ich versteh' nicht, warum der das nicht kapiert!“ Das verstand der Vater wirklich nicht.

Die Hartnäckigkeit des Vaters weichte erst dann langsam auf, als er begriff, dass es ein großer Fehler ist, seinem Gegenüber sofort Unfähigkeit vorzuwerfen, wenn er Dinge nicht begriffen hat, die man selbst für den Superlativ von einfach hält; nur weil man selber etwas beherrscht, muss dies beim Kind noch lange nicht der Fall sein.

Die Lösung eines solches Problems ist jedoch in keinem Fall das Anschauungsmaterial. Das hat auch der Vater schließlich eingesehen.

Neben schlechtem gibt es heutzutage auch sehr viel gutes Anschauungsmaterial. Daran allein kann es also nicht liegen. Der Fehler von Eltern ist ein anderer: Sie verwechseln das Anschauungsmaterial mit der Erklärung der Sache. **Das Anschauungsmaterial soll eine Erklärung veranschaulichen und sie nicht ersetzen. Es soll bei der Erklärung helfen. Und diese Verwechslung gibt es nicht nur bei Eltern. Deshalb hat die Frage nach dem Anschauungsmaterial bei Lehrkräften auf unseren Fortbildungsveranstaltungen meist einen viel zu hohen Stellenwert.**

Im Folgenden wird auf geeignetes und ungeeignetes Anschauungsmaterial eingegangen. Wir bitten dabei ausdrücklich zu bedenken:

Die Ausführungen beziehen sich auf rechenschwache Kinder! Andere Kinder kommen mit fast jedem Anschauungsmaterial gut zurecht.

12.2 Fördergrundsatz X

Es gibt bei rechenschwachen Kindern durchaus geeignetes und ungeeignetes Anschauungsmaterial. In jedem Fall gelten aber folgende Grundsätze:

- **Das Anschauungsmaterial ersetzt keine Erklärung.**
- **Wissen fällt nicht vom Himmel, nur weil man jetzt Zehner und Einer als Stangen und Würfelchen vor sich hat.**
- **Das Wechseln (insbesondere der ständige Wechsel) von Anschauungsmaterial verwirrt rechenschwache Kinder mehr, als dass es ihnen hilft.**
- **Unserer Erfahrung nach sollte man in aller Regel bei einem Anschauungsmaterial bleiben! Vielleicht hat die dazugehörige Erklärung ja nichts getaugt?**
- **Es gibt Anschauungsmaterialien, die den falschen Zahlbegriff des Kindes durchaus unterstützen können (z. B. Zahlenstrahl und Hundertertafel nähren die Vorstellung von Zahlen als Positionen) und deshalb besser nicht verwendet werden sollten. Dies ist bei der Wahl des Materials zu berücksichtigen.**
- **Selbst das beste Anschauungsmaterial kann von rechenschwachen Kindern falsch verwendet werden. Zum Abzählen kann man vieles nehmen!**

- **Es gilt nach unseren Erfahrungen immer: So viel Anschauungsmaterial wie nötig und so wenig wie möglich!**
- **Alle Kinder sollten zunächst mit Anschauungsmaterial arbeiten; haben sie den zu erklärenden Sachverhalt verstanden, können sie ihn auch anhand eines anderen Materials erklären.**
- **Alle beteiligten Personen sollten das gleiche Material verwenden und sich über die Art und Weise des Einsatzes einig sein. Die Eltern des Kindes (insbesondere der übende Elternteil) sollten hierüber kontinuierlich unterrichtet werden.**
- **Erst wenn das Kind eine Sache inhaltlich durchdrungen hat, kommt das Material (evtl. sukzessive) vom Tisch.**
- **Kann das Kind sein Wissen auch mit anderen Anschauungsmaterialien demonstrieren, ist dies die beste Lernzielkontrolle.**

12.3 Zur Verwendung von Anschauungsmaterial bei rechenschwachen Kindern

Ziel ist es, einige grundlegende Überlegungen zum richtigen Einsatz von Anschauungsmaterial zu vermitteln, die sich in unserer langjährigen Praxis in der Therapie von Rechenschwäche bewährt haben.

Jeder, der diese Überlegungen in eigener Arbeit mit einem rechenschwachen Kind umsetzen möchte, sollte im Interesse des Kindes einige Tatsachen im Auge behalten:

1. Was mit „Rechenschwäche" umschrieben wird, das sind auf der einen Ebene eine Fülle von mathematischen Fehlvorstellungen, Missverständnissen und fehlerhaften Konzepten sowie zahlreiche Strategien zur Kompensation genau dieser Verständnismängel. Diese Vorstellungen, Konzepte und Strategien gehorchen einer inneren Logik. Die Fehler rechenschwacher Kinder passieren also nicht „zufällig", in der Regel auch nicht deshalb, weil das Kind sich „zu wenig konzentriert" oder „zu wenig geübt" hat. Was das Letztere betrifft, ist zumeist sogar das Gegenteil zu bemerken: **Mit rechenschwachen Kindern wird häufig zu viel und in falscher Weise geübt**. Die zugrunde liegenden Defizite im mathematischen Fundament werden (in Unkenntnis) übergangen. Das zeitlich oft gewaltig aufgeblähte Wiederholen des aktuellen Schulstoffes führt regelmäßig zu der Enttäuschung, dass gestern Gelerntes heute wieder vergessen ist, so als hätte das Kind noch nie davon gehört.

Unerlässlich für jedes zielführende Arbeiten mit rechenschwachen Kindern ist daher die detaillierte Kenntnis der individuellen Ausgangslage des Kindes. Von hier aus müssen in oft kleinsten Schritten Missverständnisse ausgeräumt und das fehlende Grundverständnis nachträglich erarbeitet werden, auch dann, wenn der „Schulstoff" bereits weitergehende Anforderungen stellt. Wird dagegen dieses „individuelle Fehlerprofil" nicht berücksichtigt, steht zu befürchten, dass auch an sich bestens geeignete Übungen mit geeigneten Materialien ohne jede positive Wirkung „verpuffen". Die Erstellung eines detaillierten Fehlerprofils, die Fein-Diagnostik einer Rechenstörung, erfordert ein hohes Maß an Sachkenntnis und Erfahrung. Scheuen Sie sich daher nicht, dafür die Hilfe von Experten in Anspruch zu nehmen.

2. Rechenschwäche ist auf einer zweiten, ebenso bedeutsamen Ebene auch ein psychisches Problem. Rechenschwache Kinder und Jugendliche verarbeiten ihr fortlaufendes Scheitern in der Mathematik seelisch in unterschiedlichster Weise. Häufig nimmt das intellektuelle Selbstvertrauen erheblichen Schaden und es entwickeln sich Fachangst, Misserfolgserwartung und Blockaden. Die oft über viele Jahre verfestigte psychische Stellung des Kindes zu seinem mathematischen Problem muss individuell richtig erfasst, in seinen Wechselwirkungen verstanden und Schritt für Schritt durch geeignete Maßnahmen überwunden werden.

Gerade Eltern laufen aufgrund ihrer hohen emotionalen Beteiligung Gefahr, ihre guten Absichten beim Üben durch falschen Umgang mit den geschilderten psychischen Phänomenen zunichte zu machen. Durch die Ausübung von Druck, das Zeigen von Ungeduld, durch Gereiztheit über falsche Antworten, durch die Vermittlung von Zweifeln an Intelligenz und Lernfähigkeit des Kindes wird mitunter mehr Schaden angerichtet als Hilfe gegeben. Die gewichtige psychische Dimension einer Rechenschwäche muss Eltern (aber natürlich auch jeder anderen Betreuungsperson) jedoch bewusst sein, damit gravierende Fehler beim Arbeiten mit einem rechenschwachen Kind vermieden werden können.

Fazit

Zielführende Aufbauarbeit mit rechenschwachen Kindern erfordert eine detaillierte Analyse des Ausgangs-Standes. Wer ohne Berücksichtigung der vorhandenen Fehlvorstellungen sowie der psychischen Sonderlage eines rechenschwachen Kindes mit diesem Schulstoff paukt, läuft Gefahr, die Probleme weiter zu verschärfen.

Allgemeines zum Einsatz von „Anschauungsmaterial“

1. Im Grunde führt die Bezeichnung „Anschauungs-Material“ bereits in die Irre; weitaus treffender wäre es, von „Erarbeitungs-Material“ zu sprechen. Denn worum es geht, wenn eine Rechenschwäche überwunden werden soll, ist nicht einfach die „Anschauung“ im Sinne von: etwas anschauen, sehen können. Es geht darum, dass das rechenschwache Kind einen mathematischen Sachverhalt begreift, dessen mathematische Struktur durchschaut. Dieses Begreifen, Durchschauen muss durch geistige Arbeit errungen werden. Dafür ist das Selber-Hantieren, die manuelle Arbeit mit dem richtigen Material eine wichtige Hilfe. Aber:

2. Auch das beste Material sorgt nicht von selbst dafür, dass das Kind die richtige mathematische Einsicht entwickelt. Gerade rechenschwache Kinder neigen dazu, jegliches Material erst einmal im Sinne ihrer bereits vorhandenen Fehlvorstellungen zu verstehen oder, wo das nicht funktioniert, gänzlich abzulehnen. Ihre falschen mathematischen Konzepte werden durch das „richtige“ Material nicht automatisch korrigiert. Das Kind wird, auf sich alleine gestellt, umgekehrt das Material in den Dienst seiner falschen Konzepte stellen. So „missbraucht“ es beispielsweise ein als Mengen-Darstellung gedachtes Rechenbrett als bloße Zählhilfe, ohne dabei den Mengen-Aspekt der Zahl in der gewünschten Weise zu erfassen.

So wichtig es ist, dass das rechenschwache Kind selbst mit dem Material hantieren kann, so unerlässlich ist es, dass sein Materialeinsatz gesteuert wird. Gesteuert von einer Person, die mit den kindlichen Denkweisen und den möglichen Missverständnissen auf jeder Ebene ebenso vertraut ist, wie mit der Systematik der mathematischen Schritte, die es zu erarbeiten gilt.

3. Das Entscheidende ist also nicht das Erarbeitungs-Material selbst. Wesentlich ist, in welcher Weise dieses Material vom Kind unter Anleitung eines Betreuers verwendet wird. Dazu mehr bei der Besprechung einzelner geeigneter Materialien. So viel aber schon vorweg:

Ziel des Material-Einsatzes muss es sein, das Material überflüssig zu machen. Das Erarbeitungs-Material sollte eine Leiter sein, auf der das Kind zum Verständnis einer mathematischen Struktur, einer Operation gelangt, und die es, sobald es dort angelangt ist, wieder wegwirft.

4. Dieses „Wegwerfen des Materials" gelingt in der Regel nur dann, wenn es in der Arbeit mit dem rechenschwachen Kind gezielt angesteuert wird. Das Kind muss also immer wieder dazu angehalten und ermutigt werden, das mittels Material bereits erarbeitete Verständnis auch ohne Materialeinsatz anzuwenden.

5. Es wird dabei vielfältige Unterstützung brauchen: Rechenschwachen Kindern fällt es oft schwer, Handlungen innerlich nachzuvollziehen. Es genügt daher zumeist nicht (wie es vielleicht bei nichtrechenschwachen Kindern genügen wird), wenn das rechenschwache Kind einen bestimmten Schritt wiederholt mit Material selbst durchführen kann. Sobald man ihm das Material entzieht, ist es wieder ratlos, weil es die oft schon dutzendfach ausgeführte Handlung dennoch ohne Hilfe nicht innerlich nachvollziehen kann.

6. Die richtige Antwort kann aber nicht darin liegen, das Kind immer wieder zum Material greifen zu lassen. Es muss ermutigt und durch Anregungen, Strukturierungshilfen und durch gezielte Erinnerung an das soeben Durchgeführte befähigt werden, die mathematischen Handlungen schrittweise auch im Geist, in der Vorstellung zu vollziehen.

7. Als wichtiger Zwischenschritt hierfür hat sich der verdeckte Einsatz von Material erwiesen: Das Material wird nach einer ersten Erarbeitungsphase unter einem Tuch, einer Schüssel, hinter einer Trennwand o. ä. der unmittelbaren Anschauung entzogen. Das Kind kann in einer bestimmten Phase unter dem Tuch vielleicht noch mit dem Material hantieren, es aber nicht mehr sehen. So wird seine Vorstellung gefordert, aber auch gefördert. Die konkrete Erinnerung: „Unter dem Tuch ist das, womit ich gerade noch gearbeitet habe" erleichtert den geistigen Nachvollzug entscheidend.

8. „Weniger ist mehr!" gilt beim Einsatz von Erarbeitungsmaterial in der Arbeit mit rechenschwachen Kindern in doppelter Hinsicht:

Erstens muss, wie ausgeführt, immer wieder ausgereizt werden, was bereits ohne Material möglich ist. Das „weniger ist mehr" ist hier freilich streng relativ zu verstehen: So wenig Material-Einsatz, wie für dieses spezielle Kind möglich und so viel, wie nötig ist. Denn ein rechenschwaches Kind wird auch bei optimaler Förderung zumeist längere Phasen benötigen, in denen es unter Anleitung mit dem Material hantieren kann. Diese Phasen müssen optimal im Sinne eines dauerhaften Begreifens genutzt werden.

Zweitens sollte dabei versucht werden, mit möglichst wenigen Varianten von Material auszukommen. **Das Wechseln zwischen verschiedenen Materialien in der Erarbeitung ein und desselben mathematischen Schrittes wird rechenschwache Kinder der Erfahrung nach eher verwirren als ihnen helfen!**

Fazit

Nicht das Material selbst ist entscheidend für den Erfolg, sondern seine richtige Verwendung. Richtige Verwendung heißt aber auch, im entscheidenden Augenblick wieder auf das Material zu verzichten.

<u>Material für die Erarbeitung einer richtigen Zahlvorstellung im Zahlenraum bis 10</u>

Ausgangsproblem:

Rechenschwache Kinder verstehen Zahlen zumeist nicht oder nicht in erster Linie als Menge (Quantum, Anzahl, wie viel?), sondern gewissermaßen als Punkt in einer Reihe, als eine Station in einer auswendig gelernten Kette von Zahlnamen. „Sieben" wird nicht als Gesamtheit von sieben Einern aufgefasst, sondern als der Siebente, das eine Ding (Würfel, Finger ...), auf welches der Finger beim Aufsagen der Abzähl-Reihe zuletzt getippt hat.

Der Material-Einsatz muss also darauf abzielen, diese auf den Reihenfolge-Gedanken (nur scheinbar ähnlich mit dem ordinalen Aspekt der Zahl) der Zahl eingeschränkte Sicht zu korrigieren. Das verlangt ein striktes Wegführen des Kindes vom rein zählenden hin zum Mengen erfassenden, Mengen vergleichenden und Mengen strukturierenden Umgang mit Zahlen.

Nahezu jedes Material lässt sich aber auch rein zählend gebrauchen. Deshalb hängt es gerade bei der Erarbeitung des richtigen Zahlenverständnisses von der Art und Weise ab, wie das Material verwendet wird. Auch hierfür gibt es mehr oder weniger gut geeignete Materialien.

<u>A. Gut geeignete Materialien:</u>

1. Finger als Mengen-Gliederungs-Hilfe

Finger beim Rechnen, das ist mitunter tabu. Auch Lehrer, die vielleicht selbst eine unverkrampfte Haltung dazu einnehmen, müssen bedenken, dass viele bei den Hausaufgaben helfende Eltern, Großeltern und Verwandte ab einem gewissen Alter „Finger-Verbote" aussprechen, in der irrigen Annahme, alleine dadurch dem Kind zu einem anschauungsungebundenen Kopfrechnen zu verhelfen.

Kannst du dich erinnern, welche Probleme du früher in Mathe hattest?

Ich brauchte etwas zum anschaun damit ich mir die Zahlen merken konnte.

Tatsache ist aber: Ein Kind mit einer falschen Zahlvorstellung wird auch bei „einfachen" Plus- und Minus-Aufgaben nur durch Zählen zu einer Lösung finden. Verbietet man ihm seine Zählhilfe (Finger, Würfel, Knöpfe, Bleistifte ...), führt das zu Heimlichkeiten (Finger unter dem Tisch, unter dem Popo, nur leichtes „Finger-Drücken" an der Wange ...) oder aber dazu, dass das Kind tatsächlich ohne Zählhilfe zu zählen versucht. Es wird dann zumeist mit allen äußeren Zeichen größter Anspannung (Augen fest zugekniffen, den Kopf im Zähl-Takt mit bewegend ...) im Kopf die Zahlenreihe Schritt für Schritt rauf- oder runterhüpfen. Das ist eine gewaltige Anstrengung von Wille und Konzentration, mathematisch gesehen aber nicht wertvoller als das ungleich leichtere und weniger fehleranfällige Abzählen an

Fingern, Würfeln oder sonstigen Zählhilfen. Das Problem beim Zählen, ob mit oder ohne Finger, besteht darin, dass (siehe oben) die Zahl nicht als Menge, nicht in ihrer Größe, ihrem „wie viel?" genommen wird. Das passiert deshalb, weil das rechenschwache Kind die Zahl bereits als nicht-mengenhaft versteht. Das Zählen ist also nur die Folgeerscheinung des dahinter steckenden Problems namens „falsche Zahlenvorstellung". Deshalb ist ein „Verbot" des Zählens keine Lösung; es macht (siehe oben) die Situation für das Kind nur noch schlimmer.

Das dauerhafte Zählen-Dürfen hilft dem Kind allerdings nicht: **Die Hoffnung, das Kind werde schon irgendwann von alleine auf das Zählen verzichten, erweist sich im Fall einer Rechenschwäche leider als illusorisch**.

„Doch inwiefern ist das Hängenbleiben beim zählenden Rechnen problematisch, weshalb finden wir es bei rechenschwachen Kindern massiv, bei guten Rechnern immer weniger? Welches sind die Schwierigkeiten und Gefahren des zählenden Rechnens?

...

- *Zählkinder verwenden nicht die Zahlensätze, die sie bereits auswendig wissen, sondern tendieren zur stereotypen Anwendung ihrer Zähltechnik.*
- *Zähltechniken können trainiert und perfektioniert werden, mit zunehmender Perfektion schwindet aber das Bedürfnis, sich Zahlensätze zu merken. Zähltechniken fördern nicht das Bedürfnis, sich etwas zu merken. Das Repertoire auswendig gewusster Zahlensätze steigt nur langsam oder gar nicht.*
- *Wenn Kinder in mittleren Schuljahren Fakten immer noch nicht auswendig wissen, verzichten sie auf Merkversuche ganz und verlassen sich voll auf instrumentelle Nutzung von Gegenständen, vor allem der Finger.*

...

Zählendes Rechnen liefert jeweils nur Einzelfaktoren. Diese werden aber nicht in ein Beziehungsgeflecht eingebettet, gehen also leicht aus dem Gedächtnis verloren

...

Schließlich ist zum Problem des zählenden Rechnens folgendes zu bedenken: Aus der Beobachtung von Lernprozessen ist bekannt, dass das Gehirn dem Prinzip folgt, möglichst wenig Verarbeitungsaufwand zu investieren. Es gibt einen mentalen Widerstand gegen Veränderung eines erlernten Verhaltens. Selbst wenn Lernen (also Verhaltensänderung) stattfindet, scheinen die alten Verhaltensstrukturen noch weiter gespeichert zu bleiben. Unter ungünstigen Umständen, z. B. Stress, können sie erneut das Verhalten bestimmen (Weidemann, 1991). Gerade bei der Ablösung vom zählenden Rechnen treten in Stressituationen (z. B. Wettrechnen, Klassenarbeiten) Rückfälle ins zählende Rechnen häufig auf. Wenn sich ein Kind zum Zähler entwickelt hat, sind Hilfsmaßnahmen ab Ende des zweiten Schuljahres sehr aufwendig und oft wenig erfolgreich (Lorenz & Radatz, 1993, S. 117).

...

Zählmethoden als einzige Lösungsstrategie über das erste Schuljahr hinaus zu tolerieren, ist unterlassene Hilfeleistung und bewirkt, dass sich Unterschiede zwischen schwachen und befähigten Schülern ständig vergrößern. " (1)

Es geht darum, dem Kind alternative, auf Mengen bezogene Weisen der Zahlverknüpfung zu eröffnen. Gerade dafür sind, richtig verwendet, die Finger sehr brauchbar.

Nur dürfen sie nicht als bloße Abzählhilfe, nacheinander antippend oder ausstreckend, verwendet werden. Sie dienen als Hilfe zur Erarbeitung einer Modell-Vorstellung für die Mengen-Gliederung der Zahlen bis 10. Das Kind soll lernen, mit 5 die Vorstellung „alle Finger an einer Hand" spontan zu verknüpfen. Mit 10 „alle Finger an beiden Händen zusammen". Mit z. B. 8 die Vorstellung „auf einer Hand 5, auf der anderen 3". In weiterer Folge: Mit z. B. 6 die Vorstellung „4 Finger brauche ich dafür nicht; also 4 Finger noch dazu, dann sind's alle 10".

Diese Vorstellungen werden sich bei nicht-rechenschwachen Kindern früher oder später von selbst einstellen. Für rechenschwache Kinder dagegen ist es gelegentlich noch in der 3. Klasse unmöglich, sich die Zahl 8 anders als durch einzelnes Zählen der 8 Finger mühsam zu erarbeiten. Das heißt jedoch nicht, dass dieses „innere Fingerbild" für rechenschwache Kinder nicht erreichbar wäre; es heißt nur, dass man es gezielt und geduldig, Schritt für Schritt, mit ihnen erarbeiten muss.

Gefragt ist in der ersten Phase die Erarbeitung einer inneren Vorstellung, wie die Zahlen bis 10 mit Fingern gezeigt werden können. Dies geschieht zunächst unter tatsächlichem Einsatz der Finger. Wichtig ist, diesen tatsächlichen Gebrauch der Finger allmählich durch die innere Vorstellung zu ersetzen. Hierfür wird das Kind immer wieder dazu angehalten, das, was sich durch Hochzählen einer Zahl an den Fingern ergibt, in Worte zu fassen: „Ich habe jetzt 8 Finger ausgestreckt, auf einer Hand 5, auf der anderen 3 Finger."

Ein möglicher Zwischenschritt:

Das Kind soll die Zahl mit den Fingern zeigen, aber unter dem Tisch oder unter einem Tuch. Es kann die Finger also spüren, nicht aber sehen und soll nun dennoch sagen, wie viele Finger es an beiden Händen ausgestreckt hält bzw. wie viele Finger nicht ausgestreckt sind.

Von diesem „inneren Finger-Bild" der Zahl ausgehend lassen sich eine Fülle mathematischer Operationen erarbeiten: Wenn 8 immer auch als „5 + 3" gedacht wird, ist 5 + 3 = 8 ebenso leicht zu erarbeiten (und später vom Kind dauerhaft zu merken) wie 8 - 5 = 3 oder 8 - 3 = 5 und vieles andere mehr. Immer gilt: Die Finger werden nicht einzeln abzählend eingesetzt, sondern in „Hand-Paketen", das heißt als Gliederungshilfe für die Zahlen mit den Bezugspunkten 5 (= eine ganze Hand) und 10 (= beide Hände zusammen).

Aufgabe: 5 + 3 = ?

1. Schritt: Die 5 wird spontan gezeigt.

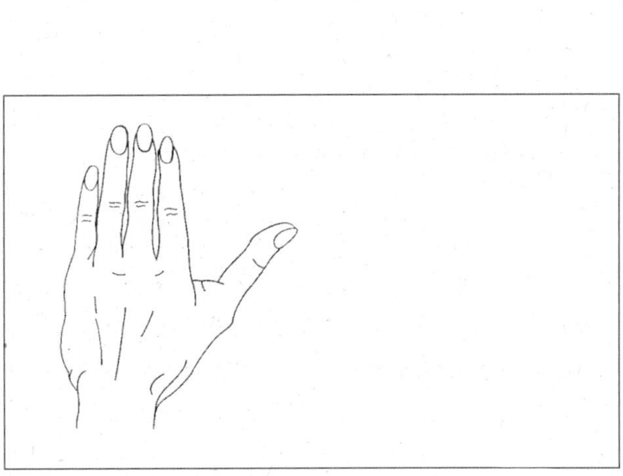

(1) Gerster 1996, S. 140f.

2. Schritt: Die 3 wird spontan dazugelegt.

3. Schritt: Das Kind erkennt spontan das Fingerbild der Zahl 8.

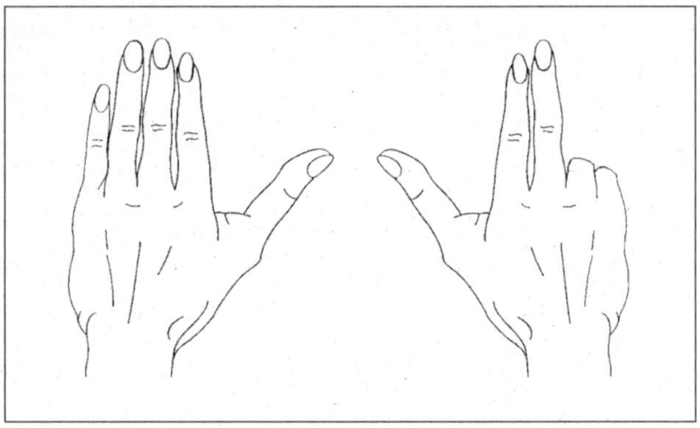

Aufgabe: 8 - 5 = ?

1. Schritt: Das Kind zeigt spontan das Fingerbild der Zahl 8.

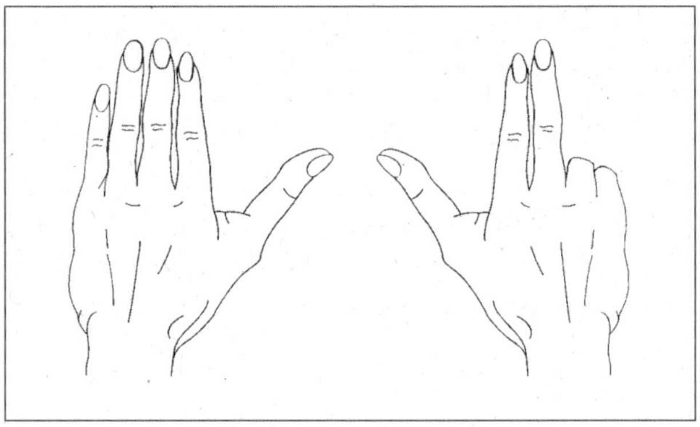

2. Schritt: Das Kind nimmt spontan die linke Hand weg (5er).

3. Schritt: Das Kind erkennt sofort das Fingerbild der Zahl 3.

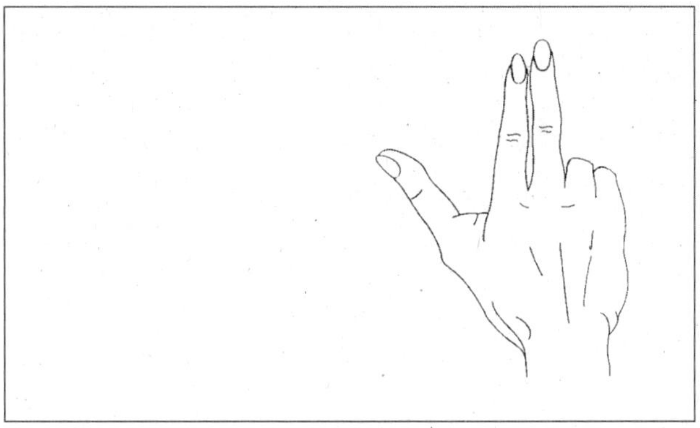

Das „innere Fingerbild" muss in einem nächsten Schritt erweitert werden: 8 soll nicht nur mit „5 + 3" assoziiert werden, sondern ebenso problemlos mit „4 + 4", „6 + 2", „1 + 7" etc. Dazu bedarf es der zusätzlichen Einsicht, dass man einen Einer-Haufen beliebig in zwei kleinere Einer-Haufen zerteilen und diese Verteilung durch Verschieben einzelner Einer beliebig variieren kann ohne an der Gesamt-Anzahl der Einer etwas zu ändern. Auch dafür lassen sich die Finger sinnvoll nutzen, indem das Kind aufgefordert wird, 7 mit anderen als den gewohnten Fingern zu zeigen, also z. B. ohne den Daumen der rechten Hand.

2. Die Kugelkette

Leichter nachvollziehbar ist das Prinzip „hier eins mehr, dort eins weniger, insgesamt gleich viel wie zuvor" jedoch an der Kugelkette. Dafür werden bis zu 10 Holzkugeln auf eine Schnur aufgefädelt, um daran mit dem Kind den oben beschriebenen Grundgedanken zu erarbeiten. Das Kind kann in Folge verschiedene Zerlegungen einer Zahl selbst an der Kugelkette durchführen und jeweils notieren.

Im nächsten Schritt wird wieder versucht, das Material durch Vorstellung zu ersetzen: Ausgangspunkt ist z. B. die „Handzerlegung" der 8 in 5 + 3. Diese wird an die 8er-Kette gelegt. Dann wird die Kette mit einem Tuch verdeckt; das Kind verschiebt unter dem Tuch eine Kugel von der 3er-Seite zur 5er-Seite und soll nun (ohne unter dem Tuch zu zählen!) die entstandene neue Zerlegung/Verteilung der 8 Kugeln angeben.

Wieder wird ein Kind mit Defiziten in der Verinnerlichung hier wahrscheinlich Probleme haben. Dann sollte aber die Kette nicht sofort wieder aufgedeckt werden, sondern es sollten konkrete Denk-Anstöße gegeben werden: „Überlege, was auf dieser Seite passiert ist.“ „Hast du hier eine Kugel dazu geschoben?“ „Oder von hier eine Kugel weggeschoben?“ „Sind es hier mehr als vorher oder weniger als vorher?“

Die pädagogische Kunst besteht darin, so wenig Anregungen wie möglich, so viele wie nötig zu geben.

3. Der Zehnerstreifen

Um (wie bei der Kugelkette) auch andere Zerlegungen von Zahlen im Zahlenraum bis 10 veranschaulichen zu können, eignet sich auch der Zehnerstreifen, wenn man nicht gleich mit den Fingern weiterrechnen will.

Beispiel: Zerlegung der 7

Ausgangsmaterial:

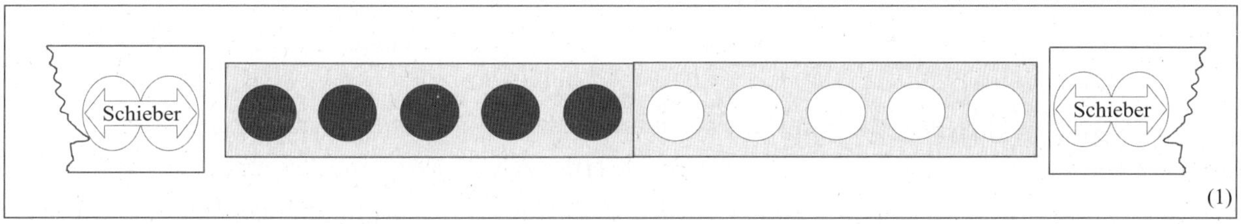

Die Zahl 7 wird dargestellt:

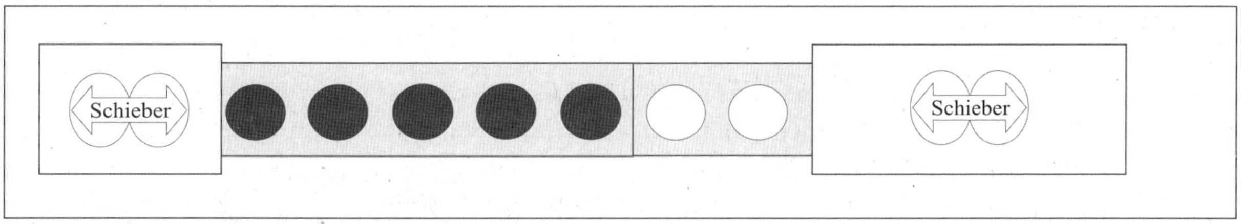

„7 besteht aus der 5 und aus der 2. Also: 5 + 2 = 7“
„Ich nehme links einen weg und tue rechts einen dazu. Es sind also immer noch 7.“

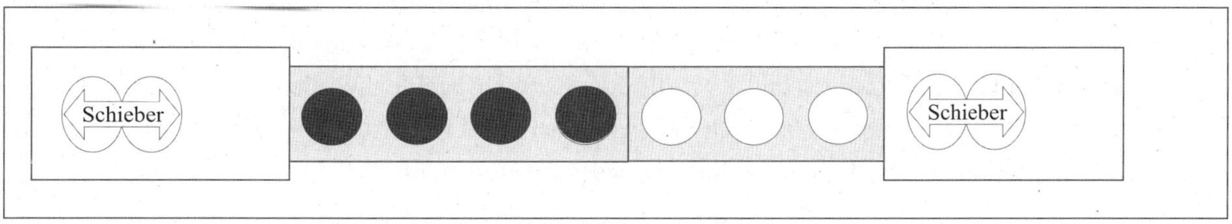

„7 besteht auch aus der 4 und der 3. Also sind 4 + 3 = 7“
„Ich nehme jetzt wieder links einen weg und tue rechts einen dazu. Es bleiben also 7.“

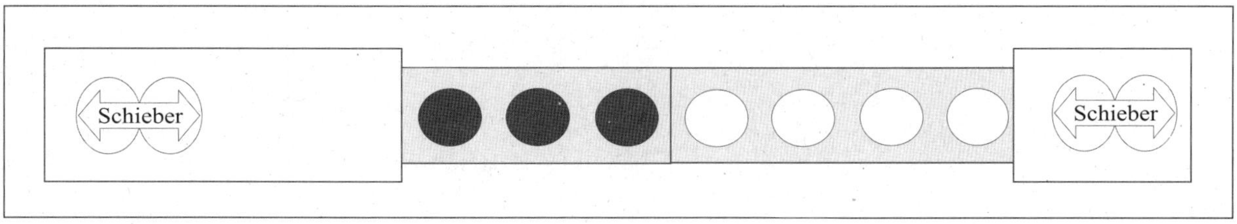

(1) Aus: Gerster 1996

„7 besteht also aus der 3 und aus der 4. Das haben wir ja eben schon rausbekommen - warum?"
„Ist 4 + 3 denn dann das Gleiche wie 3 + 4? Zeige mir das noch mal!"

4. Steckwürfel

Für das Erarbeiten eines Grundverständnisses mathematischer Operationen (Addieren als Dazugeben, Zusammenfügen, Subtrahieren als Wegnehmen, Zerlegen, Unterschied-Bestimmen ...), das Anstellen von Mengenvergleichen und vieles mehr ist das Handeln mit konkretem Material unerlässliche Voraussetzung.

Wegen ihrer vielfältigen Einsatzmöglichkeiten auch für weitere Schritte (etwa beim Einmaleins) haben sich Steckwürfel sehr bewährt. Sie erlauben eine farbliche Differenzierung, lassen sich durch das Zusammen- und wieder Auseinanderstecken verständnisfördernd einsetzen und sind Kindern wegen ihrer Eignung zum Basteln meist sympathischer als simple Klötzchen, Knöpfe oder Plättchen.

Wesentlich ist wieder die Verwendung der Würfel: Als bloße Zählhilfe benutzt, taugen sie nicht zum Aufbau tragfähiger Vorstellungen. Insofern stimmt die Kritik, die Lorenz/Radatz im „Handbuch des Förderns im Mathematikunterricht" an den Steckwürfeln anbringen. Nur: Als Zählhilfe „missbrauchen" lässt sich fast jedes Material. Nicht die Steckwürfel sind also das Problem, sondern der falsche Umgang damit.

Falsch ist die Hoffnung, dass das Kind eine bestimmte Anzahl - wie etwa 7 - nur oft genug mit Würfeln hinlegen und anschauen muss, um die Zahl als Menge erfassen und dann ohne Anschauung mit ihr operieren zu können. Warum das nicht funktioniert, ist oben erklärt: Das Kind nimmt die Würfel dankbar als Zählhilfe. Es „sieht" aber die Menge nicht, weil es aufgrund seiner bereits fehlerhaften Zahlauffassung darauf gar nicht achtet.

Deshalb muss auch bei der Arbeit mit Steckwürfeln von der Betreuungsperson darauf geachtet werden, dass das Kind einen Mengen vergleichenden, nicht-zählenden Standpunkt zum Material einnimmt. Ein Beispiel: Das Kind weiß 3 + 3 auswendig, 3 + 4 muss stets durch Abzählen gelöst werden. Hier empfiehlt es sich, beide Aufgaben mit Steck-Würfeln legen zu lassen, nicht aber nach dem „wie viel?" zu fragen, sondern: „Vergleiche die Aufgaben. Wo sind insgesamt mehr Würfel?" Die Frage befreit vom Druck, immer gleich ein „Ergebnis" nennen zu müssen und lädt zum Nachdenken ein: Auf beiden Seiten sind zuerst 3, dann kommen hier 3 dazu, da aber 4, also mehr, dann müssen es auch insgesamt mehr sein. Dieses Nachdenken wird dadurch gefördert (und der Reflex des Sofort-Abzählen-Wollens gezähmt), dass die gesamte Würfel-Anordnung unter einem Tuch verschwindet. Die Erinnerung an die Handlung bleibt und kann von der Betreuungsperson durch gezielte Fragen strukturiert werden.

In ähnlicher Weise lassen sich alle Grundaufgaben im Zahlenraum bis 10 erarbeiten. Damit diese auch einem rechenschwachen Kind letztlich anschauungsungebunden gelingen, bedarf es eines in kleinste Schritte unterteilten systematischen Neuaufbaus unter Berücksichtigung der individuellen Ausgangslage.

B. Wenig geeignetes Material:

1. Finger als Zählhilfe

Dazu ist oben alles gesagt. Das Wichtigste noch einmal: Ein Verbot des Finger-Abzählens ist nicht zielführend! Vielmehr geht es darum, mit dem Kind in der oben beschriebenen Weise Alternativen zum Abzählen zu erarbeiten. Wenn das Finger-Zählen bereits zur Gewohnheit geworden ist, ist zu seiner Überwindung oft eine hohes Maß an psychologischem und pädagogischem Fingerspitzengefühl erforderlich.

2. (Spiel-) Geld

Sofern nur einzelne Euro-Stücke als konkretes Material (wie Würfel, Knöpfe ...) verwendet werden, gelten alle Vorbehalte, die oben beschrieben wurden: Das Anschauen und Hin- und Herschieben bewirkt von sich aus noch keine Einsicht, eher besteht die Gefahr, dass die Euro-Stücke als Zählhilfe gebraucht werden.

Noch problematischer ist in dieser Phase die Verwendung von unterschiedlichen Einheiten (10-Cent-Stücke, 5-Cent-Stücke, 2-Cent-Stücke, 1-Cent-Stücke, eventuell auch noch in Verbindungen mit den Euro-Münzen). Zu verstehen, dass 1 Fünfer mehr ist als 4 Einer, setzt bereits ein richtiges Wertigkeitsverständnis voraus. Das Hantieren mit Fünfern und Einern eignet sich wenig zum Erwerb dieses grundlegenden Verständnisses.

3. Zahlenstrahl mit Einer-Einteilung

Der scheinbar so einfach zu verstehende Zahlenstrahl wirft speziell für rechenschwache Kinder eine Fülle von Fragen auf. Warum steht die „1" über dem 2. Strich? Warum ist die „0" auch ein Strich, wo „null" doch „nix" heißt? Warum sollen von 3 auf 7 noch vier fehlen, wo doch zwischen dem dritten und dem siebten Strich nur drei Striche liegen?

"Rechnen" am Zahlenstrahl

3 + ? = 7 Lösung: 3

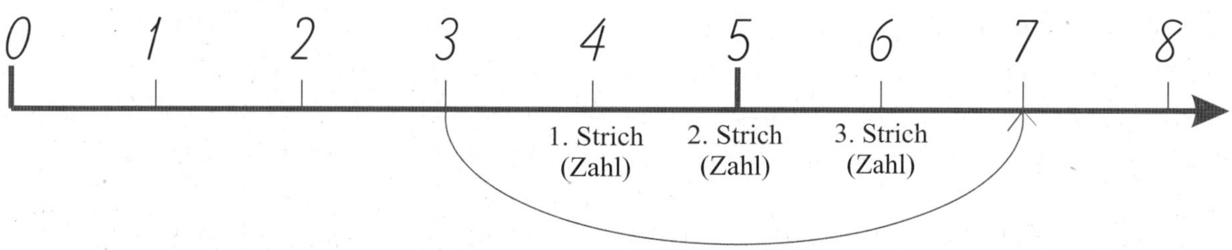

Diese Verwirrungen sind Ausdruck der falschen Zahlenvorstellung des rechenschwachen Kindes: Die Zahl, jetzt am Zahlenstrahl dargestellt, wird als Position genommen, also als der eine Strich, über welchem die jeweilige Ziffer steht. Der Zahlenstrahl scheint diese Auffassung der Zahlen sogar zu bestätigen: Was soll denn 6 am Zahlenstrahl betrachtet sonst sein, wenn nicht die mit „6" bezeichnete Markierung?

Manche Schulbücher empfehlen, genau diese („ordinale") Deutung der 6 am Zahlenstrahl mit den Kindern im Erstunterricht zu erarbeiten. Davor möchten wir an dieser Stelle aus der Perspektive von Rechenschwäche-Therapeuten eindringlich warnen. Auf diese Weise werden vorhandene Missverständnisse verstärkt bzw. ein Missverstehen sogar provoziert. Wenn der Zahlenstrahl im Erstunterricht schon Verwendung finden soll, dann muss er sorgfältig als Maßzahl-Darstellung erarbeitet werden: 6 ist eben auch am Zahlenstrahl nicht ein Ding, ein „Strich", sondern die Gesamtheit von 6 Einheits-Strecken, wobei eine Einheits-Strecke jeweils der Abstand zwischen zwei Markierungen ist.

Zahlen müssen am Zahlenstrahl also als Strecken verstanden werden. So erarbeitet, unterstützt der Zahlenstrahl einerseits ein quantitatives Zahlverständnis, andererseits wird erst so der Zahlenstrahl selbst handhabbar, werden die oben angeführten Probleme am Zahlenstrahl erst lösbar.

Es stellt sich die Frage, ob es angesichts der Fülle möglicher Missverständnisse überhaupt sinnvoll ist, den Zahlenstrahl im Erstunterricht einzusetzen. Wir empfehlen einen späteren Einsatz zum Aufbau der Zahlenraumvorstellung im Hunderterbereich. Die Notwendigkeit, den Zahlenstrahl zunächst als „Längen-Modell" der Zahl zu erarbeiten, besteht natürlich auch bei späterem Einsatz.

4. Die Hundertertafel

Was für den Zahlenstrahl mit Einer-Aufteilung gilt, kann ebenso auf die Hundertertafel übertragen werden. Kästchen für Kästchen (Zahl für Zahl) wird einzeln abgezählt.

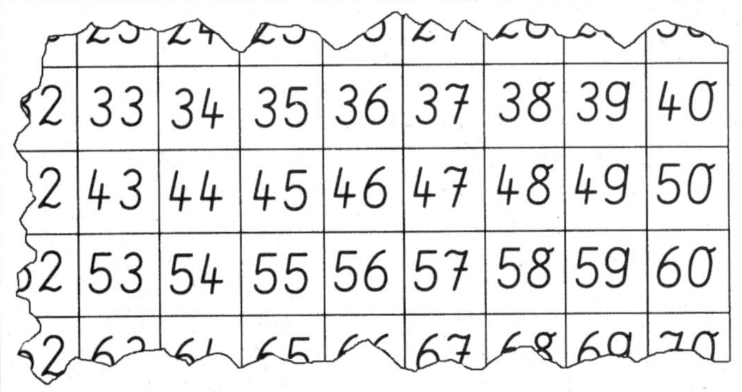

Ausschnitt aus der Hundertertafel

Für ein rechenschwaches Kind hat sich hier lediglich die Darstellungsform geändert. Nun ist beispielsweise die Zahl 45 nicht mehr der eine Strich über dem sie am Zahlenstrahl steht, sondern der eine Kasten, in dem sie steht. Einige rechenschwache Kinder entdecken gegenüber dem Zahlenstrahl einen „Vorteil": Durchschauen sie die Struktur der Tafel (Einer aufwärts in den Reihen, Zehner abwärts in den Spalten), verkürzen sich im Gegensatz zum Zahlenstrahl ihre Zählakte; verstanden haben sie jedoch dabei nichts. Auch das Anschauungsmittel Hundertertafel läuft so ungewollt in die Falle der falschen Zahlvorstellungen rechenschwacher Kinder, die die Zahl als ein Ding, als eine abzuzählende Position verstehen.

Auf die Idee, mit Hilfe von Zahlen-Tafeln das verständige Rechnen zu lernen, sind bereits viele Jahre vorher schon andere Leute gekommen - wie nebenstehendes Beispiel zeigt.

Zahlentafeln:
Nicht gerade der allerletzte Schrei moderner Didaktik!

Fazit

Entscheidend für die Entwicklung einer tragfähigen Zahlvorstellung ist es, vom rein zählenden Umgang mit Zahlen wegzukommen. Da so gut wie jedes Material auch rein zählend verwendet werden kann, bedarf das rechenschwache Kind klarer Vorgaben, wie das Material einzusetzen ist - und klar strukturierter Anregungen, um mit Hilfe des Materials Vorstellungsbilder zu entwickeln, die das Zählen überflüssig machen.

13 Anschauungsmaterial zum Zahlaufbau bis 10

Die Rechenkärtchen des Arbeitskreises

Fördergrundsatz XI

Achtung! Auch noch so gutes Lernmaterial ersetzt keine Erklärung und kann sich vor einem „missbräuchlichen" Umgang (z. B. zum Abzählen) nicht schützen. Anschauungsmaterial soll beim Erklären helfen. Eine Automatisierungsphase kann erst dann einsetzen, wenn der Lerngegenstand vorher inhaltlich vollständig erfasst wurde. Vergewissern Sie sich daher beim Kind, ob es verstanden hat, was warum eingeübt werden soll und wie es funktioniert. Rechenschwache Kinder fallen häufig in alte, unökonomische und/oder falsche Strategien zurück. Es ist daher wichtig, die Denkstrukturen des Kindes zu kennen und es bei seinen Lösungsversuchen genau zu beobachten, um ggf. eingreifen zu können. Ohne diese Grundvoraussetzungen führen alle Versuche (auch das Rechnen mit unseren Rechenkärtchen) lediglich zur schematischen Aneignung von Lösungsstrategien; nicht selten unterstützen sie darüber hinaus die falschen Vorstellungen des Kindes. Alles auswendig zu lernen ist nicht dasselbe wie verstehendes Lernen!

Zur Verwendung der Rechenkärtchen

Die Rechenkärtchen wurden vom Arbeitskreis des Zentrums für angewandte Lernforschung entwickelt und haben sich bei der praktischen Arbeit mit rechenschwachen Kindern sehr bewährt. Sie können natürlich auch bei anderen Kindern Anwendung finden, wenn es um den Zahlaufbau im Zahlenraum bis 10 geht. Unsere praktischen Erfahrungen sprechen dafür, den Zahlenraum im Anfangsunterricht bei rechenschwachen Kindern zunächst bis 10 zu beschränken. Rechenschwache Kinder direkt mit dem Zahlenraum bis 20 zu konfrontieren, überfordert sie in den allermeisten Fällen; sie verlieren den Überblick, entwickeln keine Strukturen und werden deshalb förmlich in das zählende Rechnen hineingepresst, da sie sich nicht anders zu helfen wissen.

Bevor mit den Rechenkärtchen gearbeitet werden kann, müssen einige Grundfertigkeiten bei dem Kind entwickelt sein:

- der Mengenbegriff muss gefestigt sein
- der kardinale Zahlaspekt muss verankert sein
- der ordinale Zahlaspekt muss entwickelt sein
- die Simultanerfassung von maximal 4 Gegenständen muss gelingen
- die Fingerbilder müssen beherrscht werden
- die zentrale Rolle der Zahl 5 als strukturierende Zahl im Zahlenraum bis 10 muss verstanden sein

Ohne diese Basisfunktionen sind die folgenden Übungen mit den Rechenkärtchen meist sinnlos.

Ziele der Übungen sind:

- Festigung der strukturierenden Wirkung der Zahl 5 im Zahlenraum bis 10 („Kraft der 5")
- Automatisierung der „Quasi"-Simultanerfassung von Mengen > vier
- Automatisierung von Kernaufgaben (Zerlegungsstrategien)

- Training von Passer-Aufgaben als Vorübung für das zehnerüberschreitende Rechnen
- Entwicklung und Festigung der Merkfertigkeiten des Kindes (Memory)

Die Übungen können teilweise auch in Kleingruppen (maximal vier Kinder) durchgeführt werden. Eine Gruppe von zwei Kindern mit einer Lehrkraft ist jedoch vorzuziehen und wesentlich erfolgversprechender. Handelt es sich um rechenschwache Kinder, sollte immer eine Lehrperson anwesend sein, um ggf. im Sinne der Zielsetzungen des zu übenden Gegenstandes eingreifen zu können. Nicht rechenschwache Kinder kontrollieren sich meist selbst.

Hinweise zur Vervielfältigung

Die Rechenkärtchen des Arbeitskreises für angewandte Lernforschung sind ausdrücklich urheberrechtlich geschützt.

Das Kopieren des Materials ist für die interne Arbeit an staatl. Schulen, staatl. anerkannten Privatschulen, Kliniken, städt. oder staatl. anerkannten Beratungsstellen und schulpsychologischen Diensten erlaubt.

Eine Vervielfältigung zu kommerziellen Zwecken, die Weiterreichung an Nachhilfeeinrichtungen oder andere kommerzielle Einrichtungen sowie an Schulbuch- und andere Verlage ist auch in Auszügen ausdrücklich untersagt. Es gelten alle Bestimmungen des Urheberrechts.

Übungsbeispiele

Zuordnung verschiedener Zahldarstellungen

Die Rechenkärtchen symbolisieren die Zahlen von 1 bis 10 in verschiedenen Schreibweisen. Diese sind wie folgt bezeichnet (am Beispiel der Zahl 8):

A) Fingerbilder

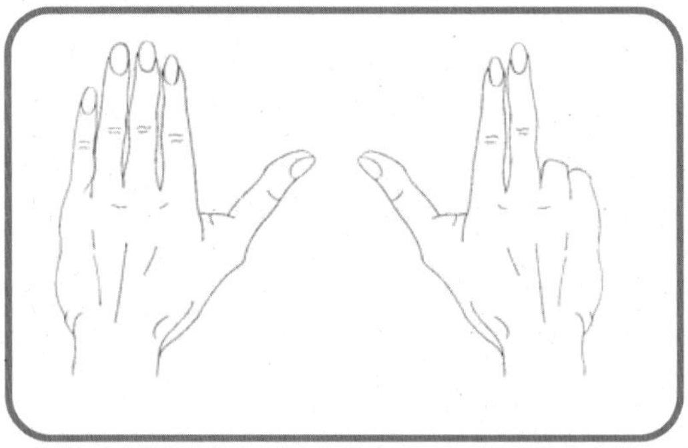

B) Strichbilder

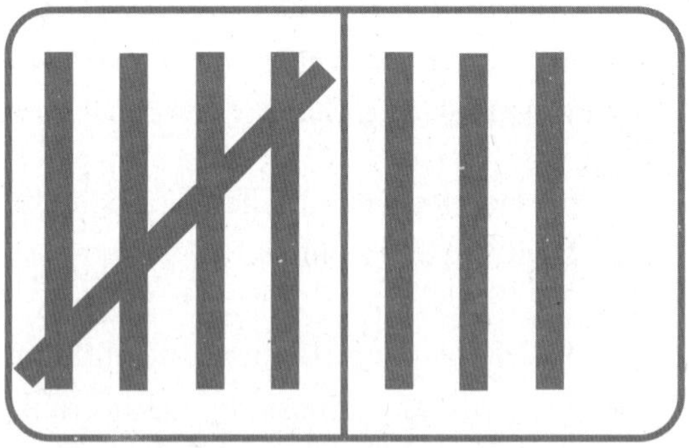

C) Würfelbilder

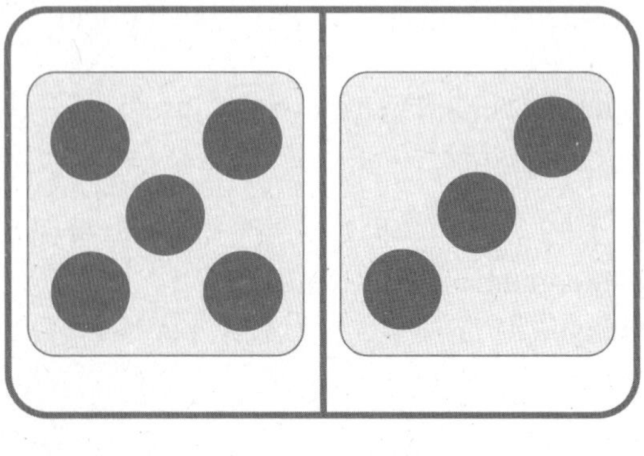

D) Punktefeld

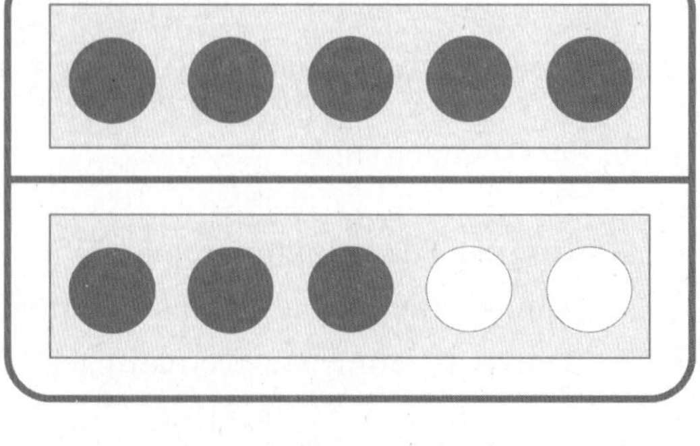

E) Maya-Bilder (der Balken symbolisiert einen Fünfer)

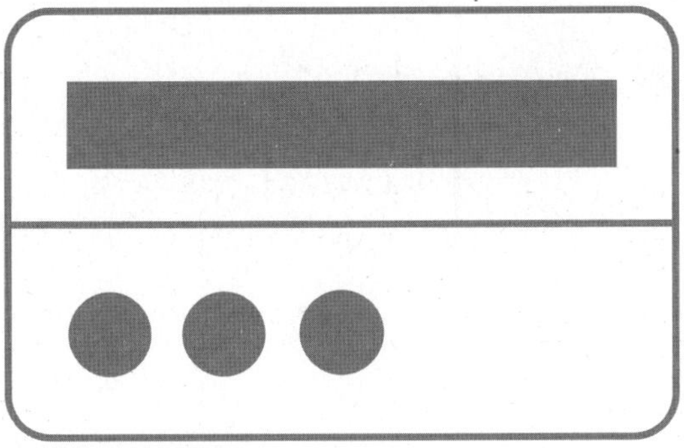

F) Fünfer-Bilder

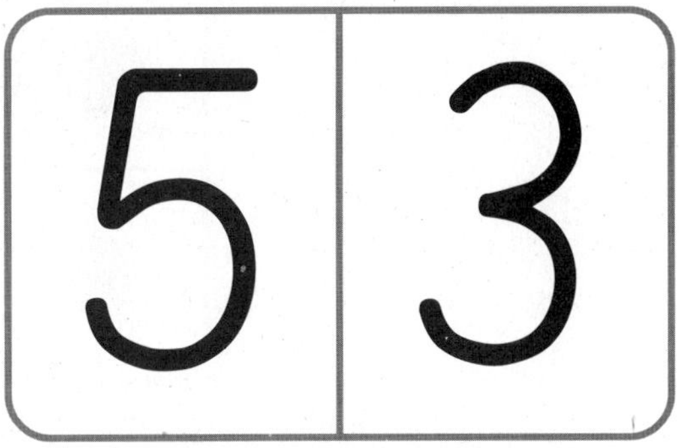

G) Kardinalzahl

Aufgabenstellung

Die Lehrkraft nimmt sich einen Zehnerstapel mit einer Sorte Zahldarstellungen heraus (beispielsweise die Punktebilder). Sie sucht sich nun eine Zahl heraus (beispielsweise die 8) und legt das Plättchen auf den Tisch. Das Kind muss spontan (ohne zu zählen) die richtige Zahl benennen können.

Die anderen 6 Darstellungen werden (jeweils unsortiert, also nicht nach der Reihenfolge) auf den Tisch gelegt. Nun soll das Kind das Rechenzeichen für „ist gleich viel wie“ heraussuchen. Es wird nun aufgefordert, aus den anderen Stapeln die gleiche Zahl herauszusuchen und auf den Tisch zu legen (ohne zu zählen!).

Die richtige Lösung sieht nun so aus:

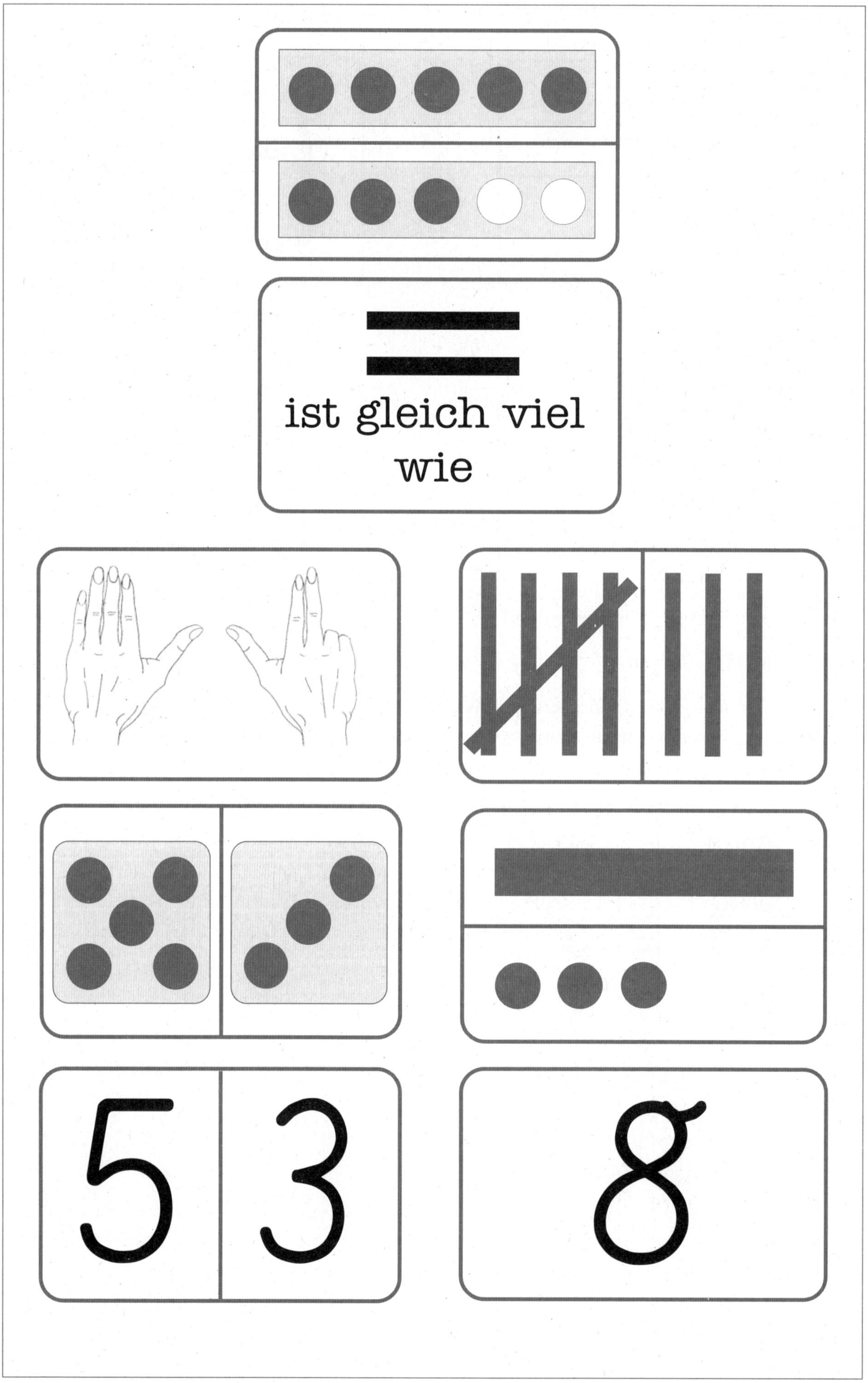
=
ist gleich viel wie
5
3
8

Zahlen-Memory

Je nach den individuellen Merkfertigkeiten des Kindes werden zwei, vier oder sechs Zahldarstellungen ausgewählt (jeweils mit den Zahlen von 1 bis 10).

Diese werden nun (wie beim Memory-Spiel) umgedreht auf den Tisch gelegt und gemischt. Man legt die Rechenkärtchen nun sortiert in Zeilen und Spalten auf den Tisch. Gesucht werden gleiche Zahlen (die Sorte spielt keine Rolle!). Wer die meisten Paare gefunden hat, ist der Gewinner.

Diese Übung schult die Merkleistungen des Kindes. Sie sorgt zudem dafür, dass sich der Zahlaufbau als Bild verinnerlicht. Das Kind muss sich das Mengenbild in Verbindung mit der entsprechenden Kardinalzahl merken, weil die Kärtchen umgedreht sind. Zusätzlich muss es sich die Position gleich mehrerer Plättchen merken - oft nicht leicht für rechenschwache Kinder.

Bei lernbehinderten Kindern ist es zudem angebracht, zunächst nur mit zwei Sorten zu „spielen" und ggf. die Anzahl der Zahlen zu minimieren (beispielsweise erst einmal nur bis 5 oder nur die Zahlen von 5 bis 10 etc.).

Für jedes gefundene Paar gibt es einen Punkt. Diese werden in Form von Strichlisten für alle „Spieler" aufgeschrieben. Das Kind soll so nochmals erfahren, welchen praktischen Vorteil die Fünferbündelung besitzt (man braucht nicht alle Striche abzuzählen). Die Lehrkraft soll zwischendurch das Kind auffordern, den Punktestand zu ermitteln. Auch sich anschließende Fragen wie „Wer hat mehr?" „Wer hat am meisten?" „Wer hat weniger?" „Wie viel hast du mehr als...?" sind eine sinnvolle Ergänzung (nicht abzählend lösen!).

Richtige Lösungen können also z. B. sein und geben einen Punkt:

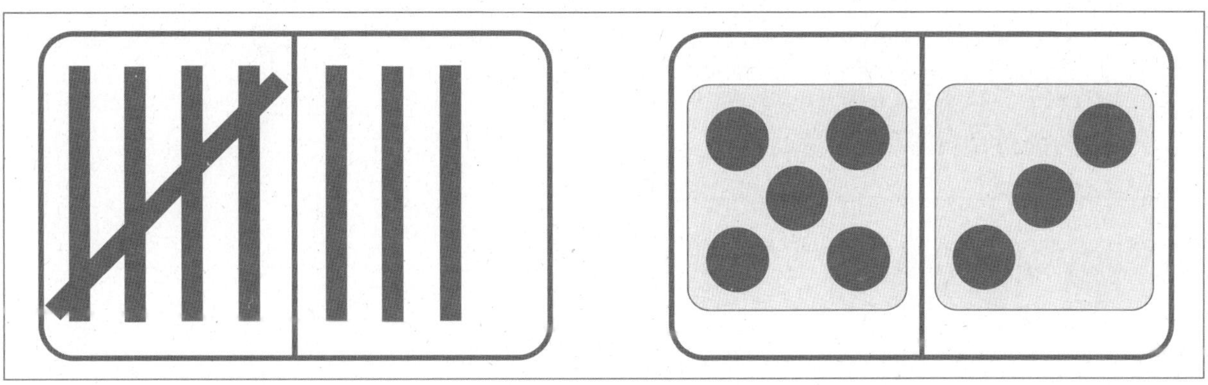

Zahlen-Memory mit Passer-Aufgaben

Die Übung funktioniert im Prinzip wie die vorherige. Nun sollen jedoch nicht gleiche Zahlen gesucht werden, sondern es werden Zahlenpartner gesucht, die zusammen die Summe 10 ergeben.

Dieses Training schult die Zerlegung der Zahl 10, die später im Stellenwertsystem als Zehner eine zentrale Rolle spielt. Die Beherrschung von Passer-Aufgaben (passt genau auf 10) ist eine Grundvoraussetzung für das zehnerüberschreitende und damit verständige Rechnen im erweiterten Zahlenraum.

Die Vorstellung weiterer sinnvoller Übungen mit den Rechenkärtchen sprengt den Rahmen dieses Buches. Jede Lehrkraft kann sich anhand der hier aufgeführten Beispiele weitere Übungen ausdenken.

Wir verweisen an dieser Stelle auch auf unsere Fortbildungsveranstaltungen.

Richtige Lösungen können also z. B. sein und geben einen Punkt:

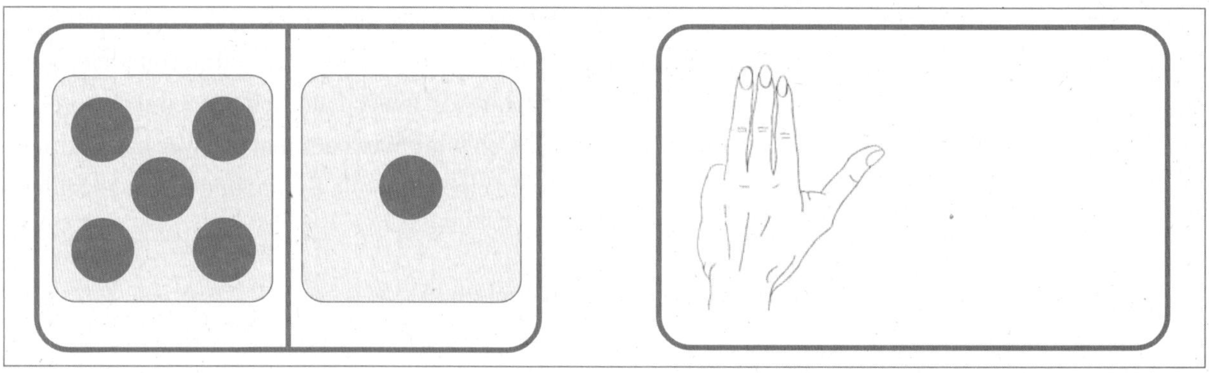

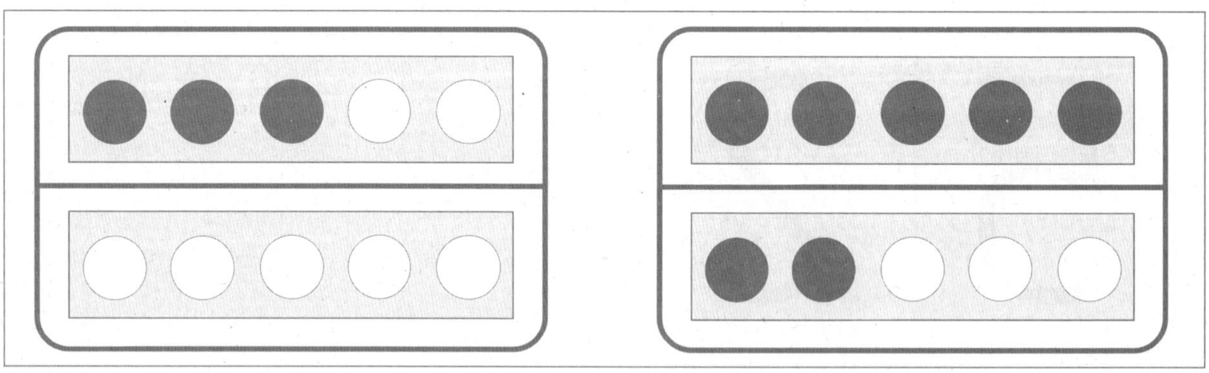

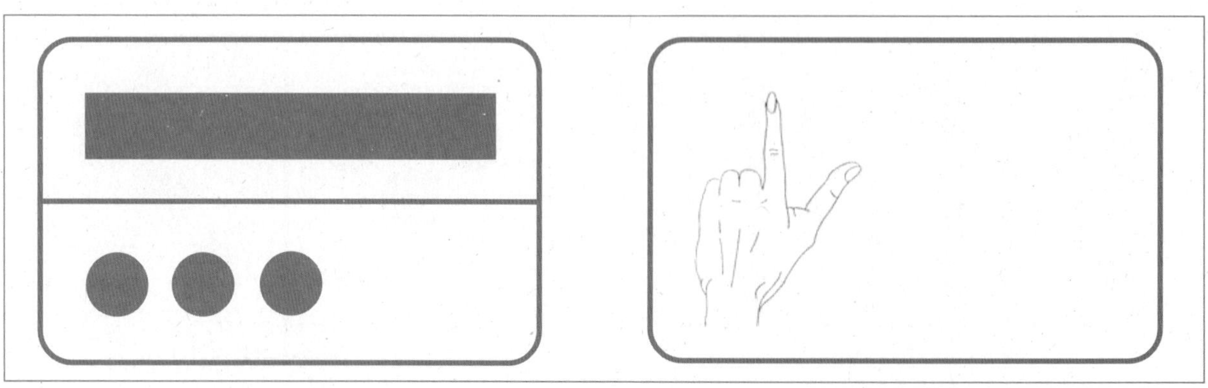

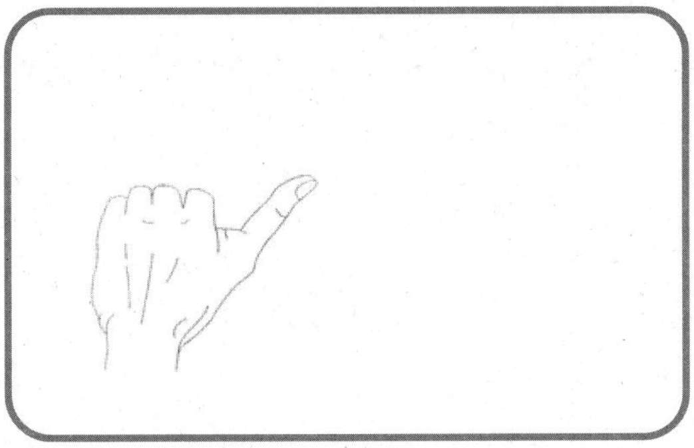
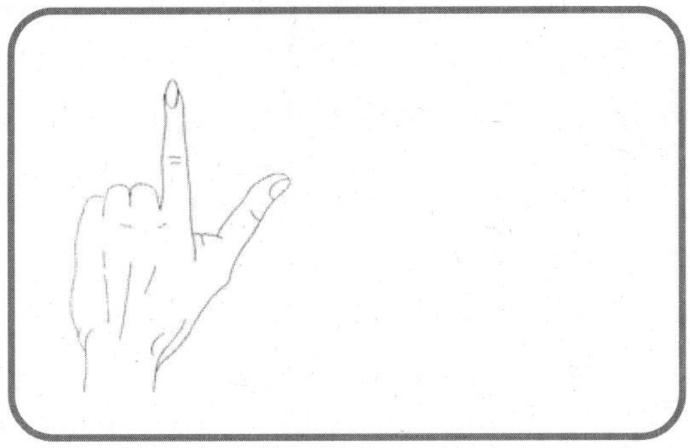
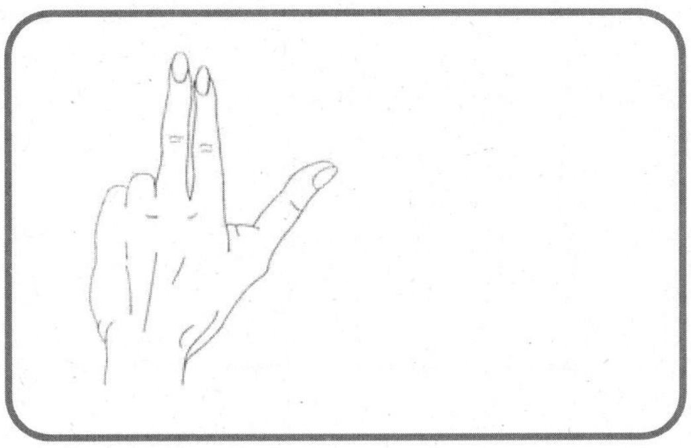
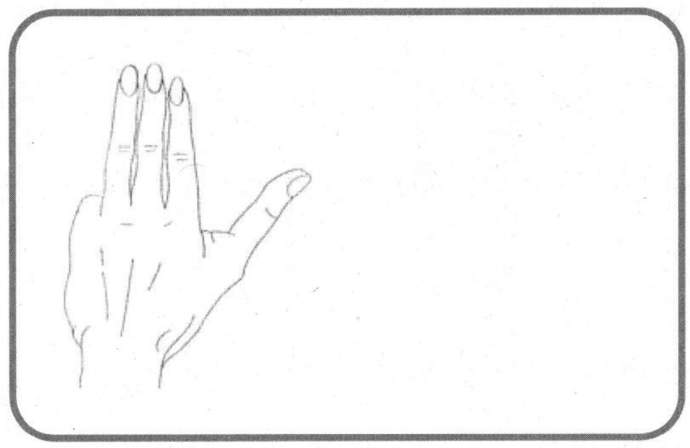
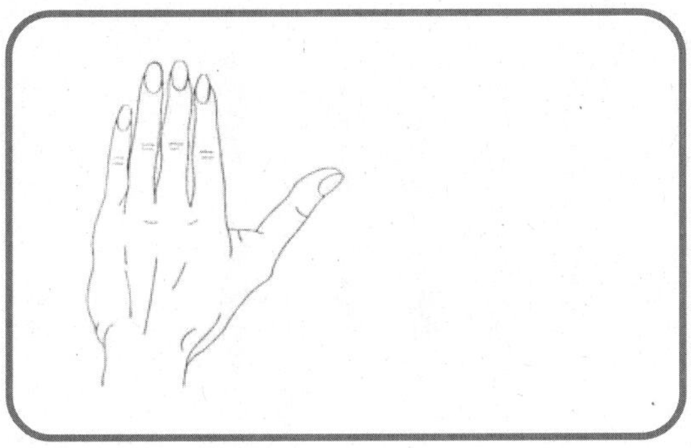
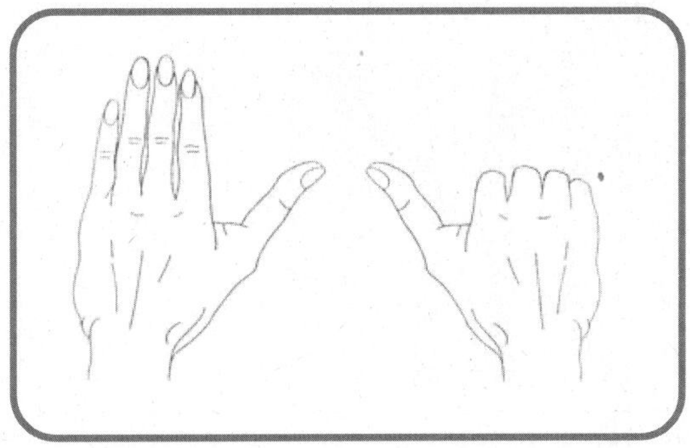
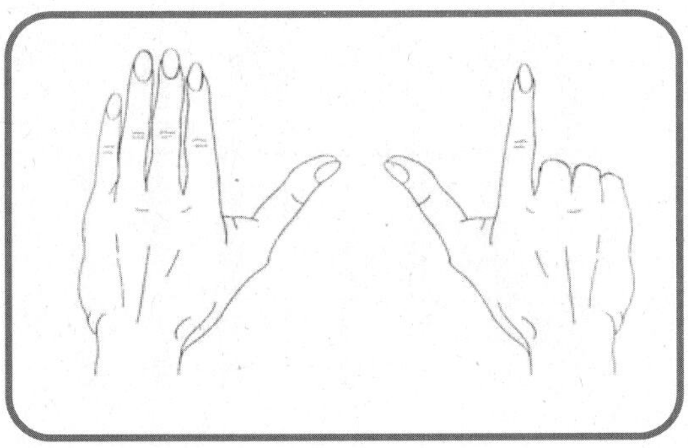
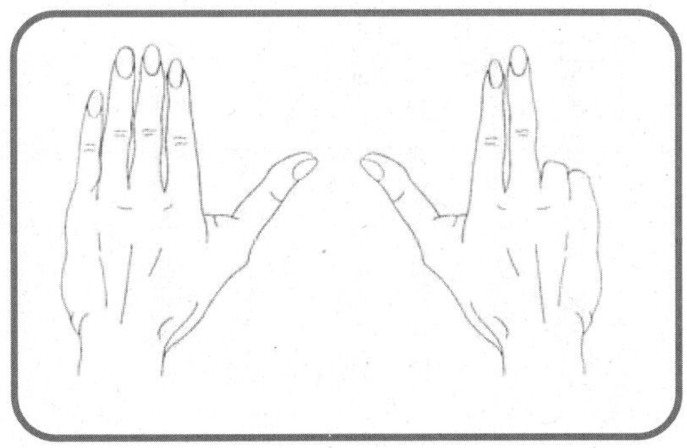
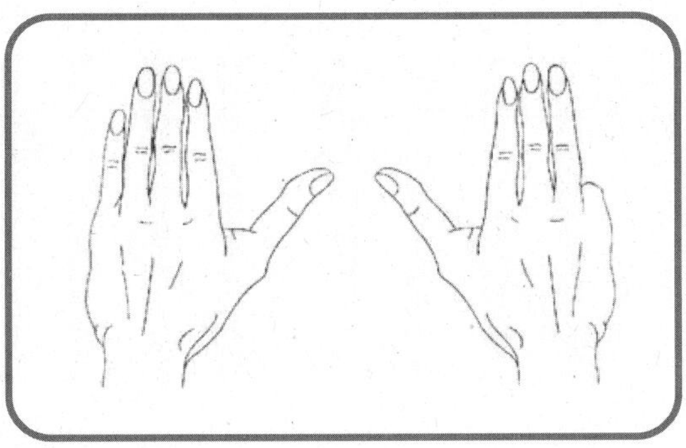
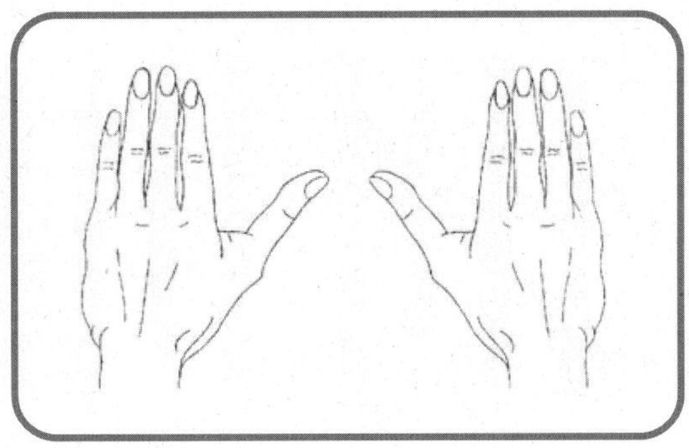

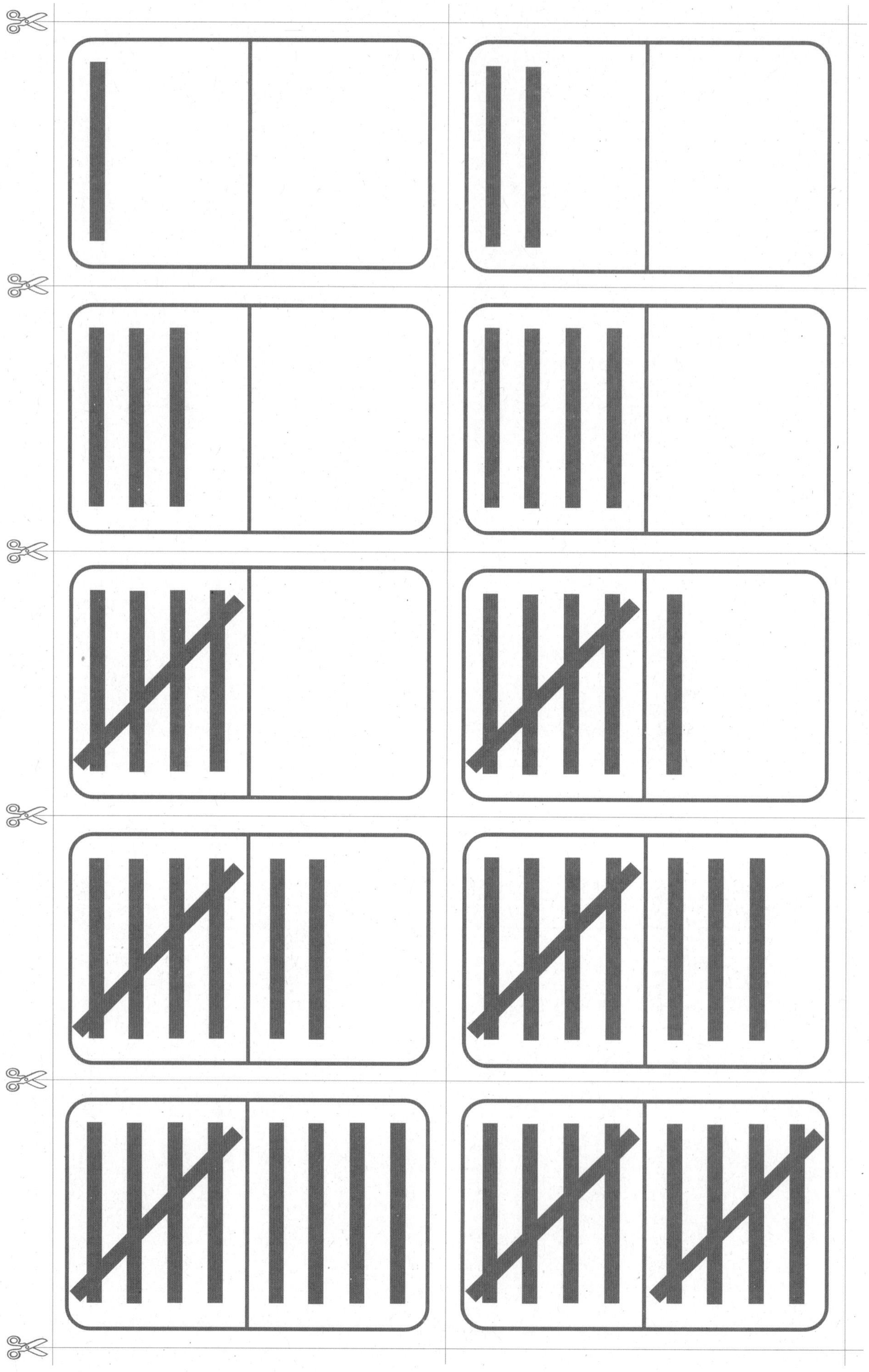

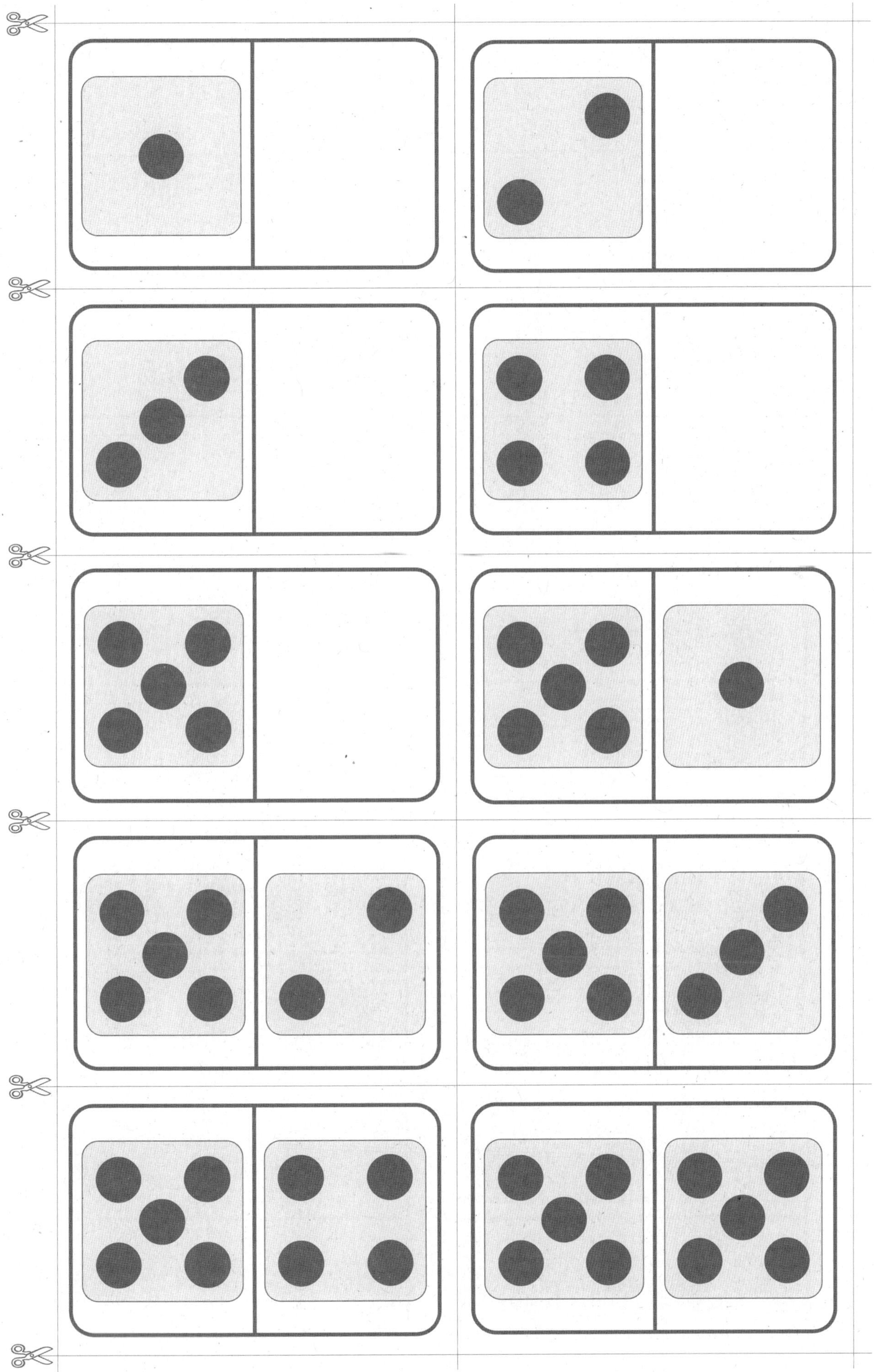

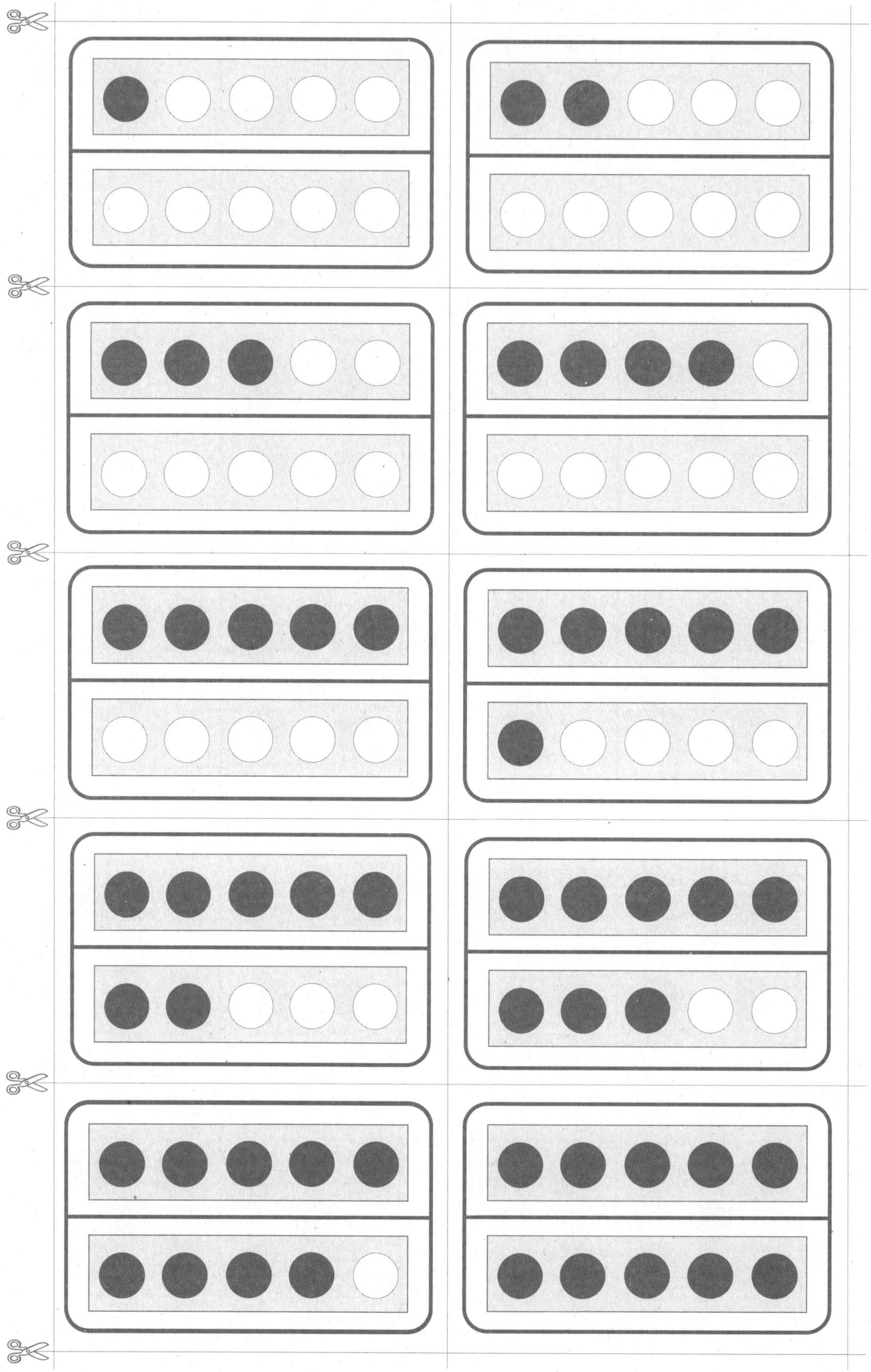

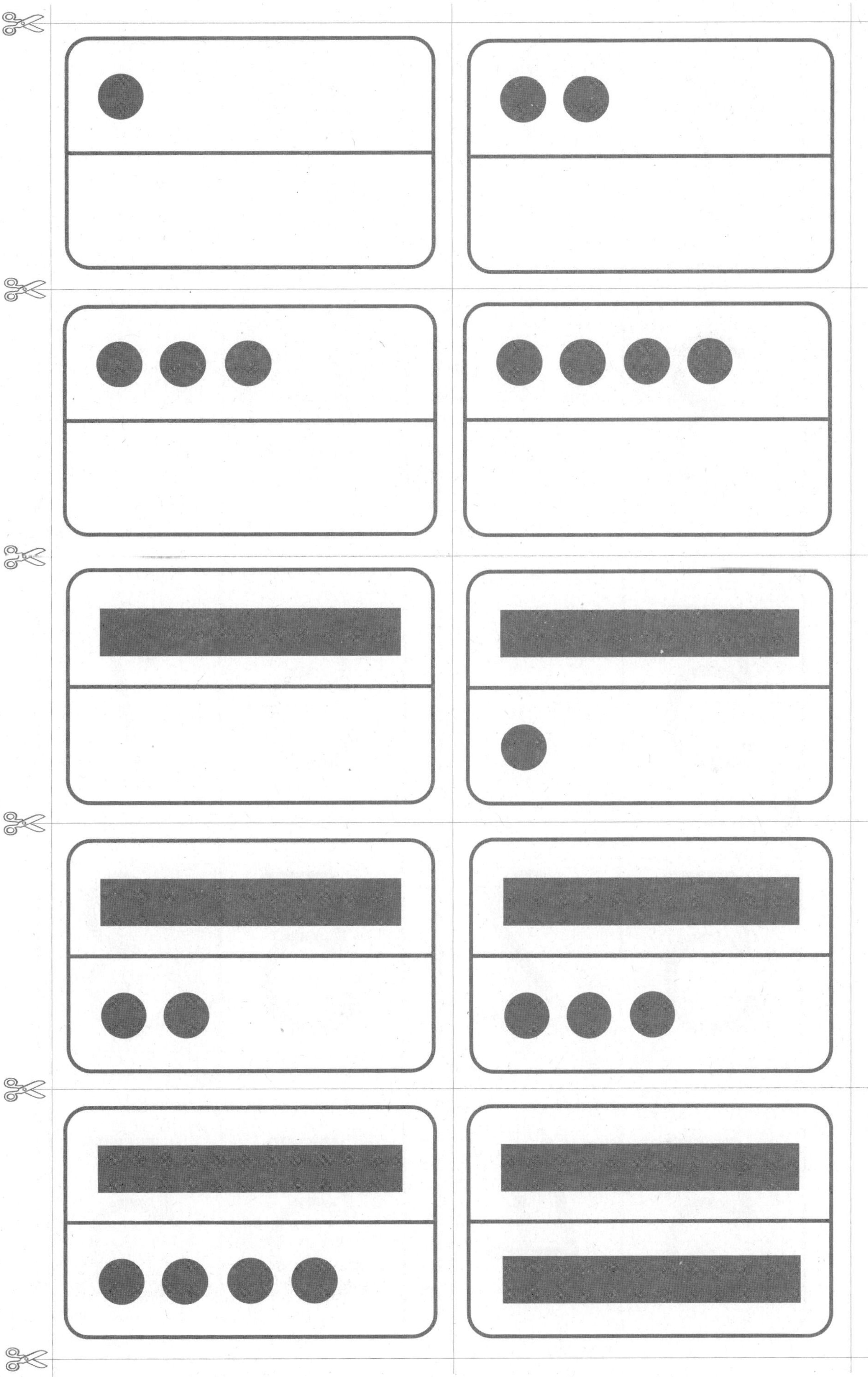

1		2	
3		4	
5		5	1
5	2	5	3
5	4	5	5

1	2
3	4
5	6
7	8
9	10

ist mehr als

ist weniger als

ist gleich viel wie

$>$

ist mehr als

$<$

ist weniger als

$=$

ist gleich viel wie

ist größer als

ist kleiner als

$>$

ist größer als

$<$

ist kleiner als

= gleich	$>$
$<$	=
+ plus	− minus
+	−

Und merke!

Bei der Arbeit mit rechenschwachen Kindern heißt die Parole immer - auch wenn es manchmal schwer fallen mag und Nerven kostet:

Niemals aufgeben!!!

14 Anhang

14.1 Kinderbriefe & Kinderkommentare

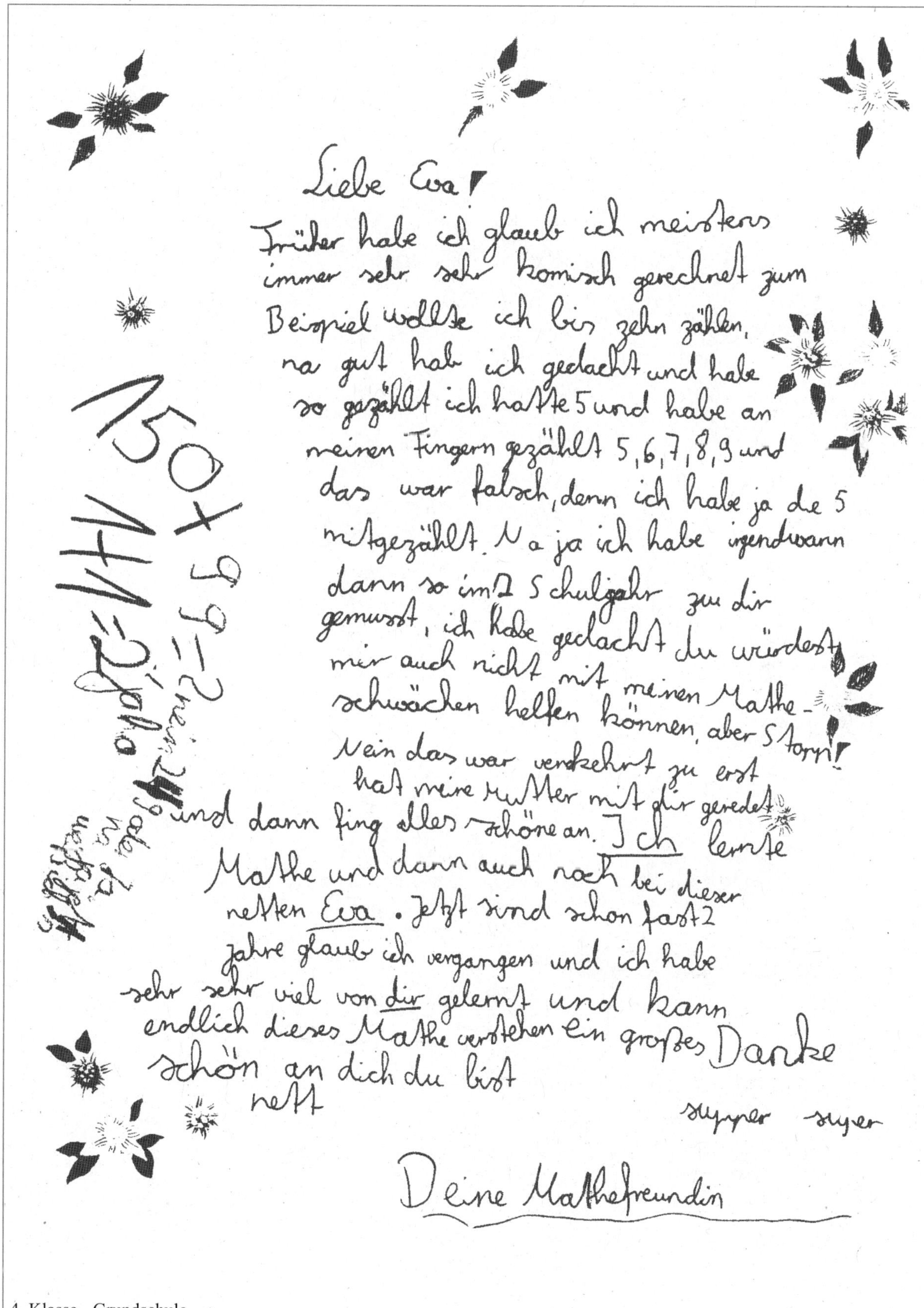

Liebe Eva!
Früher habe ich glaub ich meistens
immer sehr sehr komisch gerechnet zum
Beispiel wollte ich bis zehn zählen,
na gut hab ich gedacht und habe
so gezählt ich hatte 5 und habe an
meinen Fingern gezählt 5, 6, 7, 8, 9 und
das war falsch, denn ich habe ja die 5
mitgezählt. Na ja ich habe irgendwann
dann so im 2 Schuljahr zu dir
gemusst, ich habe gedacht du würdest
mir auch nicht mit meinen Mathe-
schwächen helfen können, aber Stopp!
Nein das war verkehrt zu erst
hat meine Mutter mit dir geredet
und dann fing alles schöne an. Ich lernte
Mathe und dann auch noch bei dieser
netten Eva. Jetzt sind schon fast 2
Jahre glaub ich vergangen und ich habe
sehr sehr viel von dir gelernt und kann
endlich dieses Mathe verstehen ein großes Danke
schön an dich du bist
nett
supper super

Deine Mathefreundin

4. Klasse - Grundschule

Hallo!

Ich wolte dir noch sagen das du mir total viel mut gegeben hast. Das merkt man aber auch an der 2 - darüber bin ich sehr stolz. Und ich sitze gerade in der Mathestunde und mir ist total schlecht warum weiß ich auch nicht so und das andere steht auf der anderen Seite. Und ich freue mich schon auf die nächste Stunde.

5. Klasse - Realschule

Randverhalten

$x \to +\infty$: Fall $\frac{\infty}{\infty}$: $\lim\limits_{x \to \infty} \frac{x^2-1}{e^x} = \lim\limits_{x \to \infty} \frac{2x}{e^x} = \lim\limits_{x \to \infty} \frac{2}{e^x} = 0$

$x \to -\infty$: Fall $\frac{\infty}{+0} \Rightarrow \frac{x^2-1}{e^x} \to +\infty$

13. Klasse - Gymnasium

14.2 Erwachsener Sohn mit Down-Syndrom - nichts unversucht lassen!

Marlene F den 15.03.03

Lieber Herr Stemmler!

Sie erinnern sich doch sicher noch an Ihren Schüler Markus (Down-Syndrom).Als Sie den Unterricht vor 2 Jahren beendeten, fragten wir uns, welchen Bestand das Erlernte haben würde. Ich versprach damals, Ihnen einen Bericht zukommen zu lassen. Nach dem mehr als 2 Jahre vergangen sind, kann man wohl berechtigt ein Fazit ziehen.

Vorausschicken möchte ich, daß ich mit Markus nicht mehr gezielt geübt habe.

Als ich mich damals an Sie um Hilfe wandte, war die Situation wie folgt: Markus konnte zwar rein formal einige Rechenoperationen durchführen, hatte aber keine Vorstellung, welche Verknüpfungsart bei der Lösung auch einfachster Textaufgaben benötigt wurde. Er konnte daher auch nie eine Überschlagsrechnung machen.

Ich habe mit Markus nicht mehr gezielt geübt, da er heute im täglichen Leben die Verknüpfungsarten beherrscht und uns Eltern schon fast vergessen gemacht hat, mit welchen Schwierigkeiten wir gekämpft haben.

Ich möchte Ihnen ein Beispiel geben: In der Sylvesternacht fragte mein Mann Markus beiläufig :"Wieviel Tage hat das Jahr gehabt"? „365" war Markus Antwort. „Und wieviel Wochen hatte es", fragte mein Mann weiter. „Du mußt durch 7 teilen" ,war Markus Antwort.

Ihre Anstrengungen haben also Erfolg und Bestand. Markus ist in der Lage, rechnerische Probleme, die sich für ihn ergeben, zu lösen. Wir Eltern sind sehr glücklich darüber, bedeutet es doch für Markus weniger Abhängigkeit und weniger Gefühl der Unterlegenheit.
Aber Markus empfindet auch die Schönheit und Faszination der Mathematik und versucht Gesetzmäßigkeiten zu erfassen, z.B. Wie ist die Zahl beschaffen, die sich bei der Addition von geraden Zahlen ergibt, wie bei ungeraden u.s.w. ?
Warum ergibt das Produkt ganzer Zahlen wieder eine ganze Zahl, aber nicht jede ganze Zahl ist durch eine ganze Zahl teilbar.(von der Eins abgesehen).?

Ich berichte Ihnen so ausführlich, weil ich denke, Markus Erfolg bestätigt Ihre Arbeit .Aber auch, weil ich der Überzeugung bin, daß eine sehr gekonnte, beharrliche Förderung auch in aussichtslos erscheinenden Fällen noch Erfolge erbringen kann, die zu einer Steigerung der Lebensqualität der von der Diskalkulie Betroffenen führt.

Mein Mann und ich sind froh, daß wir den Versuch gemacht haben, bei Ihnen um Hilfe zu bitten und dankbar, daß Sie den Versuch Markus zu helfen gemacht haben.

Marlene F

Wir möchten hier ausdrücklich darauf hinweisen: Der Erfolg einer lerntherapeutischen Intervention bei Patienten mit Down-Syndrom hängt ganz entscheidend von dem Schweregrad der Erkrankung ab! Es gibt Fälle, bei denen eine Lerntherapie nichts ausrichten kann. Umgekehrt gibt es aber auch solche (wie den oben dargelegten), wo alle Beteiligten bereits die Hoffnung aufgegeben hatten. Es muss in jedem Einzelfall entschieden werden, ob eine Maßnahme als sinnvoll erachtet werden kann. Kann diese Frage mit Ja beantwortet werden, erfolgt zunächst ein Anfangsversuch für ca. 3 Monate. Danach wird erneut entschieden, ob die Maßnahme greift und weitergeführt oder abgebrochen wird.

Wir möchten mit diesem Beispiel keine falschen Hoffnungen wecken. Aber: Die immer wieder zu hörende Meinung, dass Patienten mit Down-Syndrom niemals Mathematik lernen können, stimmt in ihrer Absolutheit nicht, wie wir mit dem obigen Beispiel zeigen wollten.

14.3 Absolut unfassbar!

ÖSTERREICH Die Welt, 23.5.02

Zehnjährige erschießt sich

Eine zehnjährige Schülerin aus Österreich hat sich wegen einer schlechten Mathe-Note erschossen. Das Mädchen habe in einen Abschiedsbrief über seine Schulprobleme geschrieben, teilte die Grazer Polizei am Mittwoch mit. Die Zehnjährige schoss sich mit der Pistole ihres Vaters in die Brust. Kurz zuvor hatte sie noch ihre 17-jährige Schwester gefragt, wohin ein tödlicher Schuss zielen müsse. Der Vater fand die Leiche seiner Tochter in einem Waldstück neben dem Haus der Familie in Pirka. AFP

Vor der Therapie

Claudia* hatte sich zeitweise völlig aufgegeben. Bei sämtlichen Hausaufgaben und Übungen gab es Tränen und Wutausbrüche. Sie hat mit dem Kopf auf den Schreibtisch gehauen od. gegen eine Wand. (zum Glück nie blutig geendet)
Claudia wollte morgens zur Schule die Abkürzung nehmen – Fenster, 3. Stock – Oder sie lief in die Küche und holte ein Messer (Hümmelchen) und sagte sie bringt sich um. (Claudia hat sich nie geschnitten oder verletzt damit)

* Name geändert

14.4 Therapieerfahrungen - Lehrer berichten

1

Bei meiner Schülerin Katrin R.
habe ich im Laufe des ersten Schul-
jahres eine massive Teilleistungsschwäche
im mathematischen Bereich festgestellt.
Auch ein zusätzlicher Förderunterricht
und intensive häusliche Unterstützung
konnten ihre Defizite beim Erwerb basaler
Abstraktionsleistungen, der Mengenbegriffs-
bildung sowie der kognitiven Basis-
fähigkeiten im Bereich der Zahlenbegriffs-
bildung nicht beheben.
Katrin kam mit sehr viel Freude in die
Schule und zeigte einen altersgemäßen
Entwicklungsstand. Bereits nach dem ersten
Halbjahr zeichnete sich bei ihr jedoch
eine konträre Entwicklung ab: Während
sich ihre sprachlichen Fähigkeiten schul-
jahrentsprechend weiterentwickelt haben,
konnte ich im mathematischen Bereich

2

extreme Unsicherheiten im Mengen-
Zahlbegriff feststellen. Dieser bildet aber
die Grundlage aller Rechenoperationen.
Ein Nichtverständnis führt zwingend zum
Scheitern im Fach Mathematik.
Katrin reagierte auf ihre ständigen Miss-
erfolge im mathematischen Bereich mit
Schulangst. Sie klagte morgens über
Bauchschmerzen und Übelkeit, die Haus-
aufgaben entwickelten sich - nach El-
ternaussagen - zu einem spannungs-
geladenen Thema.
Um weiteren Frustrationen und einem
eventuellen Schulversagen vorzubeugen
habe ich den Eltern empfohlen, ihre
Tochter auf Dyskalkulie testen zu lassen.
Wie sie den Unterlagen des Mathe-
matisch-Lerntherapeutischen Institutes
entnehmen können, hat sich meine

Therapieerfahrungen - Lehrer berichten

1

Im August 2000 wechselte ich zur Realschule V.. Vorher arbeitete ich als Lehrer der F.-Realschule.
In der Klasse 7 unterrichtete ich Janina S. in Mathematik. In dieser Zeit war ich auch Janinas Klassenlehrer und war besonders bemüht um Schüler/innen, die große Schwierigkeiten hatten.

Auffallend war der enorme Misserfolg, den ich bei Janina feststellte: Janina entdeckte offensichtlich keinen Sinn in mathematischen Algorithmen; verständnislos führte sie Rechenregeln durch, die sie versucht hatte, auswendig zu lernen. Eine situationsbezogen notwendige Transferleistung gelang ihr so gut wie nie. Außerdem fielen mir große Lücken in dem Bereich der Bruchrechnung und Dezimal-

3

Annahme, dass bei Katrin eine isolierte Rechenschwäche vorliegt, bestätigt. Aufgrund des hierarchisch-logischen Zusammenhangs des Schulfaches Mathematik halte ich einen sofortigen Therapiebeginn für zwingend notwendig.
Als Förderzentrum möchte ich Ihnen das Mathematisch-lerntherapeutische-Institut in Düsseldorf vorschlagen, da sich dieses Institut auf die Diagnose und Therapie von Entwicklungs- und Lernstörungen im mathematischen Bereich spezialisiert hat und seit Jahren erfolgreich therapiert. Von einer Förderung in einem Studienkreis möchte ich dringend abraten, da es sich bei den Mitarbeitern dieser Institute um keine ausgebildeten Fachkräfte handelt.

Therapieerfahrungen - Lehrer berichten

INFORMATIONEN
ÜBER MATHEMATISCHE SCHWIERIGKEITEN VON

LUKAS B

SCHÜLER DER KLASSE 1D
DER KATH. GRUNDSCHULE N-R

ZUR VORLAGE BEIM JUGENDAMT

Bei Lukas , Schüler der Klasse 1d der Katholischen Grundschule N-R, liegt m. E. eine Teilleistungsstörung im Fach Mathematik vor.

Trotz individueller, gezielter Fördermaßnahmen - ich arbeite in nahezu jeder Mathematikstunde einige Zeit allein mit Lukas, lasse ihn konkrete Rechenoperationen bzw. Rechenoperationen unter Verwendung von Veranschaulichungsmitteln durchführen, lasse mir seinen Rechenweg (= seine Überlegungen, die zu seinem Rechenergebnis führen) erklären, erarbeite mit ihm die richtige Rechenoperation - ist er nicht in der Lage, dem Mathematikunterricht zu folgen.

Zum Rechnen im Zahlbereich bis 10 / 20 benutzt er ständig seine Finger und löst abzählend Additions- und Subtraktionsaufgaben. Dabei verrechnet / verzählt er sich häufig um +/- 1, besonders bei Aufgaben, die die Ziffern / Zahlen 4 / 14 oder 5 / 15 enthalten bzw. als Ergebnis haben. Auch bei der Verwendung von z. B. Rechenschiffchen zählt er jede Zahl einzeln ab und führt nochmals abzählend - die Rechenoperationen durch. Dabei verwechselt er häufig die Rechenarten. Auch beim Rückwärtszählen und bei der Bestimmung von Vorgänger- und Nachfolgerzahl hat er Schwierigkeiten. Sog. 'Nachbaraufgaben' erkennt er nicht, sondern rechnet / zählt wieder neu.

Offensichtlich falsche Rechenergebnisse kann er nicht als solche erkennen, produziert auch selbst Phantasieergebnisse wie z. B. 3 + 2 = 16 oder 8 - 2 = 18.

Seit einigen Wochen sucht Lukas im Mathematikunterricht verstärkt meine Hilfe, zeigt nach ca. 10 Minuten motorische Unruhe, nennt 'erfundene' Ergebnisse, möchte die Arbeit beenden bzw. allein arbeiten, kommt aber nach 2 - 3 Aufgaben zurück, um sich zu vergewissern und um dann doch lieber wieder mit meiner Hilfe weiterzuarbeiten.

Auf Grundlage dieser Beobachtungen, die einige seiner mathematischen Schwierigkeiten beschreiben, und der seit einiger Zeit auftretenden Verhaltensauffälligkeiten (z. B. Clownereien, motorische Unruhe, Äußerungen 'Ich bin dumm!') habe ich den Eltern dieses Schülers geraten, sich mit einem Dyskalkuliezentrum in Verbindung zu setzen und ihren Sohn dort testen und u. U. lerntherapeutisch behandeln zu lassen. Ich befürchte, dass sich seine mathematischen Defizite auf sein allgemeines Arbeitsverhalten bzw. seine Psyche auswirken bzw. bereits ausgewirkt haben.

2

bruchrechnung auf, selbst Division und Multiplikation mit 10er Potenzen bereiteten ihr Mühe.

In dieser Zeit wurde ich von Herrn R. vom MLI in Düsseldorf auf eine mögliche Dyskalkulie aufmerksam gemacht, der die von mir oben beschriebenen Schwächen bei Janina in diesem Bereich mir plausibel einordnete. Zum Ende des Informationsgesprächs wurde deutlich, dass gerade die Vermeidung von Misserfolgsgefühlen vor der Klasse für Janina bedeutungsvoll ist und für eine Therapie hilfreich sei.

Ich konnte ihre mathematischen Leistungen zum Schuljahresende wohlwollend noch mit ausreichend bezeichnen, u.a. begründet in ihrem gezeigten Bemühen, mit schematischen Aufgaben zurecht zu kommen; außerdem arbeitete sie im Bereich der Geometrie zufrieden stellend mit.

14.5 Therapieerfahrungen - Eltern berichten

14.5.1 „Wie hat das Kind auf die Therapie reagiert?“

Zunächst eher skeptisch. Katharina meinte, man könne ihr nicht helfen. Außerdem kenne sie dort niemanden. Aber schon nach der ersten Therapie hat sie ihre Meinung geändert. Sie hatte sofort Vertrauen zur Kerstin und auch die ersten Erfolge zeigten sich bald. Sie freut sich immer schon auf die nächste Stunde.

Sie war glücklich, „Hilfe" gefunden zu haben, so daß das Brüllen zu Hause aufhörte!!! Und da alle das toll fanden, daß sie nach DO fährt und Frau Wichert ihr sehr sympathisch ist, erleichterte das die Prozedur!

Rebecca reagierte sehr positiv. Sie merkte daß die Stunden ihr halfen. Die beiden Therapeuten mochte sie sehr. Schnell gewann sie an Selbstvertrauen, auch hörten die Bauchschmerzen auf.
Sie hat in den 2 Jahren nicht einmal gemeckert nach Do zu fahren trotz des langen Tages.
Sie kam gerne.

Anfangs positiv, zwischenzeitlich lustlos, was sich dann aber wieder änderte.

„Ups and Downs“ gibt es - wie überall - auch in den Therapien!

Marcel ging gerne zur Therapie. Er fand es toll das er seine Hausaufgaben alleine machen durfte und das diese von uns nicht kontrolliert werden durften.

Florian ist von Anfang bis Ende der Therapie gerne hingegangen. Er hat alle 3 Therapeuten (die sehr unterschiedlich sind) sehr gerne gemocht und hat sich (obwohl er es nicht gesagt hat) ~~öfter~~ schwer von ihnen getrennt. Aus der Schule kam Florian oft niedergeschlagen – aus der Therapie immer mit erhobenem Kopf und selbstbewußt!

Positiv. Maren wollte Hilfe und ging freudig in die Therapie. Außerdem wurde sie verständnisvoll aufgenommen, wie sonst nirgends.

Christoph stellte erstaunt fest, daß es noch mehr Kinder mit diesem Problem gibt. Nach der 3. Therapiestunde ließen Wutausbrüche u. Tränen nach. Er fühlte sich verstanden und nahm die Hilfe gern an.

Positiv: Martin ist gerne zu den Therapiestunden gegangen.
Hausaufgaben für die Therapie hat er sehr ungerne gemacht

Nun ja! Man sieht, in vielen Dingen geht es in der Therapie auch nicht anders als in der Schule. Hausaufgaben sind bei manchen Kindern eben überhaupt nicht beliebt.

Julia reagierte mit Erleichterung und Zuversicht, daß jetzt alles gut wird.
Julia wollte aber nicht, daß man darüber sprach. Uns war es wichtig, daß die Therapiemöglichkeit bekannt wurde, das mußte Julia erstmal verstehen.

Siehe hierzu auch Kapitel 14.7 (Pressebericht)

Im ganzen sehr positiv. Er hat keine Angst mehr vor der Schule, ist selbstbewußter geworden, kontaktfreudiger, vertritt auch seine eigene Meinung, ist selbständiger, nimmt sich selbst auch wichtig. Sieht sich nicht mehr als Versager. Er geht sehr gerne zur Therapie. Er fühlt sich dort sehr wohl und kommt immer gut gelaunt zurück. Er sieht es nicht als Zusatzlernen, sondern als Spaß, Selbstbestätigung.

14.5.2 „Welche Erwartungen verknüpften Sie mit der Therapie?"

Eltern rechenschwacher Kinder suchen in aller Regel nach jedem Strohhalm, an den sie sich klammern können. Deshalb sind die Erwartungen an eine Fördermaßnahme und/oder eine lerntherapeutische Intervention oft recht hoch gesteckt. In Gesprächen mit den Eltern sollte deshalb darauf verwiesen werden, dass keine Wunder zu erwarten sind. Die Eltern müssen lernen, die Ziele realistisch einschätzen zu können. Versprechungen wie „Das wird schon!" sollten unbedingt unterlassen werden.

Ferner sollten die Eltern regelmäßig über den Stand der Maßnahme informiert werden: Wo steht das Kind? Was wird gerade gemacht? In jeder Therapie und/oder schulischen Fördermaßnahme gibt es auch Rückschläge. Das muss den Eltern und auch dem Kind klar sein.

Daß dem Kind geholfen wird, die Grundlagen überhaupt zu verstehen
daß es wieder Spaß daran hat, zu lernen
daß es Selbstvertrauen in eigenes Können wiedergewinnt

Wir erwarteten von der Therapie in Dortmund, daß Julia die Fähigkeit vermittelt wird sich im Alltag rechnerisch problemlos bewegen zu können.
In der Schule dem mathematischen Unterricht einigermaßen ~~zu~~ folgen zu können.
Die Julia darin zu bestärken, daß sie trotz ihrer Matheschwäche nicht dumm ist.

Ich habe gehofft, daß er zumindest sicherer auf den täglichen Unterricht reagiert. Und daß auf den ständigen Mißerfolgen auch mal Erfolgserlebnisse folgen. Als Laie weiß man nun mal nicht von welcher Seite man dem Kind die Dinge noch erklären soll, man macht dann viele Fehler, durch die zusätzlichen Eselsbrücken, die man dem Kind dann auch noch näher bringen will und merkt gar nicht, wie man das Kind immer mehr durcheinander bringt.
Weiterhin habe ich gehofft, daß er ohne Angst die Schule besucht, und wieder gern dorthin geht. Die ständigen Bauchschmerzen, Übelkeit usw. waren ein gesundheitsbedrohender Zustand, weshalb ich auch schon Ärzte aufsuchte und Sascha öfter von der Schule fern blieb.

Das Problem des Kindes zu erkennen und Wege zu suchen die das Problem (gemeinsam mit dem Kind) lösen.
Den Unterrichtsstoff zu verstehen.
Natürlich auch eine möglichst qualifizierte weiterführende Schule besuchen zu können.

Die Frage nach der weiterführenden Schule drängt Eltern sehr. Trotzdem sollte sie zurückgestellt werden, da sich zu Beginn einer therapeutischen Intervention nicht sagen lässt, welche Schulform für das Kind die geeignete ist.

Die Frage nach der geeigneten Schulform können wir nur vom mathematischen Standpunkt aus beurteilen. Auch wenn wir das Kind gut kennen, kennen wir es nur in der Einzel- oder Zweier-Betreuung. In der Klassengemeinschaft kann sich das Kind ganz anders verhalten. **Deshalb sollte in der Frage nach der weiterführenden Schule in der Hauptsache der Rat der Lehrkräfte befolgt werden.** Sie wissen aus ihrer Erfahrung heraus meist am besten, wo das Kind gut aufgehoben ist, und können den allgemeinen Leistungsstand des Kindes, seine Lernstärken und -schwächen besser beurteilen.

Zu Beginn oder während einer therapeutischen Maßnahme ist die Frage nach der Schulform aus mathematischer Sicht meist irrelevant. Probleme beim Rechnen wird es auf allen weiterführenden Schulengeben. Entscheidend sind hier die Leistungen und Fertigkeiten in den übrigen Fächern.

Eigentlich wollten wir konkrete Hilfe. Als dann eine Dyskalkulie festgestellt wurde, waren wir froh, daß dieses Problem etwas Greifbares war, was behandelt werden konnte. Daß dieses „Mathe-Problem" nicht ganz ausgelöscht werden kann, wurde uns gleich gesagt.

Nur ganz wenige Kinder werden nach einer Therapie sehr gute Rechner. Manche werden sich weiter durch die gesamte Schulzeit mit dem Problem Mathematik herumschlagen müssen. In aller Regel ist es so, dass den Kindern nach einer Maßnahme die ihnen adäquate Schullaufbahn offen steht. Das ist bei den Problemen, die rechenschwache Kinder haben, schon ein großer Schritt. Wer zum Ende einer Therapie oder Fördermaßnahme glänzende Mathematik-Leistungen verspricht, berät unseriös und macht Eltern und Kindern falsche Hoffnungen!

Angela sollte sich nicht mehr als Versager fühlen, die Freude am lernen wiederfinden und einen Einstieg in die Welt der Zahlen.

Judith sollte die Grundrechenarten erlernen, möglichst dann auch anwenden können. Sie sollte ein Gefühl für Zahlen und Mengen bekommen. Vor allem sollte sie auch die Angst vor der Mathematik verlieren und selbstbewußter werden.

- daß das Kind wieder Anschluß an den Stoff in der Klasse bekommt
- daß Rechnen wieder Spaß macht
- daß der Alltag (Geld + Zeit) gemanagt werden kann
- daß die Basis des Stoffs sorgfältig aufgearbeitet wird

Vorrangiges Ziel einer Lerntherapie ist die Aufarbeitung von Basisfertigkeiten im mathematischen Bereich, so dass das Kind sich im alltäglichen Leben zurechtfindet. Das Ziel, Anschluss an den Schulstoff zu finden, ist in der Regel dann zu erreichen, wenn das Kind frühzeitig therapiert wird. Je später Fördermaßnahmen einsetzen, um so schwieriger wird es, den Anschluss an den Schulstoff zu erreichen - dies nicht nur aus mathematischer Sicht, sondern auch aufgrund der psychischen Disposition des Kindes.

Ich, natürlich wir alle haben gedacht: Jetzt wird alles besser von heute auf morgen und wir brauchen uns nicht mehr zu kümmern. Wir dachten, wir hätten die Probleme in andere Hände gegeben.

Ein verständlicher Wunsch, aber unrealistisch! Die Eltern haben dies lernen müssen.

Ihm den Glauben zu nehmen, er sei dumm. Dadurch sein Selbstbewußtsein zu stärken.

Aufgrund des Berichtes im Stadtspiegel hatte ich den Eindruck, das dort genau unser Problem beschrieben wurde. Da ich allein mit der Problematik nicht fertig wurde und auch von der Schule keine Hilfe bekam, war es für mich ein Stück Hoffnung, so Katharina helfen zu können. Das heißt mit Ihrer fachkundigen Hilfe und Anleitung.

Dass die Schule keine Hilfestellungen bieten konnte, sollte nicht mehr vorkommen!

Das war unser letzter Strohhalm! Wahrscheinlich wäre alles den Bach runtergegangen, wenn wir nicht nach IO gekommen wären! Auch Coco ging, sogar zum ersten Mal, zu dem wir kamen, freudig dahin. MEINE TOCHTER - sonst sooo schüchtern - sagte: „Tach, ich bin die Corinne. Wo geht's hier zum Test?" Und das ohne jegliche Überredungskünste unsererseits! Es taten sich Hoffnungen auf - vor allem dachten wir an einfühlsames Fördern in Einzeltherapie (das war's ja wohl auch!) mit speziellen (uns unbekannten) Strategien. Wir waren alle gespannt auf die Methode, die Sie anwenden würden, da wir unserer Meinung nach ja schon alles ausgereizt hatten! Und wir wollten endlich wieder eine entspannte Atmosphäre zu Hause, ohne gelegentliches Brüllen und Weinen und Vorwürfe untereinander!

14.5.3 „Was haben Sie als Eltern gelernt?“

Elternarbeit ist bei einer Fördermaßnahme ein zentraler Punkt. Eltern müssen ihr rechenschwaches Kind verstehen lernen. Sie sollten über die Problemlage aufgeklärt und während der Maßnahme begleitet werden. Geschieht dies nicht, wird sich an den häuslichen Spannungen nichts ändern. Es wird weiter unverstanden geübt, was sich sehr negativ auf die lerntherapeutische Intervention niederschlägt.

Erst ganz langsam, nach vielen Gesprächen mit der Therapeutin, wuchs meine Einsicht und Geduld. Heute habe ich mich besser im Griff und Dominik und ich können wieder besser miteinander umgehen. Natürlich kommt es ab und an immer noch zu heftigen Konfrontationen, aber die klären eigentlich nur die Sachverhalte und verhärten sie nicht mehr.

Gelernt habe ich, meine Tochter in Bezug auf das Fach Mathe anders zu sehen. Sie hat viel gelernt und aufgeholt. Das hervorzuheben ist wichtig und nicht zu unterstreichen, was sie alles noch nicht beherrscht.

Wir wurden in die Lage versetzt die Lernprobleme von Benjamin zu verstehen und konnten uns so auf seine Lernschritte einstellen.
Wir wurden über den Verlauf der Therapie immer informiert und in die Abläufe einbezogen.

Ich habe gelernt auf mein Kind zu hören, wenn es Lustlosigkeit bzw. Langeweile äußert, da Florian genau merkt wann es für ihn nicht mehr richtig läuft.

Die Informationen, die ich über Annas Dyskalkulie bekommen habe, haben mir erst einmal gezeigt, wo Annas Schwierigkeiten wirklich liegen.
Da ich dies vorher nicht wusste, habe ich beim Üben mit ihr grundsätzlich die verkehrten Ansätze gewählt. Das führte natürlich überhaupt nicht zum Erfolg.
Mittlerweile kann ich ihr wesentlich besser helfen, weil ich weiß, wie ich ihr manche Sachverhalte erklären muss.

Zum 1. das Janine kein Einzelfall ist und auch nicht ~~Vf~~ kein besonders „schwierig. Fall“ Vorallem das Janine nichts dafür kann, also das es Sturheit ist.
Zum 2. das es nicht unsere Schuld* ist.
Zum 3. das man mit viel Geduld an die Sache heran gehen muss.

- ich habe gelernt, Ruhe bei den Haus-aufgaben zu bewahren, heute halte ich mich sogar meistens ganz raus!!!
- manchmal ist weniger doch mehr!

Ich habe gelernt mein Kind so anzunehmen wie es ist, auch wenn mir das oft sehr schwer gefallen ist. Auch Geduld müssen wir Eltern lernen, um den Kindern nicht mehr abzufordern, als wirklich in ihnen steckt.

Ich habe gelernt, unserem Sohn und auch anderen Kindern Aufgaben verständlich zu erklären, und nicht ungeduldig zu werden, wenn es nicht direkt klappt.

14.6 Wie es mit Angelina weiterging

Ich setzte all' meine Erwartungen in die Therapie bei der MLZ und hoffte auch, dass Lernerfolge Angie's psychischen Zustand verbessern könnten.

Anfangs reagierte Angelina sehr störrisch und auch aggressiv, wenn sie mit ihrer „Schwäche" konfrontiert wurde. Ihre Angst war grenzenlos. Durch das überaus geschickte Vorgehen ihres Therapeuten gewann sie Vertrauen und spürte schnell, dass ihr die Möglichkeit geschaffen wurde, Zusammenhänge zu erfassen, in Ruhe, mit Geduld, zu lernen. Heute weiß Angie ganz genau, dass jede Stunde in Dortmund (MLZ) sie weiterbringt und meine Tochter freut sich riesig über den Lernerfolg. Psychisch ist Angelina ausgeglichen, fröhlich, lacht wieder gerne und hat die Angst überwunden. Sie traut sich zu, neue Lernziele zu erfassen und hat bei Nachfragen immer einen Ansprechpartner. Wir freuen uns vor Allem über die Gelassenheit, mit der auch Rückschläge aufgenommen werden. Dadurch fällt Angie nicht mehr in ein großes Loch! Sie lernte auch sich selbst einzuschätzen und das, ausser Konkurrenz.
Ganz wichtig für mich als Mutter ist, zu wissen, dass Baustein für Baustein ein vollkommenes Fundament gebildet wird. Ich kann sicher gehen, keinerlei Lücken entstehen, denn was wirklich verstanden und gelernt ist, zählt und nichts anderes. Kein Thema wird ad acta gelegt, ohne sich ganz sicher zu sein, dass es verstanden wurde.

Angelina bewegt sich mittlerweile sicherer und vor Allem streßfreier im Bereich der Subtraktion (es war die größte Hemmschwelle), Addition und Multiplikation.
Das Erfassen von Grundlagen („Zehneraufteilung"), half natürlich, weil sonst ein „Aufbau" garnicht möglich gewesen wäre. An dieser Stelle möchte ich Angelina's Therapeuten loben, denn neben seinem fachlichen Wissen, ist sein Geschick und der menschliche Umgang d.h. sein Einfühlungsvermögen im Umgang mit Kindern bemerkenswert gut.
(Angelinas Vertrauen zu erlangen was Anfangs kaum möglich!)
Angelinas Schulleistungen im Bereich Mathematik sind nachweislich ausreichend und entsprechen nahezu dem Leistungsanspruch der 3. Klasse.
Es ist ihr möglich erworbenes Wissen aus der Mathetherapie in den Schulbereich zu übertragen und somit überwindet sie oftmals selbst Lernwiderstände.
Sie kann erklären, was sie tut und wie sie es errechnet, sie kann erklären, was sie tut und wie sie es errechnet,

Die Zusammenarbeit mit der Schule funktioniert reibungslos.
Die Athmosphäre in der MLZ ist ungezwungen und sehr einladend.
Ich selbst lernte ruhiger und gelassener an die Sache ranzugehen, wurde in das Lernen einbezogen und konnte so einen Überblick gewinnen
Das Wort „Dyskalkulie" verlor für uns seinen Schrecken!

14.7 Julia, ein rechenschwaches Kind - Pressebericht

Neue Westfälische

Rechenschwäche machte Grundschülerin das Leben schwer

Seit zwei Jahren Therapie in Dortmund

Vor Zahlen hat Julia keine Angst mehr

Von Thorsten Heggen

Kreis Paderborn/Delbrück. Julia (10) aus einem Delbrücker Ortsteil ist ein putzmunterer „Wirbelwind". Für ihr Leben gern reitet sie, spielt seit dem vierten Lebensjahr Geige, kümmert sich liebevoll um ihre beiden Wüstenrennmäuse und tanzt Ballett. Aus der Grundschule bringt sie Woche für Woche gute Noten mit nach Hause. Alles normal, bis auf eine gravierende Ausnahme: Was Rechenaufgaben anbelangt, blickt Julia einfach nicht richtig durch. Zumindest tat sie das bis vor knapp zwei Jahren nicht, als der Grund für ihren eklatanten Leistungsrückstand in der Mathematik aufgedeckt wurde: Julia leidet an einer Teilleistungsschwäche, genannt Dyskalkulie oder Arithmasthenie.

„Das wächst sich raus", hatte ein Schulpsychologe Julias Mutter Gabriele J. beschwichtigt, nachdem sie bei ihrer Tochter bemerkt hatte, „daß da irgendetwas nicht stimmte". Das war Anfang 1994, Julia besuchte die 2. Klasse. Während sie ihren Klassenkameraden in anderen Fächern sogar weit voraus war, fand sie sich im Zahlendschungel überhaupt nicht zurecht. „Sie hatte absolut keine Vorstellung vom Mengenbegriff und war ohne das Fingerrechnen völlig hilflos", blickt die Mutter auf diese schwierige Zeit zurück. 9 + 2 konnte sie nicht ausrechnen, „weil sie ja nur zehn Finger zur Verfügung hatte", die Menge 10 bestand für sie nur aus den Ziffern 1 und 0, die Rechnung 5 mal 20 ergab für sie im Ergebnis 10.

Nicht nur der Schulpsychologe, auch die Lehrer konnten sich auf die Unpäßlichkeiten der Schülerin keinen Reim machen: „Das Kind muß einfach üben, üben, üben." Der Empfehlung der Klassenlehrerin, Julia gar das zweite Schuljahr wiederholen zu lassen, widersetzten sich die Eltern, die Versetzung ins dritte Schuljahr wurde durchgesetzt. Soviele Stunden Gabriele J. aber auch in Rechenübungen mit ihrer Tochter investierte: am nächsten Morgen war alles wieder wie weggeblasen.

„In einem Jahr ist sie soweit wie die anderen"

Julia verlor an Selbstbewußtsein, das blockierte Verständnis für mathematisches Denken wurde zu einem seelischen Problem — Mitschüler fragten: „Wieso kannst du das denn nicht?" Der Tiefpunkt: „Eines Tages kam Julia völlig verwirrt nach Hause", erzählt Gabriele J., „und sagte, sie wolle nicht mehr zur Schule gehen." Das hatte für die besorgte Mutter Signalwirkung: „Jetzt muß etwas passieren." Ein purer Zufall lenkte die ratlosen Eltern auf die richtige Fährte. Julias Geigenlehrerin war auf das Problem ihrer „Muster"-Schülerin aufmerksam geworden und brachte eines Tages Broschüren über die Dyskalkulie mit zur Privatstunde. Und als auch der Grundschuldirektor mit einem Buch zu diesem Thema um die Ecke kam, stand für die Familie J. fest: Das mußte die Lösung sein.

Unter den Adressen aus einem Ratgeber, den Gabriele J. daraufhin durchstöberte, stieß sie schließlich auch auf ein Therapiezentrum in Dortmund. Im Januar 1995 fuhr sie mit Julia für einen Test dorthin. Die Diagnose im Wortlaut: „Bei Julia liegt . . . ein nicht hirnorganisch verursachter, sondern . . . aufholbarer Entwicklungsrückstand noch mittleren Ausmaßes vor." 90 Therapiestunden wurden verordnet. Das hieß: Ab sofort einmal in der Woche mit dem Zug nach Dortmund.

Aber die nächste Hürde ließ nicht lange auf sich warten, denn auch das Ringen um finanzielle Unterstützung artete in einen Spießrutenlauf aus. Pro Therapiestunde mußte Familie J. 135 Mark locker machen, hinzu kamen etwa 30 Mark je Bahnfahrt. Doch das zähe Kämpfen um Zuschüsse sollte sich letztlich auszahlen. Die Kosten für die ersten 40 Therapiestunden übernahm die Betriebskrankenkasse des Familienvaters, danach sprang das Jugendamt des Kreises Paderborn mit 100 Mark pro Woche in die Bresche. Und jene Strapazen tragen nun ihre Früchte. Denn: „Heute hat Julia keine Angst mehr, mit Zahlen umzugehen", freut sich Gabriele J.

Den Zahlenraum bis 10 000 beherrscht sie mittlerweile ziemlich souverän. Sie muß nur noch einzelne Rechenschritte verinnerlichen, Schwierigkeiten bereiten ihr lediglich noch Division und Subtraktion. In Korrespondenz mit den Therapeuten in Dortmund nahmen sich schnell auch die Lehrer intensiver Julia an. Sie bekommt seit Bekanntwerden ihres Entwicklungsdefizites Aufgaben gestellt, die sie auch versteht. Ihre Hausaufgaben werden separat nachgesehen und ihre Arbeiten nicht allzu streng benotet. Zur Zeit besucht Julia die vierte Klasse, die sie auf Anraten ihrer Dortmunder Therapeuten wiederholt. „In einem Jahr ist sie soweit wie die anderen", hegt Gabriele J. berechtigte Hoffnung auf weitere Fortschritte.

„Verlassen Sie sich auf Ihr eigenes Urteil

Den Traum vom Besuch eines Gymnasiums muß Julia zwar abschreiben – schließlich steht ihren Noten „sehr gut" in Musik und Kunst immer noch ein „ungenügend" in Mathe gegenüber. Dafür besteht auf der Gesamtschule Elsen, wo sie nun angemeldet werden soll, eher die Möglichkeit, ihren Leistungsstand in Mathe weiterhin vorsichtig aufzubauen.

„Wir haben einfach Pech gehabt, daß wir das so spät erkannt haben", bereut Gabriele J. heute, „daß wir uns von Lehrern und Psychologen haben einlullen lassen". Anderen Eltern, deren Kinder in Mathe nicht mitkommen, rät sie daher: „Verlassen Sie sich auf Ihr eigenes Urteil." Denn ansonsten bestehe aufgrund der Unwissenheit vieler Lehrer die Gefahr, „daß die Kinder grundlos auf Sonderschulen landen".

Die NW vermittelt Kontakt zur Familie

Um ihre Tochter vor einer breiten Öffentlichkeit zu schützen, möchte die Familie J. ungenannt bleiben. Sie ist aber damit einverstanden, daß wir, die NEUE WESTFÄLISCHE, Kontakte zu ihr vermitteln, wenn andere Eltern und Erziehungsberechtigte dies ebenfalls möchten. Wenn Sie bei Ihrem Kind ähnlich auffällige Rückstände im Fach Mathematik entdecken, wenden sie sich unter ☎ (0 52 51) an uns. Wir stellen dann den Kontakt her. Denn eins steht für Gabriele J. fest: „Julia kann nicht der einzige Fall von Dyskalkulie im Kreis Paderborn sein."

14.8 Literaturempfehlungen

Wir wollen im Folgenden empfehlenswerte Werke zur Thematik Rechenschwäche vorstellen, die eigentlich in keiner guten Schulbibliothek fehlen sollten. Dabei haben wir die Bücher in drei Rubriken unterteilt: theoretische Grundlagenwerke, praktische Handreichungen und lehrreiche Unterhaltung. Zu jedem Buch gibt es einen Kommentar, damit Sie eine Hilfe für die Entscheidung haben, ob das Buch das richtige für Sie ist.

a) Theoretische Grundlagenwerke für das (Selbst-)Studium

GERSTER, H.-D.; SCHULTZ, R.: Schwierigkeiten beim Erwerb mathematischer Konzepte im Anfangsunterricht, Freiburg (Pädagogische Hochschule) 2000

Hier finden sich die Ergebnisse einer groß angelegten Studie zum Thema Rechenschwäche. Durch die zahlreichen Beispiele zur Fehleranalyse und die umfangreichen Auswertungen bietet sich dieses Werk gut für die Lehrerfortbildung an. Dieses Werk ist nicht im Buchhandel, sondern nur direkt von der Universität bei Prof. Gerster erhältlich (siehe http://www.ph-freiburg.de/mathe/personen.htm).

KRAUTHAUSEN, G.; SCHERER, P.: Einführung in die Mathematikdidaktik, Heidelberg (Spektrum) 2001

Ein Pflichtwerk für Lehramtsstudent(inn)en für den Grundlagenbereich Arithmetik. Auch sehr gut geeignet zur „Wiederauffrischung" bei Mathematiklehrer(inne)n.

LORENZ, J. H.; RADATZ, H.: Handbuch des Förderns im Mathematikunterricht, Hannover (Schrödel) 1993

Das Standardwerk im deutschsprachigen Raum zum Thema Dyskalkulie. Hier findet sich viel Material zum Thema Fehleranalyse, Binnendifferenzierung und Förderung. Empfehlenswert für Grundschul- und Sonderschul-Lehrer(innen) gleichermaßen.

PADBERG, F.: Didaktik der Arithmetik, Heidelberg (Spektrum) 1996

Ein ausführliches Werk, das sich allen Bereichen der Grundschularithmetik widmet. Das Buch ist insbesondere für Grundschullehrer(innen) zu empfehlen, die Mathematik unterrichten, ohne dieses Fach studiert zu haben.

PIAGET, J.; SZEMINSKA, A.: Die Entwicklung des Zahlbegriffes beim Kinde, Stuttgart (Klett) 1975 [Erstausgabe 1941!]

Das Thema „Pränumerik" wurde zum ersten Mal von Piaget wissenschaftlich erörtert. Empfehlenswert, um variante Kinder besser verstehen zu können.

RADATZ, H.; SCHIPPER, W.: Handbuch für den Mathematikunterricht an Grundschulen, Hannover (Schrödel) 1983

Nicht nur für den Umgang mit rechenschwachen Kindern empfehlenswert. Die Autoren plädieren für die prinzipielle Verankerung verlaufsdiagnostischer Verfahren.

RÖHRIG, R.: Mathematik mangelhaft: Fehler entdecken, Ursachen erkennen, Lösungen finden; Arithmasthenie/Dyskalkulie: Neue Wege beim Lernen, Reinbek (Rowohlt) 1996

Dies ist ein recht „schonungsloses" Buch, das mit unserer Schule hart ins Gericht geht.

Röhrig fordert eine prinzipiell andere Strukturierung des Lernens, wenn rechenschwachen Schülern langfristig geholfen werden soll und bietet dafür im weiteren Verlauf Lern-Konzepte und

Umsetzungsstrategien an.

SCHÖNIGER, J.: Vom Entschluß, ein Versager zu sein. In: Psychologie heute, Jg. 15 (1988), Heft 6, S. 52-57

In diesem Artikel wird auf anschauliche Weise der „Teufelskreis Lernstörung" beschrieben. Aus psychologischer Sicht wird beleuchtet, wie sich ein Versagen in Mathematik Schritt für Schritt zu einer sekundären Neurotisierung ausweiten kann.

WEHRMANN, M.: Qualitative Diagnostik von Rechenschwierigkeiten im Grundlagenbereich Arithmetik, Berlin (Köster) 2003

Dieses Buch ermittelt durch die ausführliche Analyse von Schülergesprächen qualitative Kriterien für eine lernstofforientierte Förderdiagnostik bei Rechenschwäche und liefert praktisch umsetzbare Vorgaben für die tägliche Praxis des Förderunterrichts.

ZECH, F.: Mathematik erklären und verstehen - Eine Methodik des Mathematikunterrichts mit besonderer Berücksichtigung von lernschwachen Schülern und Alltagsnähe, Berlin (Cornelsen) 1995

Neben den arithmetischen Inhalten der Grundschule werden nachvollziehbar viele darauf aufbauende Inhalte besprochen. Dieses Werk bietet die theoretische Grundlagen für die empfehlenswerte Reihe „Stützpfeiler Mathematik" aus nunmehr neun Bänden für das Schüler-Selbststudium ab Klasse 6.

b) Praktische Handreichungen für die Unterrichtspraxis

BEHRING, K.; KRETSCHMANN, R.; DOBRINDT, Y.: Prozessdiagnose mathematischer Kompetenzen in den Schuljahren 1+2 (Band 1: Theoretische Begründung und Vortest; Band 2: Grundlegende Fertigkeiten des 1. Schuljahres; Band 3: Grundlegende Fertigkeiten des 2. Schuljahres, Schwerpunkt Arithmetik), Horneburg (Persen) 1999

Ein Grundlagenwerk zum Thema Verlaufsdiagnostik. Viele ausführliche Materialien ermöglichen die genaue Profilierung von mathematischen Anfangskompetenzen in den ersten beiden Schuljahren. Nichts für Einsteiger in das Thema!

BÖRNER, G.; BÖRNER, K. ET. AL: Rechenschwäche verstehen - Informationsschrift zum Phänomen Rechenschwäche/Dyskalkulie, Essen (Institut für Mathematisches Lernen) 2001

Diese sehr informative Schrift hilft, durch viele Beispiele Rechenschwäche besser verstehen zu lernen und bietet dabei erste Anknüpfungspunkte für eine angemessene Hilfe. Das Werk ist beim Institut in Essen erhältlich oder aus dem Internet herunter zu laden (siehe: http://iml-team.bei.t-online.de/reader.pdf).

GANSER, B. (Hg.): Rechenstörungen (Bd. 1: Diagnose - Förderung - Materialien; Bd. 2: Unterrichtspraktische Förderung), Donauwörth (Auer) 1999

Ein von der Bayrischen Akademie für Lehrerfortbildung Dillingen herausgegebenes Übersichtswerk, das beginnend bei der Anamnese über Diagnostik und Förderung alle Themenbereiche im Förderprozess rechenschwacher Kinder tangiert. Band 2 bietet in Ergänzung zum ersten viele praktische Handreichungen.

GAIDOSCHIK, M.: Österreichisches Rechenschwäche-Magazin (Halbjahres-Schrift des Vereins für Lern- und Dyskalkulietherapie Wien)

Eine Zeitschrift, die dem Thema „Förderung bei Rechenschwäche“ in der öffentlichen Diskussion mehr Gewicht verleihen will und auch für Deutschland viele relevante Artikel enthält. Alle Exemplare sind im Internet kostenfrei erhältlich (siehe http://www.rechenschwaeche.at/seiten/magazin.htm).

GAIDOSCHIK, M.: Rechenschwäche - Dyskalkulie. Eine unterrichtspraktische Einführung für LehrerInnen und Eltern, Wien (öbv & hpt) 2002.

Ein Buch, das vom österreichischen Bundesministerium für Bildung, Wissenschaft und Kultur herausgegeben wurde und auch hierzulande sehr hilfreich ist. Für den praktischen Gebrauch von LehrerInnen und Eltern klar und verständlich geschrieben, bietet das Buch eine Fülle von Anregungen, wie drohende Rechenstörungen vermieden werden können - und wie geholfen werden kann, wenn ein Kind sich in dem „System Rechenschwäche“ bereits verfangen hat.

GINSBURG, H. P.: Entering the Child's Mind. The Clinical Interview in Psychological Research and Practice, Cambridge (University Press) 1997

GINSBURG, H. P.; JACOBS S. F.; LOPEZ, L. S.: Teacher's Guide to Flexible Interviewing in the Classroom - Learning What Children Know About Math, Boston (Allyn & Bacon) 1998

Diese beiden leider nicht in deutscher Übersetzung erhältlichen Bücher bieten praktische Handreichungen für die Durchführung der Rechenschwäche-Diagnostik nach der Methode des Lauten Denkens. Ginsburg begründet diese Methode sehr ausführlich - auch in Absetzung zu den Kriterien der klassischen Intelligenz-Diagnostik.

HOFFMANN, W.; SCHLEE, U.; SCHWERIN, A. V.: Mein Kind ist rechenschwach - Ein Ratgeber für den Umgang mit rechenschwachen Kindern, Dortmund (Mathematisch Lerntherapeutisches Zentrum) 1999

Ein informatives Buch für Eltern und Lehrer gleichermaßen, das viele Beispiele und Tipps enthält. Der 120-seitige Ratgeber ist für einen Unkostenbeitrag bei allen sechs im Anhang genannten Einrichtungen des Arbeitskreises zu beziehen (Das Inhaltsverzeichnis können Sie einsehen unter http://www.zahlbegriff.de/PDF/Ratgeber.pdf).

KUTZER, R.; BAGUS, G.; FREISE, B. ET AL.: Mathematik entdecken und verstehen Schülerband 1-6: Frankfurt/M. (Diesterweg) 1995-2001; Kommentarband 1: Frankfurt/M. (Diesterweg) 1998; Kommentarbände 2-4: Hünfeld (Kutzer) 1999-2003

Gute Materialien zur Förderung lernschwacher Kinder, in denen auch die Thematik Pränumerik angemessen berücksichtigt wird. Für den Einsatz ist unbedingt das intensive Studium der zugehörigen Kommentarbände erforderlich! Die Kommentarbände 2 bis 4 sind nicht mehr bei Diesterweg erschienen, sondern sind nur beim Privatverlag Kutzer erhältlich (siehe http://www.kutzer-verlag.de/Buecher.html).

SCHINKÖTHE, H.: Mengen und Längen, Volxheim (Resi) 2000

Gekürzte Print-on-demand-Neuausgabe eines alten DDR(!)-Lehrbuches für Kindergärtnerinnen, das verständlich an das Thema mathematische Frühförderung heranführt. Empfehlenswert insbesondere bei Kindern mit pränumerischen Defiziten. Das Buch ist direkt beim Verlag erhältlich: http://Fred.Steeg.bei.t-online.de/mengen.htm

c) Lehrreiche Unterhaltung

BARUK, S.: Wie alt ist der Kapitän? Über den Irrtum in der Mathematik, Basel (Birkhäuser) 1989

Eigentlich müsste der Untertitel lauten „Über den Irrtum *mit* der Mathematik", da Stella Baruk, von Flaubert inspiriert, in Essayform über die Schwierigkeiten berichtet, die Kinder mit der Mathematik haben können. Eine stille Kritik am Schulwesen.

ENZENSBERGER, H. M.: Der Zahlenteufel - Ein Kopfkissenbuch für alle, die Angst vor der Mathematik haben, München (Hanser) 1997

Ein Junge bekommt Nacht für Nacht Besuch vom Zahlenteufel und verliert so langsam seine Angst vor der Mathematik. Ein inhaltlich anspruchsvoller und angenehm zu lesender Roman für Eltern und Lehrer - nicht jedoch für rechenschwache Kinder.

IFRAH, G.: Universalgeschichte der Zahlen, Frankfurt/M. (Campus) 1986

Ein sehr schönes Buch für alle, die sich schon immer über die Geschichte der Zahlen und Zahlsysteme informieren wollten. Haben Sie z. B. gewusst, dass es die Null als eigenständige Zahl erst seit ca. 600 n. Chr. gibt?

POSKITT, K.: Mathe - voll logisch, Bindlach (Loewe) 2000

Ein peppig geschriebenes Taschenbuch für Jugendliche, die die ersten Lernschritte bereits hinter sich haben. Viele Alltagsprobleme werden mathematisch - und vor Allem mit Bezug auf die zu Grunde liegende Logik - jugendgemäß aufgearbeitet. (Ein Gauner zu seinen Partnern: „Sagt mal, was sind 170.000 Dollar durch drei?")

14.9 Anschriften des Arbeitskreises für angewandte Lernforschung (AKL)

Falls Sie weitere Informationen wünschen, Kritik üben möchten, Anmerkungen oder Verbesserungsvorschläge haben oder uns einfach Ihre Meinung mitteilen wollen, stehen Ihnen die Zentren/Institute des Arbeitskreises gerne zur Verfügung.

ZENTRUM FÜR DYSKALKULIETHERAPIE BONN
BERATUNG - DIAGNOSTIK - LERNTHERAPIE

Nordstraße 75, 53111 **Bonn**
Tel.: (0228) 9766600
FAX: (0228) 9766602

e-Mail: ZDB-Bonn@t-online.de +++ Internet: www.zdb-bonn.de

IML Institut für Mathematisches Lernen Braunschweig
Beratungs- und Forschungseinrichtung zur Diagnose, Therapie und Prävention der Rechenschwäche

Steinweg 4,
38100 **Braunschweig**
Tel.: (0531) 12167750
FAX: (0531) 12167759

e-mail: IML@zahlbegriff.de +++ Internet: www.zahlbegriff.de

MATHEMATISCH LERNTHERAPEUTISCHES ZENTRUM
DORTMUND/BOCHUM
Therapie der Rechenschwäche/Dyskalkulie

Münsterstraße 40-42
44145 **Dortmund**
Tel.: (0231) 8390049
FAX: (0231) 8390249
Widumestraße 6, 44787 **Bochum**
Tel.: (0234) 6875180
FAX: (0234) 6875181

e-mail: mlz-dortmund@t-online.de +++ Internet: www.mlz-dortmund.de

---

Mathematisch Lerntherapeutisches Institut Düsseldorf

Kurfürstenstraße 8
40211 **Düsseldorf**
Tel.: (0211) 1710667
FAX: (0211) 1710668

e-mail: mli-duesseldorf@t-online.de +++ Internet: www.rechenschwaeche.com

---

Lerntherapeutisches Zentrum — Diagnose
Rechenschwäche/Dyskalkulie Köln — Beratung
LZR — Therapie

Hansaring 82, 50670 **Köln**
Tel.: (0221) 9123450
FAX: (0221) 9123452

e-mail: dys@lzr-koeln.de +++ Internet: www.LZR-KOELN.de

Osnabrücker
Zentrum für
mathematisches **L**ernen
(Rechenschwäche/Dyskalkulie)

Förderdiagnose
Beratung
Lerntherapie

Georgstraße 8, 49074 **Osnabrück**
Außenstellen
Herford, Münster, Diepholz
Tel.: (0541) 2052242
FAX: (0541) 2052244

e-mail: OS-Zentrum@t-online.de +++ Internet: www.os-rechenschwaeche.de

---

Mitglieder im

Arbeitskreis des **Zentrums für angewandte Lernforschung**

14.10 „Mein Kind ist rechenschwach!"

Die 120-seitige Broschüre wendet sich mit weiteren Informationen zum Thema Rechenschwäche/ Dyskalkulie vor allem an Eltern und Lehrer.

Sie erhalten die Broschüre für 5,- EUR bei allen Zentren/Instituten des Abeitskreises.

14.11 Zitierte Literatur

ANDERSON 1992: Anderson, M.: Intelligence and Development. A Cognitive Theory, Oxford 1992

Arbeitshilfen zum einheitlichen Umgang mit dem § 35a KJHG SGB VIII, Landesjugendamt, Landschaftsverband Westfalen-Lippe 2002

BEGEMANN 1997: Begemann, E.: Lebens- und Lernbegleitung konkret, Bad Heilbrunn 1997

BEGEMANN 2000: Begemann, E.: Lernen verstehen - Verstehen lernen. Zeitgemäße Einsichten für Lehrer und Eltern. Mit Beiträgen von Heinrich Bauersfeld, Frankfurt/M. 2002

BREITENBACH 1996: Breitenbach, E.: Auf neuen Pfaden zu alten (sonder-) pädagogischen Prinzipien. Neuropsychologische Aspekte von Lernen und Lernstörungen, Zeitschrift für Heilpädagogik, 1996, S. 408-419

BUNDSCHUH 1996: Bundschuh, K.: Einführung in die sonderpädagogische Diagnostik, 4. Aufl., München 1996

CFT 20: Weiß, R. H.: Grundintelligenztest CFT 20, 4. überarbeitete Aufl., Göttingen-Bern-Toronto-Seattle o. J.

DEHAENE 1992: Dehaene, S.: Varieties of numerical abilities. Cognition 44 (1992), S. 1ff.

DEHAENE ET AL.1999: Dehaene, S.; Spelke, E.; Pinel, P.; Stanescu, R.; Tsivkin, S.: Sources of Mathematical Thinking. Behavioural and Brain-Imaging Evidence, Science 284 (1999), S. 970ff.

DELOCHE 1995: Deloche, G.: EC301R. Batterie standardisée d'evaluation du calcul et du traitement des nombres, Salvador 1995

DORT-E: Dortmunder Rechentest für die Eingangsstufe, siehe: Moog/Schulz 1999

ELLROTT 1998: Ellrott, D.: Förderdidaktik Mathematik Primarstufe: eine didaktische Betrachtung von Schwierigkeiten im mathematischen Anfangsunterricht, Offenburg 1998

Erziehung und Wissenschaft. Zeitschrift der Bildungsgewerkschaft GEW, 54. Jg., H. 2, 3, 5, 6/2002, Frankfurt/M. 2002

GAIDOSCHIK 2002: Gaidoschik, M.: Rechenschwäche-Dyskalkulie. Eine unterrichtspraktische Einführung für LehrerInnen und Eltern, Wien 2002

GERSTER 1996: Gerster, H.-D.: Vom Fingerrechnen zum Kopfrechnen - Methodische Schritte aus der Sackgasse des zählenden Rechnens. In: Eberle, G.; Kornmann, R.: Lernschwierigkeiten und Vermittlungsprobleme im Mathematikunterricht an Grund- und Sonderschulen. Möglichkeiten der Vermeidung und Überwindung. Schriftenreihe der Pädagogischen Hochschule Heidelberg, Bd. 25, Weinheim 1996

GERSTER 2002a: Gerster, H.-D.: Ist Rechenschwäche eine Teilleistungsstörung? (Skript), Pädagogische Hochschule Freiburg. Institut für Mathematik und Informatik und ihre Didaktiken, Freiburg 2002

GERSTER 2002b: Gerster, H.-D.: Helfen „basale Trainings"? Hilft die Neuropsychologie? (Skript), Pädagogische Hochschule Freiburg. Institut für Mathematik und Informatik und ihre Didaktiken, Freiburg 2002

GERSTER 2002c: Gerster, H.-D.: Schwach im Rechnen - Dyskalkulie (Skript), Pädagogische Hochschule Freiburg. Institut für Mathematik und Informatik und ihre Didaktiken, Freiburg 2002

GERSTER 2002d: Gerster, H.-D.: Vorurteile über „Rechenschwäche„ (Skript), Pädagogische Hochschule Freiburg. Institut für Mathematik und Informatik und ihre Didaktiken, Freiburg 2002

GERSTER 2002e: Gerster, H.-D.: „Lehrende Lehrer" und ihr Beobachtungsverhalten (Skript), Pädagogische Hochschule Freiburg. Institut für Mathematik und Informatik und ihre Didaktiken, Freiburg 2002

GERSTER/SCHULTZ 2000: Gerster, H.-D.; Schulz, R.: Schwierigkeiten beim Erwerb mathematischer Konzepte im Anfangsunterricht. Bericht zum Forschungsprojekt Rechenschwäche - Erkennen, Beheben, Vorbeugen. Pädagogische Hochschule Freiburg. Institut für Mathematik und Informatik und ihre Didaktiken. Überarbeitete und erweiterte Fassung, Freiburg 2000

GRISSEMANN 1984: Grissemann, H.: Zur Verhinderung eines Dyskalkuliebooms: Was man aus der Anti-Legastheniebewegung gelernt haben sollte. In: Lorenz, J. H., Lernschwierigkeiten: Forschung und Praxis, Köln 1994

HAWIK-R: Hamburg-Wechsler-Intelligenztest für Kinder, Revision 1993, Bern-Göttingen-Toronto-Seattle 1983

HAWIK-III: Tewes, U.; Rossmann, P.; Schallberger, U. (Hrsg.): Hamburg-Wechsler-Intelligenztest für Kinder III, o. J.

ICD-10: Remschmid, H.; Schmidt, M. H. (Hrsg.): Multiaxiales Klassifikationsschema für psychische Störungen des Kindes- und Jugendalters nach ICD-10 der WHO. Mit einem synoptischen Vergleich von ICD-10 mit ICD-9 und DSM-III-R, 3. rev. Aufl., Bonn-Göttingen-Toronto-Seattle 1994

K-ABC: Kaufman, A. S.; Kaufman, N. L.: Kaufman Assesment Battery for Children. Individualtest zur Messung von Intelligenz und Fertigkeit bei Kindern, 3., teilw. ergänzte Aufl., dt. Version bearbeitet v. P. Melchers; U. Preuß, o. J.

KMK-Empfehlung zur LRS (Lese-Rechtschreib-Schwäche) vom 12.09. 2002 (Entwurf)

KUTZER ET AL. 1995ff.: Kutzer, R.; Bagus, G.; Freise, B. et al.: Mathematik entdecken und verstehen. Schülerbde. 1-6, Frankfurt/M. 1995-2001, Kommentarbd. 1, Frankfurt/M. 1998, Kommentarbde. 2-4, Hünfeld 1999-2003

LASCHKOWSKI 1994: Laschkowski, W.: Diagnostik. In: Akademie für Lehrerfortbildung Dillingen (Hrsg.): Rechenstörungen. Diagnose - Förderung - Materialien, Donauwörth 1994, S. 23ff.

LORENZ 1984: Lorenz, J. H.: Teilleistungsschwächen. In: Lorenz, J. H. (Hrsg.): Lernschwierigkeiten: Forschung und Praxis, Köln 1984

LORENZ/RADATZ 1993: Lorenz, J. H.; Radatz, H.: Handbuch des Förderns im Mathematikunterricht, Hannover 1993

MOOG/SCHULZ 1999: Moog, W.; Schulz, A.: Zahlen begreifen. Diagnose und Förderung bei Kindern mit Rechenschwäche, Neuwied 1999

neue deutsche schule. nds, 53. Jg., H. Dezember/2001, Essen 2001

neue deutsche schule. nds, 54. Jg., H. Februar u. Juni/2002, Essen 2002

Österreichisches Rechenschwäche Magazin. Halbjahres-Schrift des Vereins für Lern- und Dyskalkulietherapie Wien, hrsg. v. M. Gaidoschik, Wien 2000

Rundschreiben der Bezirksregierung Arnsberg an alle öffentlichen und privaten Schulen vom 7.12.2001

SCHIPPER 2001: Schipper, W.: Thesen und Empfehlungen zum schulischen und außerschulischen Umgang mit Rechenstörungen. Occasional Paper 182. Institut für Didaktik der Mathematik der Universität Bielefeld, Bielefeld 2001

SERON ET AL. 1992: Seron, X.; Pesenti, M.; Noel, M. P.; Deloche, G.; Cornet, J. A.: Images of numbers, or „when 98 is upper left an 6 sky blue." Cognition 44 (1992), S. 159ff.

STEEG 1996: Steeg, F. H.: Lernen und Auslese im Schulsystem am Beispiel der Rechenschwäche, Frankfurt/M. 1996

TITZE/TEWES 1994: Titze, I.; Tewes, U.: Messung der Intelligenz bei Kindern mit dem Hawik-R., 1994

VON ASTER 1996: von Aster, M.: Die Störungen des Rechnens und der Zahlverarbeitung in der kindlichen Entwicklung. Habilitationsschrift. Medizinische Fakultät der Universität Zürich 1996

WEHRMANN 2003: Wehrmann, M.: Qualitative Diagnostik von Rechenschwierigkeiten im Grundlagenbereich Arithmetik, Berlin 2003

ZAREKI: von Aster, M.: Testverfahren zur Dyskalkulie ZAREKI. Manual, Frankfurt/M. 2001

ZBT: Dortmunder Zahlbegriffstraining, siehe: Moog/Schulz 1999